山西省高等学校哲学社会科学研究项目资助

运城学院旅游管理重点学科资助

运城市"1331工程"旅游管理重点学科资助

张启耀——著

HE DONG WENHUA DE NEIHAN YU

JINGSHEN FUHAO YANJIU

河东文化的内涵与精神符号研究

人民出版社

序
搞好河东文化研究是一件功德无量的大事

山西省社科联副主席　王志超

河东是指黄河以东地区，即黄河从河曲调头南下穿越晋陕大峡谷，造就壮观天下的壶口大瀑布，尔后出龙门，再接纳她的第二条大支流汾河，形成一段宽阔的河面，然后冲出华山与中条山的相互阻挡滔滔东流入大海，形成的这个大"几"字弯的那一竖一送与太行山之间的山西地区，就是历史上的河东地区。历史上的河东节度使长期驻节太原，尔后逐渐南移，一般多在晋南一代，包括今天的临汾、运城全部和晋城一部分。由于现代行政区划的划分，今天的河东地区主要指运城市，河东也就成了集中于黄河三角洲这一相对狭小的地区的独有称谓。

河东地区是人类文明演进的渊薮。20世纪90年代，由于黄河小浪底水利枢纽工程的建设，中国与世界上著名考古团队联合，对水库即将淹没区内运城市垣曲县境内的人类文化遗址进行抢救性发掘，取得了被命名为"世纪曙猿"化石的人类进化的重大考古成果，把人类进化史由原来的3500万年向前推进了1000万年左右，并且打破了人类发源地只有非洲一处的学术垄断，证明亚洲也有人类演化的发生地。20世纪五六十年代，在今运城市芮城县西侯度遗址发现了人类用火的痕迹，距今有180万年，是世界上人类用火的最早的记录之一。这是人类由刀耕火种向熟食过渡的证明。再到临汾市襄汾丁村人遗址，人类进化已到距今10万年左右。从这一条完整的人类进化链条来看，河东地区是世界人类演进的重要一脉。

河东地区是炎黄子孙诞生地。古老的中条山下，有一硕大的盐池，土著民部落炎帝和从西而来的华族部落黄帝在此"融合",共同形成了炎黄子孙。从此,龙的传人被称为炎黄子孙。黄帝扫土为坛,在汾河入黄河的河阴"脽"上建起了后土祠,从此炎黄子孙有了自己的第一座祠堂。女娲补天、女娲抟土造人于"人祖山"等一系列神话传说故事,都在河东大地广为流传。此后经大量考古发掘证明,华夏文明或呈满天星斗状,或呈多元一体状,但不可否认,河东地区是炎黄子孙的第一块伊甸园。

河东地区是华夏文明的发祥地。以黄帝的华族和河东地区的夏族相融合,形成华夏文明,今天已成为中国人的共识。还有研究者认为,中条山与华山合称形成"中华"之称谓,代表中华民族,可见河东地区给中华文明提供了多方面的支撑。华夏文明又是黄河文明的别称。黄河在河东地区留下了最蔚为壮观的文明成果,其符号刻满河东大地。尧、舜、禹三代是华夏文明的源头活水,尧都平阳、舜都蒲坂、禹都安邑,是史籍明确记载的。尧都平阳在今临汾市襄汾县的陶寺,已经被考古发掘所证实。舜都蒲坂在今运城市永济市,禹都安邑在今运城市夏县,均是古河东地区。尧、舜、禹禅让,创造了华夏文明的第一个太平盛世。从尧时的《击壤歌》、舜的《南风歌》均可窥见一豹。嫘祖养蚕、神农尝百草、后稷教人稼穑、大禹治水凿龙门,从此炎黄子孙有了农耕文明。陶寺发掘的圭表及24节气历法,夏县西阴遗址发掘的半个蚕壳,以及平陆县枣园村发现的"牛耕图"壁画,都是农耕文明的重要表象。舜帝又以孝闻名天下,成为中华孝祖,中华二十四孝中的舜为第一孝,从此河东地区又以德孝文化基因传承于后世,至今余绪不绝,并有不断发扬光大之势。

河东地区是盐文化的肇始之地。炎黄融合是围绕运城盐池展开的。盐是人类生存繁衍的必备之物,谁拥有天然盐池,谁就拥有了生存发达的基础。炎帝是运城盐池边的土著民,蚩尤部落为了发展来抢夺盐池之盐,炎帝与蚩尤经常发生争夺,各有胜负。黄帝从西而来,也来盐池取盐,炎黄融合共同对付蚩尤,从而肢解蚩尤,在盐池边留下了解(hài)州这个地名。运城盐池是天然盐池,晒盐逐渐成为人类生存发展的一种劳动技能,也逐渐演化为盐文化。运城盐池边上有池神庙，就是祭祀池神的庙宇，也是一个文化符号。运城就是随着盐池经济的不断发展，被政府设立为盐运之城而有运城之名的。为把运城池盐贩到中原之地，贩夫走卒肩扛马驮，从运城盐池翻越中条山，形成了青石槽上我国现存最早的道路，并由此也有了伯乐相马的故事流传至今。除了运城池盐，四川自贡有井盐，沿海有海盐，还有许多土盐、矿盐等，凡此种种，中国盐文化之花最早还是盛开于运城盐池之岸。

河东地区是百家争鸣的历史大舞台。春秋战国时期，我国进入百家争鸣的历史阶段，各种思想火花在河东地区碰撞，各种学说在河东地区发展、流布。首先，河东地区是中国法文化的摇篮。以尧帝大臣皋陶为代表的中国法思想最早发轫于河东地区，到百家争鸣时期形成法家思想，演变为法文化。李悝变法、吴起变法、西门豹治邺、商鞅西入秦变法，均始于河东地区。其次孔子弟子卜子夏"西河设教"，使孔子之学播传于河东地区，形成后世河东地区文学传统的浓厚基因。最后，以孔子为代表的儒学，到河东大儒荀子时期发展到集大成的阶段，"孔子之学实荀子之学也"。荀子是临汾市安泽县人，就是历史上的河东人。晋国是历史上颁布成文法最早的国家，三家分晋是历史上从奴隶制向封建制过渡的关键节点。此外还有张仪、苏秦的纵横之术等，使河东地区成为百家争鸣的大舞台。

河东地区是晋商的温床和产房。历史上最早的大商人猗顿，在河东"殖货"发达，是晋商的鼻祖。今天的临猗县原称猗氏县，即由此演化而来。明朝"开中法"实施，晋商异军突起，其中"盐引"就是要到运城盐池去兑现，为晋商发展提供了最坚实的基础。以后海盐被"支引"，只是扩大了晋商的发财门路，而河东地区乃是其根本。河东地区的张四维、王崇古、李家、范家等晋商大家，与泽潞、晋中等地的晋商大贾，共同撑起了晋商纵横 500 年的历史天际，星耀千古而不朽。由于晋商的发达，关公信仰越来越受到重视。关公姓关名羽，字云长，汉河东解人，即今运城市盐湖区常平村人。他以忠义传天下，以勇武震烁古今，是中国历史上与孔子相对应的"武圣"。关公文化、关公信仰，说到底是忠义诚信，也是河东地区德孝文化的发展与创新。晋商精神已经成为今天山西人民发展创新的精神力量，也是中华民族精神谱系中一枝奇葩！

河东地区是河东学派的摇篮。河东地区由于历史文化源远流长，积淀深厚。从尧舜禹开始，包括德孝文化、盐文化、法家文化、儒学文化等，经过一代代明贤硕德的弘传，如王通、柳宗元、司马光、薛瑄等，终于形成了河东学派，流传于世。流传于河东地区的成语故事如伯乐相马、唇亡齿寒、假虞灭虢，传说故事如大禹治水、河东狮吼，如裴氏家族、王氏家族、柳氏郡望等一系列与文化传承有千丝万缕联系的人和事，在运城地区俯拾皆是。认真研究并发扬光大这份宝贵的历史文化遗产，对今后进行传统文化的创造性发展和创新性转化具有十分重要的意义。

河东地区是中华文明变迁的缩影。人类发展与河流、大山密不可分。河东地区有中华母亲河黄河沁润，有山西的母亲河汾河从此注入黄河，使炎黄子孙有了黄皮肤的肤色，有了农耕文明的繁衍生存基础。河东地区的中条山虽小，却是中华大地上一座著名的文化名山，舜耕历山在运城市垣曲县境内，是中条山的最高峰。伯夷、叔齐饿死首阳山，即中条山永济市境内一段，五老峰的传说与此多有牵连。运城盐池的贩盐故道，在中条山上平陆境内至今留有遗迹，轵桥段今天已扩宽成省道。芮城的禹王渡、平陆的茅津渡，以及河东地区的许多历史文化符号，刻满了中条山。这山这水，使河东地区成为人类理想的繁衍生息之地。经过尧、舜、禹禅让，夏朝最早建都于夏县，商汤故都在垣曲亳清河畔，使历史上的国家形态也最早成熟于河东地区。人们说五千年华夏文明看山西，实际上就是看河东地区。李学勤先生讲："追溯中华文明的起源不可离开山西，探寻原始人类的足迹也不能离开山西。"这正是基于在河东地区的大量人类遗迹和考古发掘成果所得出的结论。尧"协和万国"，"行天子之政"，而后舜"之中国践天子位"，陶寺出土蟠龙纹陶盘，正是所谓"华夏图腾中国龙"出自河东的有力确证。河东地区是华夏文明的"直根"，是"中国"称谓最早出现的地方。尽管陕西省宝鸡市博物馆"何尊"上有"宅兹中国"的铭文，据考是指以洛阳为中心的"中国"，但这已是周代之"中国"了，比起河东之"中国"晚了许多。因此，"这里最早叫中国"是指河东地区。三十年河东、三十年河西，不管黄河怎么变迁，黄河文明最壮丽的一段在山西，在河东地区。由此，我们不难看出，河东地区的历史变迁，正是华夏文明的一个缩影。从这一点上讲，河东人当最有文化自信！

　　张启耀先生是我在山西大学历史系的学弟，他后来居上，取得了南开大学的历史学博士学位，因为热爱家乡，夫妇二人携两个博士头衔和教授职称，双双回运城学院任教，把聪明才智贡献于家乡大地。几年前他担任运城学院河东文化研究中心主任一职时，我和他说过，首先应当把河东文化、河东学派认真研究梳理清楚，这是最基础性的工作，又是必须做好的大工程。没想到，他竟然捧给我一本《河东文化的内涵和符号研究》的大作，使我眼前一亮，并遵嘱写下以上文字，算是对他为家乡文化研究付出艰辛劳动取得丰硕成果的答谢，也算是我的一点学习心得吧！

2021 年 6 月 15 日

目　录

前　言

历史的演进过程是悠远深邃的，世界的发展舞台又是广阔无垠的，我们每个人都不可能去揭示所有过往的历史、去探究整个演变中的世界，而常常只对赖以为生的较为熟悉的有限空间展开力所能及的认知和赏识。河东地区不仅仅是我们生长的地方，更是中华民族的重要发源地，也是中华文化的主要源头和集中载体，被誉为"华夏之根、诚信之邦、大运之城"。河东文化正是中华优秀传统文化的主要组成部分，是中华民族的根和魂。自从盘古开天地，河东大地就注定与"中国""中华""华夏"有着密不可分的渊源，注定与华夏五千年文明、人类千万年演进有着千丝万缕的联系。

一位学者在他的美文中曾这样赞叹河东大地："这是一个美丽的地方，这是一片神奇的土地；她孕育了中华民族皓如日月的灿烂文化，她缔造了历代王朝名扬千古的风流人物；这片土地曾演绎了一幕幕义薄云天的故事，传颂着一篇篇优美动人的佳话。"还有一位学者赞叹道，河东"在华夏文明发展史上，是一块让炎黄子孙世代依恋与感叹的圣土。在这块深厚的黄土地上，养育着华夏民族人文精神的血脉之根，喷涌着华夏民族历史长河的源头之泉。当人们捧读这个伟大民族发祥史的鸿篇巨著时，不难发现，那苍凉悲壮的开篇第一章，便有这块土地上先民们活动的记载；当人们津津乐道华夏文明昔日的辉煌时，也正是生活在这块原始莽荒土地上的先民们，最早高擎起了东方神州文明的火炬而彪炳于世界历史的天空"。从这些发自肺腑的话语中可以感受到，从古到今，河东大地以她的无限魅力和灿烂文化吸引了无数学人墨客、游子志士对之无限徜徉和赞赏！

正如当代著名演讲家、运城学院教授景克宁先生所言："河东是帝王之乡，华夏之祖，炎黄之根，中国之本。古河东风韵，蕴涵民族文化的精魂。"因此，河东文化在发展过程中所凝练出的内涵特征及表现出的精神符号除了具有中华文化的共性之外，更具有其他区域文化所不具备的个性，需要我们后学用心探索和细心整理。守护民族精神家园，传承民族文化火种，是华夏儿女的天职，而作为河东一名相关探索领域的学子，研究河东的历史和文化，也是笔者义不容辞的责任和义务。

正因为"河东"既是一个地理概念，又是一个历史概念，从一定程度上说，它还是一个文化概念。因此本书以河东区域为研究范围，重在探讨和阐述历史演进过程中河东文化的内涵特征及其代表符号，包括再次科学认识这一区域文化的定义，深入分析它在历史发展中所体现出的具有独特性质的文化现象，揭示出代表这一区域文化的精神符号，给读者展示出一幅整体表达河东文化的图像。同时，笔者也希望通过考察河东文化的主体面貌，使拙作起到抛砖引玉的作用，进一步带动学界对整个河东区域社会、文化研究深入开展，让更多更好的河东文化研究成果面世，促进这一研究工作向更高阶段迈进，为相关研究走向全国、面向世界作出自己的贡献。

第一章 "河东"称谓的变迁和河东疆域沿革

一、"河东"地名的来历和范围所指

"河东"作为地理名词和区域名称，很早已被先民使用。"河东"地名以其雄踞于黄河之东而得名，但传统意义上，"河东"的核心区域绝大多数时间乃在晋西南的运城一带，即今天的运城市。河东在古代指山西西南部，位于秦晋大峡谷中黄河段乾坤湾、壶口瀑布及禹门口（古龙门）至鹳雀楼以东的地区。黄河由北向南流经山西省的西南境，因在黄河以东，故这块地方古称"河东"。

河东作为行政区划，自秦始皇以"河东郡"始。秦统一全国，进一步分天下为三十六郡。其中河东郡辖域主要为黄河以东以北、霍山以南、太岳以西地区，约相当于今天山西省的整个运城市和临汾市的一部分。此后，历经汉、唐、宋、元、明、清、民国，河东或称路，或称道，沿袭千年而不绝，河东的地理范围虽时有盈缩，河东之名则历久不废。元代时期，河东因盐运而兴，《明史·地理志》称河东为"司盐城"，《清史稿·地理志》正式称呼河东为"运城"。由于"河东"一地的核心地区绝大多数时期均在晋西南的运城一带，因此，运城人常自称河东人，对河东之称谓情有独钟，爱不释口。可以说，"河东"地名的产生和沿用，既包含着对当今运城地理方位的认知，也饱含着运城人深重的怀乡之情。

二、历代河东疆域变迁

关于历史上"河东"疆域的变迁情况，李文《河东疆域变迁考》一文中有这样的一个大体阐述："河东，作为一个地理概念，其疆域在战国之前较为模糊，泛指黄河以东地区。秦时始置河东郡，其疆域约相当于今霍山以南、沁水以西的地区。之后，在不同的时期变化较大。"①这段话简要说明了河东疆域的变迁情况，以下分阶段对历代河东疆域的变化情况做一较详细的介绍。

历史上，中国古代的疆域曾分为九州，即：冀、豫、雍、扬、兖、徐、梁、青、荆，九州的中心区域在冀州。"九州"一词最早见于《尚书·禹贡》，相传古代大禹治水时，把"天下"分为九州（又有一说，"九州"的说法最早由黄帝始创），于是九州就成了古代华夏人居住地的代名词。到后来，"九州"才具体化为九个大型的行政区划。学界认为，因在现有流传下来的文献中，具体的"九州"只见于战国，而未见于春秋，所以其最早提出时间可能在战国初期。

在上古时期，河东地区属冀州，而上古时期所指的冀州并非后来大家印象中所意指的今天的河北地区。根据现存中国最早的地图记载，冀州就是古河东地区。在古代各重要典籍中，例如《尚书·禹贡》《尔雅》《周礼》《吕氏春秋》等都把"冀州"即河东地区放在首位，可见其地理位置和军事、经济上的重要性。"河东的地理位置处于中原逐鹿的核心，水道旱路四通八达，河东地区的西、南两边以黄河为襟带，隔河与关中平原、豫西山地相望；东南方向又有中条、王屋等山脉为屏障，可以居高临下，雄视来犯之敌；北边则有峨嵋台地和汾水、浍水阻扼对手的进兵，因此自古被视为易守难攻的战略要地。"②《运城地区志》称河东"被山带河，形势居要，所谓'得之者雄'。黄河北来，太华南依，总水陆之形势，壮关河之气色。"③顾炎武《日知录》也曾云："古之天子（尧、舜、禹）常居冀州，

---

① 李文：《河东疆域变迁考》，《运城学院学报》2012 年第 4 期。
② 徐宁等：《北魏末期"河东"交通及其战略地位》，《山西档案》2015 年第 2 期。
③ 山西省运城地区地方志编委会：《运城地区志》，海潮出版社 1999 年版，第 79 页。

后人因此为中国之号。"① 这段话再次说明了冀州主要指今天的河东地区，也体现了古代河东地区的重要性。

战国之前，河东所指地域比较模糊，仅在地理上泛指黄河以东地区。春秋时河东地区属晋国。韩、赵、魏三家分晋后，河东属魏，都城在安邑（今夏县禹王乡）。秦国在公元前364年和前260年夺取魏国之西河与韩国之上党地区后，为了加强国土防守，设置了河东郡，其疆域约相当于今霍山以南、沁水以西的地区，主体就是今天的运城市。② 公元前221年，秦始皇统一中国后，重新划分疆域，把所统治的区域划分为三十六郡，河东郡为其中之一郡。秦代时设置的河东郡，治所在安邑（今山西省夏县城西），辖安邑、左邑（今闻喜县）、蒲坂（今永济市）、皮氏（今河津市）、北屈（今吉县）、平阳（今临汾市）等六县。③ 从这一时期开始，"河东"这个称呼第一次有了具体范围所指。

据《汉书·地理志》记载，到西汉时期，汉高祖于公元前205年再次划定河东郡，治所在蒲坂，后移至安邑。王莽建立新朝后，河东郡改名为兆阳郡，管辖二十四县，即"安邑、大阳、猗氏、解、蒲反（也称作蒲坂——笔者注）、河北、左邑、汾阴、闻喜、濩泽、端氏、临汾、垣、皮氏、长修、平阳、襄陵、彘、杨、北屈、蒲子、绛、狐讘、骐"。④ 东汉建武年间再次称河东郡，管辖二十县，疆域略有缩小，治所仍在安邑。⑤

三国时期，现在的运城市归属于曹魏统治。虽然当时河东郡名称不变，但却从河东郡中分出一个平阳郡。平阳郡的辖区大致是今临汾市一带，但同时包括了今天运城市汾河流域的几个县市。河东郡的辖区只有九个县：安邑、闻喜、垣、汾阴、大阳、猗氏、解、蒲坂、河北，也就是峨

---

① （清）顾炎武：《日知录集释》（卷二），黄汝成集释，秦克诚点校，岳麓书院1996年版。

② 李文：《河东疆域变迁考》，《运城学院学报》2012年第4期。

③ 秦建华：《河东文化及其特质研究》，山西人民出版社2015年版，第2页。

④ （汉）班固：《汉书》，中华书局1962年版，第1550页。

⑤ 参见（南朝宋）范晔：《后汉书》，中华书局1965年版，第3397—3398页。

峨岭台地、涑水河流域、中条山区等处。①

西晋王朝继续三国时期魏国在本地区的行政区划，也将河东郡划分为河东郡和平阳郡，治所分别在安邑与平阳，各自管辖十一县和九县，其中的河东郡地理位置"即以今山西运城地区（包括盐湖区、永济、河津三市，及芮城、临猗、万荣、新绛、稷山、闻喜、夏县、绛县、垣曲、平陆十县）为主体的汾水南岸地区"。② 十六国时期，由于地理位置的重要性，河东地区成为汉族和各少数民族激烈争夺的区域，因而多易其主，先后由前赵、后赵、冉魏、前燕、前秦、西燕、后秦、东晋、北魏等政权占有，河东居民常年处在战乱之中。北魏时河东郡曾一度改属新成立的雍州、泰州（行政中心在今新绛县）。公元534年，北魏分裂为东魏和西魏，河东郡由西魏政权占领，后又由北周政权控制，划归蒲州，行政中心在绛郡（今绛县）。隋代国家大一统后，隋初曾短暂废撤河东郡，其地属蒲州，后复置河东郡，领河东、虞乡、猗氏、龙门、夏、汾阴、安邑、河北、芮城、桑泉等十县。③

唐朝建立后，唐高祖李渊改郡为州，实行中央管辖下的州县两级行政管理制。唐太宗李世民即位后，因感觉行政区划中州县过多，于是依据全国山川的自然走势，将天下划分为十道，即关内道、河东道、河南道、河北道、山南道、淮南道、江南道、陇右道、剑南道以及岭南道，河东地区归于河东道河中府（在今永济市）。此时的河东道包括范围比较广泛，包括今天整个山西省和河北省西北部，甚至包括今天河南省西北部和内蒙古自治区南部的一小部分，④ 当然河东道的主体还是今天的山西省，因此，唐代以后河东曾一度泛指整个山西。唐玄宗时期，又曾将天下十道重新划

---

① 黄勋会、秦建华主编：《古中国·大河东》，山西人民出版社2014年版，第185页。
② 徐宁等：《北魏末期"河东"交通及其战略地位》，《山西档案》2015年第2期。
③ 参见（唐）魏征等：《隋书》，中华书局1997年版，第850页。
④ 参见谭其骧主编：《中国历史地图集》，中国地图出版社1996年版，转引自万德敬：《振叶寻根：河东人物丛考》，中央编译出版社2012年版，第166页。

分为十五道,河东道所辖区域基本不变,即包含除今天大同之外的整个山西省境及河北省西北部。① 这一时期,河东往往还是泛指整个山西省,例如顾炎武《日知录》第三十一卷称:"河东,山西一地也,唐之京师在关中,而其东则河,故谓之河东;元之京师在蓟门,而其西则山,故谓之山西,各自其畿甸之所近而言之也。"② 顾炎武这段话形象地展示了唐代大多数时期河东这一地名的大体位置范围,也体现了"河东"作为地名的历史变迁的复杂性。

需要进一步说明的是,唐代大部分时期,传统意义上属于河东地区的部分县份行政区划有所改变,例如今天的安邑、夏县、平陆、芮城四个县份当时被划归河南道的陕州。《旧唐书》记载如下:"武德二年,置芮州,领芮城、河北二县。贞观元年,罢芮州,以芮城、河北属陕州。平陆,隋河北县。义宁元年,置安邑郡";天宝三年,"改为平陆县。安邑,隋为虞州,郭下置安邑县,领安邑、夏、解、桐乡四县。贞观十七年,废虞州及桐乡县,以安邑、解县属蒲州,夏县属绛州。乾元元年,割属陕州,改安邑为虞州。大历四年,复为安邑县。夏县,旧属虞州,贞观十七年,改属绛州。乾元元年,改属陕州"。③

唐朝灭亡后,各地藩镇纷纷自立,传统意义上的河东地区先后由军力强盛的后梁、后唐、后晋、后汉、后周五个政权控制,这就是历史上的五代时期,而河东地区一直是这五个朝代的核心区域。五代时期,政治制度和行政区划虽然变化较多,比较混乱,但仍大体沿用唐朝体制,这一情况一直延续到宋代初期。由于政权交迭频繁,河东地区战火始终未能平息,经济比较落后,人口持续大减,直至后周后期才逐渐恢复。

宋代第三位皇帝宋真宗赵恒在位时期,于至道三年(997)改革行政区划,将唐代的行政区划"道"改为"路",全国共划分为十五路;宋仁

---

① 参见(宋)欧阳修、宋祁:《新唐书》,中华书局1975年版,第999—1001页。

② (清)顾炎武:《日知录集释》(卷三十一),岳麓书院1996年版,第1081页。

③ (后晋)刘昫、张昭远、贾纬等:《旧唐书》,中华书局1995年版,第1428—1429页。

宗赵祯在位期间，于天圣年间又将十五路划分为十八路；宋神宗赵顼在位时，又于元丰年间将十八路重新划分为二十三路。① 在这些"路"中，河东路一直存在，其地理范围与唐代出入不大，而行政中心则在今太原市，共管辖三府十四州八十一县，其中的三府是太原府、隆德府和平阳府，十四州是绛州、泽州、代州、忻州、汾州、辽州、宪州、岚州、石州、隰州、慈州、麟州、府州、丰州。在八十一个县份中，今天所属运城市的一部分县份如稷山、绛县、垣曲归属宋代的绛州，而现在运城的其他县份则归属于永兴军路，其中河东县、临晋县、猗氏县、虞乡县、万泉县、荣河县、龙门县归于永兴军路的河中府，解县、闻喜县、安邑县归于永兴军路的解州，夏县、平陆县、芮城县归于永兴军路的陕州。② 这一划分状况在某些方面与唐代有较大的相似性。

北宋灭亡后，包括山西在内的北方地区处在金代统治时期。总体来看，整个金代的行政区划在演进过程中较为混杂，变化也较多。金代初期，各地还没有统一的行政设置，但从金熙宗完颜亶即位后，从中央到地方的行政区划就统一了起来。中央的行政制度继续沿用隋唐时期的三省六部制，地方上则设置了路、府、州、县的行政区划体系，基本承袭了北宋的相关制度。整个金的辖区内共分为十九路，路下面置府、州、县。十九路分别是上京路、东京路、北京路、西京路、中都路、南京路、河北东路、河北西路、大名府路、山东东路、山东西路、河东北路、河东南路、京兆府路、凤翔路、鹿延路、庆原路、临洮路、咸平路，其中狭义上所指的包括今天临汾在内的晋西南"河东地区"大体归属河东南路的河中府、平阳府。从更小的范围来看，今天运城市各市县几乎全部归属于河中府和解州、绛州两个州，其中河中府下辖河津县、万泉县、荣河县、猗氏县、临晋县、虞乡县，解州下辖闻喜县、夏县、安邑县、解县、平陆县、芮城

---

① 参见李文：《河东疆域变迁考》，《运城学院学报》2012 年第 4 期。

② 参见（元）脱脱、阿鲁图等：《宋史》，中华书局 1997 年版，第 2131—2132 页。

县，绛州下辖新绛县、稷山县、绛县、垣曲县等。①

金代末年，为了实施镇压山东各地农民起义的军事目的以及解决黄河等河流的河患问题，金朝统治者于公元1194年（金章宗明昌五年）命尚书户部侍郎梁镗行六部尚书事于山东，从此有了"山东行省"的名称，后又设立"东平行省"，为行省制度的开端。后来金代为了抵抗北方蒙古人的进攻，在所辖区域陆续设立行尚书省（简称行省），到金宣宗时期，金代已先后设立行省17个。公元1216年（金宣宗贞祐四年），金代统治者"以河东南路宣抚使胥鼎为枢密副使，权尚书左丞，行省于平阳"。后因蒙古人占领平阳，平阳行省取消。公元1223年（金宣宗元光二年），金代统治者又"以完颜伯嘉权参政知事，行尚书省于河中府"，设立了河中行省，但由于局势变化，河中行省存在了三个月也被取消了。②虽然金代末期包括今天河东地区在内的平阳行省、河中行省存在时间不长，但是却开辟了中国后来长期在历史上占重要地位的行省制度，可以说，金代末期是中国行省制度的真正开端。

元代（1271—1368），统治阶级为了加强对占领区的控制，沿袭了行省制度。元世祖一方面将尚书省并为中书省，总理朝政；另一方面又在地方设立若干行中书省，作为朝廷中书省在外地的代理机构。它最初是一种临时设置，并只管军事，后演变为兼管民政，其长官也由中央官吏演变为地方官吏，因此，地方上形成了四级地方行政制度，即行中书省（简称行省）、路、州（府）、县。由于行中书省管辖区域太大，因管理之需要，在路之上又设立了肃政廉访司和宣慰司作为监察区域。行省共有十个，即岭北行省、辽阳行省、陕西行省、河南行省、江浙行省、江西行省、湖广行省、云南行省、四川行省、甘肃行省。在这里应该注意的是，元代的府和州有的归省管，有的归路管，还有的州归府管。县有的归路管，有的归府

---

① 参见（明）宋濂、王祎等：《元史》，中华书局1997年版，第629页；（元）脱脱、沙刺班、欧阳玄等：《金史》，中华书局1995年版，第634—635页。

② （元）脱脱、沙刺班、欧阳玄等：《金史》，中华书局1995年版，第365—366页。

管，有的归州管，情况繁杂，不一而论。现在狭义上的河东地区属于当时的平阳路，直接由中书省管辖。公元1305年（元成宗大德九年），由于河东地震，平阳路改为晋宁路，由宣慰司管辖，下辖录事司、河中府、绛州、解州、吉州、霍州、隰州、潞州、泽州、沁州、辽州等一司一府九州四十九县，行政中心在今临汾市。① 现在的运城市整个地区归于当时的河中府和绛州管辖。

明代初期的行政区划曾沿袭元朝的行省制。公元1376年（明太祖洪武九年），鉴于元末行省制度陷于混乱，统治者又改行省为承宣布政使司，但其性质仍等同于行省，因此也通称为省。承宣布政使司下设府和直隶州以及县，形成了一个省、府、州、县四级制与省、州、县三级制并存的格局。公元1428年（明宣宗宣德三年）以后，明代把全国统分为两京、十三承宣布政使司等。两京是北直隶和南直隶，十三布政使司简称十三司，俗称十三省，为山东、山西、河南、陕西、四川、湖广、江西、浙江、广东、广西、云南、贵州、福建。后来，为防止地方权力集中，明朝实行一省分置都指挥使司、承宣布政使司、提刑按察使司三司，实行都、布、按三司制度，分别掌管行政、司法与军事等三种治权。在此应当注意的是，虽然明代的十三省与今天的行省名称大体相同，但所管辖区域却相差较大，因此不宜用现代的行省行政区划套用。

就山西承宣布政使司而言，它就下设太原府、大同府、汾州府、平阳府、潞安府、泽州府、沁州直隶州、辽州直隶州，今天运城地区整体归属平阳府，包括蒲州、解州、绛州，下面设有临晋县、荣河县、猗氏县、万泉县、河津县、安邑县、夏县、闻喜县、平陆县、芮城县、稷山县、绛县、垣曲县。②

明代前期在一省中曾设置的都、布、按三司制度本来是为了防止地

---

① 参见（明）宋濂、王祎等：《元史》，中华书局1976年版，第1379页。

② 参见（清）张廷玉、万斯同等：《明史》，中华书局1974年版，第963—964页。

方权力的集中，但却由此带来了许多的不便，因此，到明成祖朱棣在位时又在省上设置了临时的官职总督和巡抚，合称"督抚"。由于督抚是临时性质，所以事务处理完之后仍要还朝。明宣宗在位时期，开始派六部和都察院官员以总督和巡抚名义督抚地方行政。明代宗朱祁钰在位时，这一督抚制度基本上成为各省的常态，并约定俗成地逐步发展起来，甚至成为后来清代地方行政区划的标准建制。不过虽然明代省一级行政区划时有变化，但省所管辖的州县区划却相对稳定，明代河东地区所属各县也基本不变。今运城地区所属的县为：蒲州包括临晋、荣河、猗氏、万泉和河津；解州包括安邑、夏县、闻喜、平陆和芮城；绛州包括稷山、绛县、垣曲。①

清代的行政区划在很多方面沿用明代，但由于清代幅员辽阔，行政区划又有许多创新和不同。公元1662年，清统一了中原地区，便把明代的两京十三布政使司（通称省）重新划分为十八个行省，省下设道、府（州）、县；公元1760年，清代统治达到极盛，领土最为广阔，清统治者又在东北、外蒙、新疆设立五个将军辖区以及驻藏大臣、西宁办事大臣等藏区统治机构。在云贵地区则推行土司制度，并在雍正年间完成改土归流。晚清则又在台湾和新疆正式建省。到公元1908年（清德宗光绪三十四年），清朝境内共分为二十二省及特殊政区。

今天的运城地区所在地设置河东道，行政中心早期在蒲州（今永济市西南），公元1807年（清仁宗嘉庆十二年）迁移到今运城市盐湖区。盐湖区古为盐贩之泽，有过盐邑、苦城、潞村、圣惠镇、凤凰城等称谓。"运城"因盐湖而得名，自宋、元置盐运使，并筑城驻运司，始名运城，从此以后，运城因盐而盛，现代又改名盐湖区。清代中期河东地区行政中心移至运城，并"兼管山西、山西、河南等处盐法"，也正是基于盐业和盐运的重要性。据史料记载："分守河东盐法兵备道，驻安邑县运城。管辖平、

---

① 参见秦建华：《河东文化及其特质研究》，山西人民出版社2015年版，第8页。

蒲二府，霍、解、绛、隰四州。"①其中蒲州府领永济、临晋、荣河、猗氏、万泉、虞乡；解州领安邑、夏县、平陆、芮城四县；绛州领垣曲、闻喜、绛县、稷山、河津五县。在此需要进一步说明的是，这里的"道"介于省与府之间，有分巡道、分守道、粮储道、盐法道、兵备道等名目。但在清初，"道"并不是行政区，到了乾隆以后，定道员秩品为正四品，分巡道、分守道的职权也渐趋一致，有的道下直接领县。可以说，到了清代后期，"道"实际上才成为省、府之间的一级行政区划。②

民国时期，地方行政区划基本上继续沿用清代的行省制度。民国初期，各省的长官称为"都督"，设都督府，采取民政、军政合一的管理方式。南京政府时期，各省设立省政府委员会，长官称为省主席。另外，相比清代，民国时期在行省名称和管辖范围的划分上多有变化，如北洋政府初期全国分为22省、4特别行政区、4地方、3地区；国民政府初期分为28省、2地方和6院辖市；南京政府时期，将原直隶省改名为河北省，并把京兆地方划入河北省，将热河、绥远、察哈尔、川边4个特别区改为热河省、绥远省、察哈尔省、西康省；抗战胜利后，将伪满洲国占据的原东北三省改为辽宁、安东、辽北、吉林、松江、合江、黑龙江、嫩江、兴安9省；等等。到1949年，民国的省份数目曾一度达到35个。

现在的运城地区在1912年（民国元年）首先废除了蒲州府，并改解州和绛州为县。1913年（民国二年）设河东道观察使署，行政中心驻扎在安邑县运城镇，管辖今天临汾市和运城市的35个县。1927年（民国十六年），南京政府裁撤"道"，原河东道各县则直属山西省管辖。1937年（民国二十六年），阎锡山将全省划分为七个行政区，运城属第七行政区，行政公署驻安邑，辖17县，即新绛、绛县、闻喜、垣曲、河津、稷山、荣河、万泉、临晋、猗氏、安邑、解县、夏县、虞乡、芮城、永济、

---

① 赵尔巽主编：《清史稿》，中华书局1977年版，第2029页。

② 参见牛平汉主编：《清代政区沿革综表》，中国地图出版社1990年版，王钟翰"序"。

平陆。①1938年（民国二十七年），从第七行政区内划分出第九行政区，行政公署驻扎在今临汾市乡宁县。②

1947年（民国三十六年），晋南地区处于全国解放的前沿地区，人民解放军以摧古拉朽之势横扫本地区的阎锡山统治，新绛、稷山、河津、万泉、荣河、猗氏、临晋、解县、闻喜、芮城、平陆、绛县等县份相继解放，国民党政府在本区的统治基本宣告结束。同年4月，人民政府将芮城县分为芮城、永乐两个县份，其中芮城县由原芮城县东部的一、二区及平陆县西部的五区组成，永乐县由原芮城县西部的三区及永济县中条山以南的三、四区组成。同年9月，永济、虞乡两县合并为永虞县，并将原永济县的关仁等13个村划归猗氏县，卿头等32个村划归解县，又将临晋县的东开张、伍姓屯等23个村划归永虞县。同时，将王屋县的英言、蒲掌等13个乡划归垣曲县。此外，当时新建的县份有管辖原稷山县汾河以南的清河、翟店及河津县汾河以南的里望、通化4区的稷河县；管辖原新绛县汾河以南及原闻喜县北塬地区的绛南县，但是不久这些新建县份又都被废除，基本建置仍复归旧制。③

1948年（民国三十七年），今运城市除了垣曲、绛县归晋冀鲁豫边区太岳区管辖之外，其余各县则划归陕甘宁边区晋绥区管辖，其中晋绥区十分区管辖河津、稷山、新绛三县，晋绥区十一分区管辖闻喜、万泉、荣河、猗氏、临晋、夏县、解县、安邑、永乐、永虞、芮城、平陆十二个县。④

1949年，山西省设晋西北和晋西南两个行政公署，运城地区属晋西南行政公署。8月山西省成立了运城专区，辖15县，专员公署驻运城，下辖新绛、闻喜、绛县、河津、稷山、垣曲、万泉（驻解店）、荣河、临

---

① 参见秦建华：《河东文化及其特质研究》，山西人民出版社2015年版，第8页。
② 参见运城市地方志编委会：《运城地区志》，海潮出版社1999年版，第81页。
③ 参见运城市地方志编委会：《运城地区志》，海潮出版社1999年版，第85页。
④ 参见运城市地方志编委会：《运城地区志》，海潮出版社1999年版，第85页。

晋、猗氏、安邑、解县、夏县、虞乡、永济（驻赵伊镇）、平陆（驻圣人涧）、芮城等 17 县及运城镇。新中国成立后，1954 年，将万泉、荣河 2 县合并，改为万荣县（驻原万泉县解店）；解县、虞乡 2 县合并，改为解虞县（驻原解县城）；临晋、猗氏 2 县合并，改为临猗县（驻原猗氏县城）。同时将运城、临汾两专区合并为晋南专区，治所临汾。1970 年，设运城地区，地区驻运城县。1983 年改运城县为县级运城市。[①] 原属晋南专区的运城（驻运城镇）、新绛、绛县、闻喜、垣曲（驻刘张镇）、河津、临猗、稷山、万荣、永济（驻赵伊镇）、夏县、平陆（驻圣人涧）、芮城等 13 县划归运城地区。

2000 年 6 月 14 日，经国务院批准：（一）撤销运城地区和县级运城市，设立地级运城市。市人民政府驻新设立的盐湖区。自此运城县作为行政区划的称谓退出了历史舞台。[②]（二）运城设立盐湖区，以原县级运城市的行政区域为盐湖区的行政区域。区人民政府驻府东街。（三）运城市辖原运城地区的闻喜县、新绛县、平陆县、垣曲县、绛县、稷山县、芮城县、夏县、万荣县、临猗县和新设立的盐湖区。原运城地区的河津市和永济市由山西省直辖。同年 10 月，正式撤地设市。

在此需要进一步强调的是，现在我们提到的河东地区，一般仅指运城市所辖之 13 个县（市、区），包括盐湖区、河津市、永济市、万荣县、新绛县、稷山县、临猗县、绛县、闻喜县、垣曲县、夏县、平陆县、芮城县等，故而本书所言河东地区，均以运城市为主。从地理位置来看，整个区域轮廓外形似人的心脏，东西长 201.87 公里，南北宽 127.47 公里，总面积 13968 平方公里，占全山西省总面积的 8.9%。区域地理位置在东经 110°15′—112°04′，北纬 34°35′—35°49′。

中华民族的母亲河黄河自北向南然后掉头东去，便天造地设出一个神

---

① 参见李文：《河东疆域变迁考》，《运城学院学报》2012 年第 4 期。

② 参见 https：//baike.baidu.com/item/ 运城县 /12734775。

奇的"金三角"。这是大自然给河东人的恩赐。中国有三个"金三角",一个是长江"金三角",还有一个是"珠三角",河东也居其一。河东坐拥这个金三角,北依吕梁山与临汾接壤,东恃中条山和晋城毗邻,西南两面环绕着滔滔的黄河,隔河西面即为陕西之渭南和韩城,南面为河南之三门峡和灵宝。于是就有了"鸡鸣一声闻三省"的美誉,也有了"大河顾我掉头东"的壮丽诗篇。这蜿蜒如带的黄河,忽东忽西,曲曲折折;忽而澎湃汹涌,忽而怡静安详;顺沿山势,盘桓绕行。尔后,入河口,穿峡谷,从北向南在河东大地作九十度大转弯,最终越豫穿鲁入大海。这种疆界特征,自古就被称作"表里山河""山川要会",是一个相对封闭和安全的地方,而现在国家视这里为中西部结合带和欧亚大陆桥重要地段,是国家实施西部大开发战略和促进中部地区崛起战略的重要区域。国务院于 2013 年专门批复了《晋陕豫黄河金三角区域合作规划》,可见国家对这个金三角区域是何等的厚爱。在这里,我们仰望着河东大地上亘古悠远的灿烂文化,遵循着国家对河东地区金三角发展的规划部署,并怀着忐忑敬慕的心情去再一次探寻河东文化的内涵和特征,在此也希冀我们的河东文化之旅一路顺畅!

第二章 文化的定义和河东文化的内涵

第一节 关于文化、区域文化的定义

在人类发展史上，只有文化才是历史的血脉和民族的魂魄，因为文化是一个民族区别于其他民族的主要标志，集中体现了民族的特征和品格，并深深熔铸在一个民族的生命力和创造力之中。习近平总书记在党的十九大报告中指出："文化是一个国家、一个民族的灵魂。文化兴国运兴，文化强民族强。没有高度的文化自信，没有文化的繁荣兴盛，就没有中华民族伟大复兴。"文化的根本性和重要性由此可见一斑。

接下来我们首先从学术的角度对"文化""区域文化"概念作简要的分析。

一、文化的定义

准确认识"文化"这个概念，或者说给"文化"下个确切的定义不是件容易的事，因为每个人都会无意识地基于不同的出身背景、发展过程、阶级阶层以及学术立场等因素去认识"文化"，导致"文化"在表述上出现较大的差异，也最终影响到"文化"表达的本质性。

从学术研究的角度来看，学界在不同的时期不断对"文化"下定义，例如代表传统封建阶级观念的"文化"概念是什么，代表西方资产阶级观念的"文化"概念又是什么，出现不同的解释是可以想象的，其中的优劣在此不多赘述。从各类解释来看，目前"关于文化定义的论述，虽然繁杂，但综合起来不外乎三种观点。其一，文化是一种精神领域的东西，以文字、文学艺术、道德等为其内在根据；其二，文化是一种物质的东西，以外表的存在为其主要标志；其三，文化是一种过程，是人的意识与自然物质相互结合、从而产生出新的东西的过程"。① 时至今日，最为科学、准确对"文化"概念加以解释的当属马克思主义者，因为马克思、恩格斯、列宁和中国共产党人正是在广泛批判继承前人与同时代人关于文化思想研究成果的基础上形成了对"文化"的解释，也最能抓住"文化"的本质属性和阶级属性。

不过，虽然不同视角下的文化含义尽管具有异质性，然而在对文化的理解上它们之间并非隔着不可逾越的鸿沟，而是有着相通相合之处。从本质上来说，文化"来源于人们的社会实践"②，"源于自然而又超越自然的一切人类活动及其成果"③，"是人类社会独有、其他动物界所没有的物质、精神实践活动"④。

"文化"的概念本身就有着十分丰富的内涵，而且还有广义和狭义之分，所以中外学者对文化有着很多论述。不过，我们在本书中所探讨的文化偏重于广义上的文化，即精神、社会、文明层面的文化，在这个广义的文化定义的解释中，近现代的中国学者基本形成了共识，认为"文化"就是人类的生活方式，是各个文明的不同反映和表现。近代著名社会学家梁漱溟先生在其论著中分析说，文化是"人类生活的样法"⑤，"是一个民族生活的种种方面"，包括精神生活、社会生活和物质生活。⑥2013 年，时任文化部部长的蔡武在《建设社会主义文化强国，

---

① 周其森：《关于"文化"的定义：桌子是什么？》，《文化学刊》2017 年第 8 期。
② 孙富江：《文化的定义、内容与作用》，《国际关系学院学报》2003 年第 3 期。
③ 薛琳钰：《多重视角下的文化概念解读》，《理论界》2017 年第 2 期。
④ 周其森：《关于"文化"的定义：桌子是什么？》，《文化学刊》2017 年第 8 期。
⑤ 梁漱溟：《东西文化及其哲学》，上海商务印书馆 1929 年版，第 53 页。
⑥ 梁漱溟：《梁漱溟全集》（第一卷），山东人民出版社 1989 年版，第 339 页。

实现中华文化的伟大复兴》的专题报告中指出：文化是一种复杂的现象，是人们生存方式、生活方式的体现，是历史积淀的结果，也是一定时代物质生活在精神领域的反映。① 有的学者提出，"文化是人类的生活方式，是社会系统的重要组成部分"②。还有的学者把"文化"定义为"人类社会的全部；它是一种把自然和人紧紧结合在一起从而创造新事物的形式和力量"③。不管怎么，各种叙述都是万变不离其宗，基本含义没有差别。

"文化"是古今中外人类社会发展的一条主线，对"文化"的解释也不胜其多，"文化"的重要性不言而喻。

早在党的十七届六中全会上，胡锦涛就指出："当代中国进入了全面建设小康社会的关键时期和深化改革开放、加快转变经济发展方式的攻坚时期，文化越来越成为民族凝聚力和创造力的重要源泉、越来越成为综合国力竞争的重要因素、越来越成为经济社会发展的重要支撑。"④

文化是一个民族智慧的结晶，也是一个民族创造力、凝聚力的集中体现。"作为历史发展的记录，文化是一个民族创造力的集中体现；作为精神纽带，文化凝聚了一个民族的精神动力；作为社会系统中的一个要素，文化为经济社会的发展提供了有力支撑；作为时代的象征，文化引领了时代风尚。"⑤

从学者的各种论述中可见，文化的进步理所当然对民族的发展具有重要作用，这一点毋庸置疑。1998 年，联合国教科文组织在《文化政策促

---

① 蔡武：《建设社会主义文化强国，实现中华文化的伟大复兴》，http://www.gongxuan-wang.com/view_52144.html。

② 林坚：《关于"文化"概念的梳理和解读》，《文化学刊》2013 年第 5 期。

③ 参见周其森：《关于"文化"的定义：桌子是什么?》，《文化学刊》2017 年第 8 期。

④ 胡锦涛：《中共中央关于深化文化体制改革推动社会主义文化大发展大繁荣若干重大问题的决定》，人民出版社 2011 年版，第 4—5 页。

⑤ 石文卓：《文化：心灵的归宿和精神的家园》，《沈阳师范大学学报（社科版）》2013 年第 1 期。

进发展行动计划》中就曾经指出："发展可以最终用文化概念来定义，文化的繁荣是发展的最高目标。""文化的创造性是人类进步的源泉。文化多样性是人类最宝贵的财富，对发展是至关重要的。"①

人类历史发展的实践过程表明，文化不仅仅是社会经济基础和政治上层建筑的反映，而且对其有一定的反作用。文化具有规范制约人的意识和行为的作用，这是文化对经济政治活动反作用的主要内容。例如，文化的价值观制约着人的实践活动；文化对个人的制约更明显地体现于社会思想对个体的意识和行为上；文化中的道德对个人的影响也是社会总体制约个体人的重要表现。②

当代学者石文卓把"文化"的作用阐述得更为详细和确切。他认为"文化"具有六大作用，即（一）认知作用：文化能影响人们的精神世界；（二）凝聚作用：文化能增强民族的生命力和凝聚力；（三）规范作用：文化能规范人们的行为方式；（四）协调作用：文化能协调人与自然、人与社会以及人自身关系；（五）引领作用：文化能引领社会风尚；（六）支持作用：文化能支持经济社会发展。③

遵循相关文化理论研究成果，同时针对当前中国社会现实状况来分享，文化最重要的进步作用即是有助于把握中国社会发展的核心价值体系，形成正确科学的价值观，从而使社会更加繁荣、民主，使市场经济在利润优先的前提下全面、协调、可持续发展下去，最终促进整个中国社会全面进步、不断发展。这一点是当前中国社会发展的根本路径和保障，也是实现中华民族伟大复兴的最重要的文化策略。

---

① 《文化政策促进发展行动计划》，转引自林坚：《关于"文化"概念的梳理和解读》，《文化学刊》2013 年第 5 期。

② 参见孙富江：《文化的定义、内容与作用》，《国际关系学院学报》2003 年第 3 期。

③ 参见石文卓：《文化：心灵的归宿和精神的家园》，《沈阳师范大学学报（社科版）》2013 年第 1 期。

二、区域文化的定义

虽然"区域文化"是一个非常热门的用语,但要试图真正理解它也并非易事,还是需要我们在此作进一步的探讨。

从本质上来看,区域文化是相对主流文化而言,可以认为,区域文化就是地方文化,也即各地方的民间或者世俗文化,是某一个地域社会在表达自我特征过程中的最重要的组成因素和表现方式之一。

按照著名区域文化研究者和经济史学家虞和平先生的解释,区域文化"是一种与某一地理区域相关的文化,或产生形成于某一区域内,或覆盖流行于某一区域,即区域文化是区域的产物,以区域为依托,而作为区域文化依托的区域是有历史变迁和不同范围之分的,与此相应亦不断有新的区域文化出现"①。

根据虞先生的解释,我们可以看到,区域文化就是指特定自然环境地貌和独立长久的行政区划所形成的地域性文化,或者说是指一定区域的人们在行为、语言、宗教、习俗等方面的共同方式,主要表现在行政区划、地理位置、地形气候和自然资源分布等因素的差异,以及生活习俗、消费特点的不同。由于地理环境和自然条件不同,经过长期的历史过程,导致文化背景产生差异,从而形成了明显与地理位置有关的文化特征,这种文化就是区域文化。

从以上阐述的内容中可以看到,正是由于与地理位置有着明显的相关性,所以区域文化又直接体现了地方性的精神特征和情感特征。我们常说的"一方水土养一方人",就是对区域社会和区域文化的通俗性的民间诠释。

根据不同的文化传统,强化本地区的文化所产生的文化效应,一个文化的存在离不开地方文化的传承性,这样的传承就会产生不同的民俗文

---

① 虞和平:《关于区域文化研究的几个问题》,《湖南社会科学》2018年第3期。

化，从而也产生了不一样的区域文化，因此区域文化对内具有共性，对外则具有独特的个性。从文化传承的角度来看，我们也可以认为，区域文化最大的特点就是地方文化本身所具有的传统色彩的发展倾向，从而也就产生了不同的区域文化的特性。对于如何划分区域文化这个问题，虞和平认为，区域文化不能单纯以行政区域进行划分，也不能单纯以人文状况的不同特性来进行区分，应该是两种划分方法互相参照补充。①

带有地方特色的区域文化对区域社会和经济的发展有着深刻影响。一方面，区域文化可以为区域社会的进步提供风向引导和示范效应，也为区域经济的发展提供智力支持和精神动力，并带动本地区旅游经济的发展；但另一方面区域文化也可能因为其保守性而拒绝吸收其他区域先进文化，进而阻碍了整个区域社会和区域经济的进步和继续向前发展。

由于区域社会和区域文化比之庞大的主流文化更具有可触及性和感知性，也更加接近实践和应用，也有更强的体验性，所以，从人类社会进步的角度来看，区域社会和区域文化反而更能激发人们的奋斗精神和正能量。正如有学者所说的那样："人一生需要不断的精神培育和心灵滋润。其生长基因从何而来其源泉从何而来？——区域性乡土历史文化是重要的基因库，是基本的源泉。"如果我们以积极向上的人生观和世界观来看待区域文化的作用，那么，"相对于经济建设来说，区域文化的作用在于振奋精神、凝聚力量、激发热情干劲、释放经济社会发展的内在活力"②。

另外，区域社会和区域文化也具有较强的稳固性，在历史发展中很难轻易改变，换句话说，区域社会和区域文化的变迁是较艰难和漫长的。我们从历史发展进程和现实社会中可以观察到，区域文化的形成实际上是一个较长的历史过程，它的形成得到了社会群体的一致认同，是社会群体在长期的共同生活中逐渐形成的，从而使其超越了个体存在的价值观念，且

---

① 参见虞和平：《关于区域文化研究的几个问题》，《湖南社会科学》2018 年第 3 期。

② 孙和平：《公共行政的区域文化视野：兼及"区域文化"概念》，《中共四川省委省级机关党校学报》2010 年第 1 期。

带有很大的地域性，这就使区域文化具有了较强的稳定性，这也会导致区域在形成具有地方特点的文化模式之后，在很长一段时间内都无法改变，形成了自己固有的文化。不过也正是由于区域社会和区域文化所具有的这个特点，我们更加需要以科学、发展的态度对待它，取其精华去其糟粕，传承和弘扬区域文化的优秀思想和品质，更好地服务于区域社会的发展。

第二节　河东文化的内涵

揭示、总结和传承区域文化的特性和社会作用，使之具有一定的学术和社会价值，这正是区域文化研究和建设的最主要目的。我们在此探讨河东文化的最重要的目的就是发现河东文化中优秀的传统文化因素和对当今社会发展有重要引领作用的思想道德精华，为河东地方乃至国家各方面建设起到积极作用。

我们先从普遍意义上的文化内涵说起。实际上，在平时生活和工作中，很多人对文化内涵的意思还是不很清楚，笔者在此结合具体的河东地域来探讨这一话题。

从目前学界的认识来看，文化的内涵一般分为四个层次，即物态文化、制度文化、行为文化、心态文化。物态文化是人类的物质生产活动方式和产品的总和，是可触知的具体实在的事物，如衣、食、住、行，是文化的最外在表现；制度文化是某一国家或地区的人们在长期的社会实践中建立的规范自身行为和调节相互关系的准则；行为文化是指同一国家或地区的人们在劳动和生活过程中于人际交往中约定俗成的礼仪、民俗、风俗甚至习惯，它是一种社会的、集体的行为；心态文化是人们的社会心理和社会的意识形态，包括人们的价值观念、审美情趣、思维方式以及由此而产生的文学艺术作品。

在生活中，我们往往看到的大多是物态文化、制度文化和行为文化，而对于心态文化这种表面上感知性不强的文化类型大都体会不到或者予以忽略了。但从人类社会的发展历程和文化的四个层次来看，心态文化才是文化的核心，也是文化的精华部分，最能深刻体现某一种文化的本质特征。无论什么样的文化，其内涵的最好表现最终都应该是深刻性和本质性层面的东西，是一种文化里所表现出的人生观、价值观、世界观以及这种文化存在的方法和思想等。所以，换句话说，心态文化其实是一个民族或文明发展进程中的核心理念，是各类文化中最重要的类型，是一个文化长期发展的凝聚点和本质反映，最能体现民族性格和文明类型。我们学习和研究文化的最终目标往往就是通过观察和分析物态文化、制度文化乃至行为文化去进一步挖掘心态文化。

那么具体来说，河东文化的内涵是什么？

在解读河东文化的内涵之前，我们先阅读学者龙应台的一段话，思索一下她这句话的本质含义。龙应台在《文化是什么》散文里曾经说："文化？它是随便一个人迎面走来，他的举手投足，他的一颦一笑，他的整体气质。他走过一棵树，树枝低垂，他是随手把枝折断丢弃，还是弯身而过？一只满身是癣的流浪狗走近他，他是怜悯地避开，还是一脚踢过去？电梯门打开，他是谦抑地让人，还是霸道地把别人挤开？"从龙应台所说的这段话里，我们似乎感觉到，一个人的举手投足之间便道出了文化内涵的本质——一个人在生产生活中对待自然、社会以及人与人之间关系的态度、心态和由此激发的行动。推而广之，我们又从一个人在这一过程中的举手投足和心态行为扩大到一个地区整个人群在生产生活中所普遍反映出的整体行为、主体特征和总体心态，这样由小及大、由个体现象反映群体特质，我们对文化内涵的理解就深刻多了。

结合前面的系列内容和分析，可以看出，河东文化的内涵就是自古以来河东社会群体在长期的历史和社会发展过程中形成的行为、风俗、习惯、理念、代表人物以及由河东各社会群体整体意识所辐射出来的一切活动和社会特征。也可以说，河东文化内涵大致可以表述为，河东社会群体广泛的知识获得，以及将这些知识得以活学活用，并形成河东地域范围内的总体社会特征和大多数人内心的精神和修养。

黄勋会在其编写的《五千年文明看运城》的扉页上标注了这样一句描写运城社会特征的话："人类之祖，文明之源，华夏之根，诚信之邦，大运之城。"①这句话虽然没有直接表现出河东区域人们的衣食住行等外在的文化符号，但却在本质上高度概括了河东区域的社会特征和文化内涵，尤其体现了河东区域社会的行为文化和心态文化，这正是河东文化内涵的根本表现。展开说，河东文化的内涵可以描述为：以河东这块风水宝地为聚居地，河东地区的先民以自己独特的生活方式、习惯、风俗等一代代地生活在这里，逐渐形成了河东地区居民独一无二的行为特征、民俗特征等，也最终演化成带有固定区域色彩甚至北方民族色彩的举世闻名的社会特征和文化特征，并以此为基础汇聚成以黄河流域文明为主的华夏文明。

河东文化研究专家冯建国在一篇文章中的一段话或许可以较好地表现出河东文化的内涵。他说，河东之美，不仅美在山水自然相宜，人文历史深厚，更美在乡人们重义尚道，敬天感地。自古以来民风淳朴，乡情浓醇，人们德孝善良，勤勉节俭，这是构成河东美的根本要素。而且河东之美，是美在骨子血脉里的，需要人们用心血方能感悟出来的。俗话说一方水土养一方人，是说这个地域的地理环境、气候变化、风水走向，等等，都与人们的性格形成有着密切的关系。春雨润物，潜移默化，北方人的粗犷豪放，南方人的细密风雅，并非是一朝一夕所能够形成的。所以我们说河东人德善之美，有着源远流长的厚重底蕴，有着根深蒂固的历史缘由，是一点一点积累起来又长期绵延不绝地传承下来的。②

可以感觉到，以上冯先生所指的河东之久、河东之美实际上正是河东文化的深刻内涵，是千百年来深藏在河东社会和河东百姓心中的本质特

---

① 黄勋会：《五千年文明看运城》，山西人民出版社2016年版，扉页。
② 冯建国：《我说运城美——德善篇》，《古运新城》第394期，2020年6月21日。

征，而文中所提到的山水相宜、历史深厚、重义尚道、民风淳朴、德孝善良、勤勉节俭，这些河东区域特征既是河东文化的内涵表达，又是河东文化的表现符号。

因此，综上所述，河东文化内涵的表述实际上可以包括河东居民固有的衣食住行特征、河东社会特有的民情风俗、河东文化中所独有的古代灿烂文明、河东文化中所蕴含的思想观念和思维方式等。河东文化内涵的这些内容将在本书之后面几章中陆续阐述，并且在写作的顺序上由浅及深，由自然而人文，由外形到习俗，最终归结到河东文化的代表符号，也最终通过揭开河东历史的帷幕体现出上述"人类之祖，文明之源，华夏之根，诚信之邦，大运之城"的真正含义和文化精髓，使读者深刻体会到河东文化之久、河东文化之伟、河东文化之美，从宏观上阐述本书的主题——河东文化的内涵和符号研究。

黄勋会和王振川在其编写的河东文化宣传册《运城六大文化掇英》中，把河东文化的本质内涵概括为六个方面，即河东的六大文化：人类远古文化、黄河根祖文化、农耕源头文化、宗教信仰文化、河东民俗文化、红色革命文化。[①] 这样的概括和划分清晰明了，让读者一目了然地了解河东文化的主体方面和本质内涵，一定程度上体现了河东文化的独特性。但是这样的概括和划分又不尽合理，一些方面还有待商榷，如其中的宗教信仰文化和红色革命文化并没有体现出河东文化的独特性，所以也就谈不上是河东文化的内涵。可以说，同其他区域文化相比较，河东地区在宗教信仰这一方面的文化并不突出，更不独特，不属于河东文化的本质性东西，当然也就不能代表河东文化的内涵。同样道理，红色革命文化也不能说是河东文化的特色，也没有区域的独特性，把它称为河东文化的内涵之一也是十分勉强，称其为"六大文化"也是勉为其难。当然，能称得上河东文化的方面到底应该有几个？主要包括哪几种？都还需要进一步探讨和论证，在

---

① 参见黄勋会、王振川：《运城六大文化掇英》，山西人民出版社 2019 年版。

此我们并不做过分的学术深究。

不过，可以肯定的是，置身于古老优秀的传统河东区域文化中，每一位河东人都应共同守护这个美丽的精神家园，地方政府和高校学者也要坚守正确的文化理念，义不容辞地承担起传承和弘扬河东优秀文化的职责，以现代形式表达古代优秀文化，以传统文化传递现代社会价值，以河东地域文化共享全球，逐渐打破因循守旧的思维框架，用现代理念揭示和宣传河东文化，传递河东文化中的正能量和精粹所在，走出河东、走出山西，面向全国、放眼世界，共同挖掘、整理、弘扬河东优秀区域文化，真正使河东文化成为全国甚至世界区域文化的知名文化品牌。

第三章 河东文化相关研究成果综述

河东这块风水宝地以其悠久的发展历史、灿烂的古代文化、浩如烟海的名人志士吸引了众多的学者关注和研究，多年来已取得了丰硕的学术成果。在这块研究阵地上，不仅有以运城学院相关学者为主的研究团队，还有整个河东地区的其他相关学者在不懈奋斗、努力探索、不断研究。现在这一研究队伍还在不断扩大，还有更多的年轻学者热衷于河东这块土地上的故事，走上了河东文化研究的道路。

在撰写本书之前，笔者大略浏览了河东文化研究方面的主要成果，基本熟悉了相关成果的研究方向和探索途径，以下部分就重要成果做大致介绍，当然，遗漏和谬见在所难免，敬请各位谅解！

从目前来看，关于河东文化的前期研究领域主要集中在虞舜研究、池盐文化研究、薛瑄研究、河东方言研究以及河东文学艺术研究等方面。以运城学院相关学者为主，先后出版或主持的著作或科研项目有《圣帝虞舜》《薛瑄全集》《薛瑄学术思想研究论文集》《晋盐文化述要》《运城盐池研究》《运城盐池研究（续编）》《河东方言辑考》《永济宝卷音乐研究》《河东民间美术研究》《河东剪纸艺术》等。后期研究大多围绕河东社会与历史、民俗文化、关公文化、戏曲艺术、古籍石刻等来开展，主要有《近代河东乡绅道德问题与社会变迁研究》《三晋史话》（运城卷）、《运城史话》《明代河东编年史》《河东文化及其特质研究》《礼俗传统考察与研究——以河东乡村地区为视角》《河东：这方水土这方人》《关公形象演变研究》《明清河东地区书院碑刻辑考》等。

近年来，运城市政府、运城学院及各级社会组织大力加强地方文化研究，彰显和弘扬地方文化特色，尤其是重视加强高校与地方政府和社会的合作，取得了新的进展。从整个研究范围来看，河东文化的探索领域不断扩充，内容已较为丰富，从最初的根祖文化、盐文化、关公文化等已经延伸到河东民俗文化、河东社会研究、河东地方艺术、河东文化特征和内涵概述等方面，显示出了题材不断丰富、研究方向四面开花的良好趋势。

由于学术方向的复杂性，笔者在梳理河东文化研究的相关成果时不可能做到面面俱到，只能就主要的研究方向对相关成果做大致的介绍。以下重点从六大方面展开叙述：

一、尧舜德孝文化

在 20 世纪 90 年代至运城学院河东文化研究中心及社会其他相关研究机构开始成立的几年内，这一块的研究成果数量较多、质量较高。但由于该研究领域涉及年代古远，所占有的历史资料有限，大多数是基于传说故事所做的探讨，所以资料的可考性不强，也同时大大限制了相关研究成果在数量和质量上的提升和突破。这一领域的相关专家有赵北耀、柴继光、秦建华、张培莲等。到目前为止，主要成果有：

论著有赵北耀的《虞舜古论》①，张培莲和叶雨青的《圣帝虞舜》②，柴继光的《尧舜禹故都纪行》③，运城市盐湖区虞舜文化研究会的《虞舜文化考论》和《舜乡圣迹》及《虞舜文化研究集》（上、下）④，秦建华的《德孝天下——虞舜文化说略》⑤ 等，另还有赵北耀的《虞舜今论》、张培莲和

① 赵北耀主编：《虞舜古论》，运城市虞舜文化研究会编 2007 年版。
② 张培莲、叶雨青：《圣帝虞舜》，山西经济出版社 2002 年版。
③ 柴继光：《尧舜禹故都纪行》，中央文献出版社 2003 年版。
④ 虞舜文化研究会：《虞舜文化考论》，山西古籍出版社 2003 年版；虞舜文化研究会《虞舜文化研究集》（上、下），山西古籍出版社 2006 年版。
⑤ 秦建华：《德孝天下—虞舜文化说略》，山西人民出版社 2014 年版。

叶雨青的《舜的传说》、李永康和咸增强的《虞舜文化》等；立项项目包括樊淑敏的《鸣条舜文化研究》、李雅翠的《河东根祖文化研究》等；论文包括赵北耀的《尧舜禹人格略考》①，咸增强的《尧都不会是太原——对〈太原建都已有4470年〉一文的不同看法》② 等。

二、河东社会历史及民俗文化研究

由于河东社会发展源远流长，也有着灿烂的古代文明和丰富的地域文化，因此，我们在这一领域的成果较为丰硕。河东文化研究中心成立初期，河东社会与民俗文化研究偏重于对历史史实的探索和论述，以及展示河东社会多彩多姿的民间生活习俗、节庆假日等。随着运城学院学术研究水平的不断提高，河东社会及民俗研究开始从单纯的记述性历史和文学发展到运用新的学术理论探讨历史悠久的河东社会和民俗文化的阶段，取得了新的成绩。这一领域的主要专家有王树山、尚恒元、秦建华、张启耀、宋洁、卫凌、樊淑敏等，相关的研究成果主要包括：

学术著作有王树山的《古今俗语集成》③，张启耀的《近代河东乡绅社会职能变迁与道德问题研究》和《南京国民政府前期山西农村社会状况研究》④，三晋史话运城卷编写组的《三晋史话(运城卷)》⑤，秦建华的《河东：这方水土这方人》以及《河东文化特质研究》⑥，姚文永的《明代河东编年

---

① 赵北耀：《尧舜禹人格略考》，《运城学院学报》2003年第4期。
② 咸增强：《尧都不会是太原——对〈太原建都已有4470年〉一文的不同看法》，《运城学院学报》2004年第1期。
③ 王树山：《古今俗语集成》，山西教育出版社1989年版。
④ 张启耀：《近代河东乡绅社会职能变迁与道德问题研究》，中国书籍出版社2019年版；张启耀：《南京国民政府前期山西农村社会状况研究》，中国书籍出版社2010年版。
⑤ 三晋史话运城卷编写组：《三晋史话》(运城卷)，山西人民出版社2016年版。
⑥ 秦建华：《河东：这方水土这方人》，山西人民出版社2015年版；秦建华：《河东文化特质研究》，山西人民出版社2015年版。

史》①，卫凌的《礼俗传统考察与研究——以河东乡村地区为视角》② 等。

该研究方向立项项目有常海燕的《晋南民间村际信仰的解读》和《晋南"走麦"习俗研究》，秦建华的《经济全球化与文化多元化环境下的河东文化发展路径研究》，宋洁的《河东民俗文化研究》，卫凌的《河东乡村礼俗活动研究》，樊淑敏的《河东民间信仰的嬗变和生态意义》等。

该方向的相关论文有张启耀、鞠振的《近代山西社会与晋学研究》《清末内陆地区乡绅社会救济问题研究：以近代晋南区域为中心考察》《"村政建设"时期的山西乡村税收策略：以抗战前的河东等地为中心考察》③ 等，张莉的《〈魏书〉在民族史撰述上的成就》和《〈魏书〉编撰性质考论》④，李文的《山西万荣后土祠戏台及演剧习俗考略》和《明清时期运城地区书院述略》⑤，樊淑敏的《鸣条舜帝陵庙及演剧习俗考》⑥ 等。除了以上论文外，重要的论文还有，孔令杰的《盐湖区石制粮食加工器具考》，柴建才的《运城红色文化资源保护与开发研究》等。

该方向获奖作品有张启耀专著《民生维艰：田赋负担与乡村社会变迁——以二十世纪前期的山西为范围》⑦ 获得 2016 年山西省第九次社科优

---

① 姚文永：《明代河东编年史》，河南大学出版社 2014 年版。

② 卫凌：《礼俗传统考察与研究——以河东乡村地区为视角》，中国文史出版社 2015 年版。

③ 张启耀、鞠振：《近代山西社会与晋学研究》，《光明日报》（理论版）2009 年 12 月 24 日第 9 版；张启耀：《清末内陆地区乡绅社会救济问题研究：以近代晋南区域为中心考察》，《运城学院学报》2018 年第 5 期；张启耀：《"村政建设"时期的山西乡村税收策略：以抗战前的河东等地为中心考察》，《运城学院学报》2021 年第 1 期。

④ 张莉：《〈魏书〉在民族史撰述上的成就》，《山西大学学报》（哲学社科版）2005 年第 4 期；张莉：《〈魏书〉编撰性质考论》，《晋阳学刊》2006 年第 1 期。

⑤ 李文：《山西万荣后土祠戏台及演剧习俗考略》，《中华戏曲》2004 年第 33 辑；李文：《明清时期运城地区书院述略》，《运城学院学报》2014 年第 4 期。

⑥ 樊淑敏的：《鸣条舜帝陵庙及演剧习俗考》，《中华戏曲》2007 年第 1 期。

⑦ 张启耀：《民生维艰：田赋负担与乡村社会变迁——以二十世纪前期的山西为范围》，山西人民出版社 2014 年版。

秀成果二等奖，卫凌著作《礼俗传统考察与研究：以河东乡村地区为视角》①获得2016年"百部（篇）工程"二等奖等。

三、关公文化研究

关公文化研究是整个中国史学界和文学艺术界的传统研究课题，在内地以及海外有着广泛的研究群体，成果也相当丰硕。当前，研究关公文化的学者较多，著名的有田福生、郑土有、刘海燕、曹瑾、刘永生、蔡东洲、梅铮铮等。运城学院在这一领域主要的主要学者有柴继光、秦建华、宋洁、令狐兆鹏等。因为身处关公故里的缘故，河东地区的学者更应该走在全国甚至海内外关公文化研究的前列。以下是主要相关成果：

论著主要有田福生的《关羽传》②、刘海燕的《从民间到经典——关羽形象与关羽崇拜的生成演变史论》③、郑土有的《关公信仰》④、梅铮铮的《忠义春秋——关公崇拜与民族文化心理》⑤、蔡东洲等的《关羽崇拜研究》⑥、宋洁的《关公形象演变研究》⑦ 等。另外，重要的著作还有秦建华的《信义炳世——关公文化概略》、赵波等的《关公文化大透视》、胡小伟的《关公崇拜溯源》、王志远等的《关公文化学》，等等，在此不再一一列举。

此外，研究关公文化的学术论文也数量丰富，主要有宁俊伟的《关于山西清代部分地区关帝庙碑刻的研究——兼论关帝财神之职》⑧、吴幼雄

---

① 卫凌：《礼俗传统考察与研究：以河东乡村地区为视角》，中国文史出版社2015年版。

② 田福生：《关羽传》，中国文史出版社2007年版。

③ 刘海燕：《从民间到经典——关羽形象与关羽崇拜的生成演变史论》，生活·读书·新知三联书店2004年版。

④ 郑土有：《关公信仰》，学苑出版社1994年版。

⑤ 梅铮铮：《忠义春秋——关公崇拜与民族文化心理》，四川人民出版社1994年版。

⑥ 蔡东洲、文廷海：《关羽崇拜研究》，巴蜀书社2001年版。

⑦ 宋洁：《关公形象演变研究》，中国戏剧出版社2017年版。

⑧ 宁俊伟：《关于山西清代部分地区关帝庙碑刻的研究——兼论关帝财神之职》，《世界宗教研究》2015年第5期。

等的《论民间关帝信仰与社会需求之随即调节》①、柴继光的《关氏家谱考略》② 等。由于成果丰硕，相关论文数量较多，重要的还有刘永生的《从关公崇拜看关羽的道德精神》、曹瑾的《关公精神，春秋大义》、龙佳解的《关帝信仰与道德崇拜》、黄旭涛的《新时期关公信仰复兴的原因探析》、宋洁的《现代性背景下关公信仰的意义》、闫爱萍的《在"传统"与"发明"之间：关公信仰的社会文化功能变迁》、令狐兆鹏的《作为类型符号的关羽》、陈雪的《关公文化的当代价值与现代意义》、梁雯的《历史题材剧中的关羽与关羽的历史》等。

四、池盐文化研究

池盐文化研究也是运城地方以及运城学院相关学者的重点研究方向之一，自改革开放以来，相关研究成果就层出不穷、较为丰硕，这一领域的主要专家有柴继光、咸增强、赵波、杨强等，主要成果包括：

专著有柴继光的《中国盐文化》《运城盐池研究》《晋盐文化述要》《河东盐池史话》以及《运城盐池研究（续编）》③，咸增强的《河东盐法备览校释》以及《河东盐法备览合集简注》④，赵波等的《薰风雍和：河东盐文化述略》⑤，杨强的《盐与城：运城城市历史地理研究》⑥，王冠孝、王丽芳

① 吴幼雄、吴玫：《论民间关帝信仰与社会需求之随即调节》，《福建论坛》（人文社科版）2013 年第 2 期。

② 柴继光：《关氏家谱考略》，《寻根》1997 年第 5 期。

③ 柴继光：《中国盐文化》，新华出版社 1991 年版；柴继光：《运城盐池研究》，山西人民出版社 1991 年版；柴继光：《晋盐文化述要》，山西人民出版社 1993 年版；柴继光：《河东盐池史话》，山西人民出版社 2001 年版；柴继光：《运城盐池研究（续编）》，山西人民出版社 2004 年版。

④ 咸增强：《河东盐法备览校释》，中国社会出版社 2012 年版；咸增强：《河东盐法备览合集简注》，中州古籍出版社 2020 年版。

⑤ 赵波、秦建华：《薰风雍和：河东盐文化述略》，山西人民出版社 2013 年版。

⑥ 杨强：《盐与城：运城城市历史地理研究》，三晋出版社 2019 年版。

等的《河东盐池文化及其旅游开发》① 等。相关学术论文数量众多，在此不再一一罗列，重要的有柴继光的《运城盐池的演变和发展》②，咸增强的《盐政之城：古代运城的历史书写与功能定位》③，杨强的《运城盐池旅游资源评价及开发策略》《民国时期的河东盐池盐工工资》和《古代河东盐池防洪体系》④ 等。此外，重要相关论文还有赵晓晨的《运城盐池形成之谜》，孔令杰的《运城池神庙旧石刻评析》，张欣等的《盐业资源与地域发展：以河东盐的历史演进为中心》，毛巧晖的《地域秩序与社会记忆的表达——以山西运城盐池神话为中心的考察》等。立项项目包括咸增强的《盐、盐化、盐文化—河东盐池资源开发的文化生态考察》和《〈河东盐法备览〉研究》，黄解宇的《河东"盐文化"及其旅游开发研究》等；获奖作品包括咸增强编著《河东盐法备览校释》获得山西省第八次社科优秀成果三等奖。

五、河东望族名人文化研究

河东社会历史发展源远流长，自古名人辈出，大家望族层出不穷，为我们后学者潜心研究相关领域提供了丰富的历史资料。在这一学术条件之下，运城学院河东文化研究中心也诞生了不少专家学者和学术成果。主要专家有尚恒元、赵北耀、柴继光、李安纲、刘宽亮、李永康、关永利等，成果包括：

相关著作有尚恒元的《司马光轶事类编》⑤，赵北耀的《薛瑄学术思想

---

① 王丽芳、李剑锋：《河东盐池文化及其旅游开发研究》，中国社会科学出版社 2015 年版。
② 柴继光：《运城盐池的演变和发展》，《晋阳学刊》1982 年第 4 期。
③ 咸增强：《盐政之城：古代运城的历史书写与功能定位》，《盐业史研究》2018 年第 4 期。
④ 杨强：《运城盐池旅游资源评价及开发策略》，《山西师范大学学报》（自然科学版）；杨强：《民国时期的河东盐池盐工工资》，《浙江档案》2018 年第 12 期；杨强：《古代河东盐池防洪体系》，《中国水利》2007 年第 8 期。
⑤ 尚恒元：《司马光轶事类编》，山西人民出版社 1992 年版。

研究论集》①，李安纲的《薛瑄全集》②，黄勋会、秦跟安的《千秋清气——河东廉吏传略》③，柴继光的《春秋争霸——晋文公重耳》④；立项项目有李安纲的《〈吕祖全书〉整理研究》和薛瑄诗文集整理研究，李永康的《河东裴氏世族文化研究》和《河东裴氏与武周政权研究》，刘宽亮的《司马光〈传家集〉整理及研究》，张莉的《两司马的文化关联》等。

河东望族名人的相关学术论文有李安纲的《〈薛文清公文集〉版本小考》和《薛文清公文集校勘记》⑤，刘宽亮的《论王通的思想特质》和《略论王通的"文以明道"思想》⑥，包米尔的《被忽视的司马光儒学——基于司马光的人性论和制度儒学的分析》⑦，陈尚君的《司马光〈资治通鉴〉的史论》⑧，张莉的《郭璞笔下的河东历史风貌》⑨等。此外，还有一些论文比较重要，由于篇幅所限，不再举出其出处，如邓解放、牛普琦的《华胥与黄帝在河东虞乡活动遗存考略》，闫爱武的《后土女娲与高禖神》，关永利的《柳宗元笔下的圣人形象》和《第七届柳宗元国际学术讨论会综述》，孔祥吉的《杨深秀考论》，苏衍崑的《试论为戊戌变法献身的杨深秀》等。

---

① 赵北耀：《薛瑄学术思想研究论集》，山西古籍出版社 1997 年版。
② 李安纲：《薛瑄全集》，三晋出版社 2015 年版。
③ 黄勋会、秦跟安等：《千秋清气——河东廉吏传略》，山西人民出版社 2016 年版。
④ 柴继光：《春秋争霸——晋文公重耳》，方志出版社 2002 年版。
⑤ 李安纲：《〈薛文清公文集〉版本小考》，《晋图学刊》1994 年第 5 期；李安纲：《薛文清公文集校勘记》，《运城师专学报》1988 年第 2 期。
⑥ 刘宽亮：《论王通的思想特质》，《晋阳学刊》1989 年第 4 期；刘宽亮：《略论王通的"文以明道"思想》，《运城高专学报》2000 年第 2 期。
⑦ 包米尔：《被忽视的司马光儒学——基于司马光的人性论和制度儒学的分析》，《江海学刊》2020 年第 2 期。
⑧ 陈尚君：《司马光〈资治通鉴〉的史论》，《文史知识》2020 年第 2 期。
⑨ 张莉：《郭璞笔下的河东历史风貌》，《运城学院学报》2007 年第 3 期。

六、河东文学艺术

河东地区历来重视文学艺术的传承和发展，自古以来文学艺术也是河东传统文化的重要组成部分，可以说，河东文学艺术一直呈现出"百花齐放"的状态。自 20 世纪 80 年代改革开放以来，大批学者即投身于相关研究，产出了大批优秀成果。在此领域的相关专家有王大高、王雪樵、李百勤、卫凌、杨永兵、李文、张莉、杨高鸽、李瑛等，主要成果包括以下部分：

论著有王大高的《河东百通名碑赏析》①，李百勤的《河东出土墓志录》②，王雪樵的《河东方言词语辑考》③，李文的《运城地区书院碑刻辑考》④，杨高鸽的《绛州锣鼓的考察与研究》⑤ 等。

该研究方向的立项项目有卫凌的《山西民间宣卷系列研究——河东"劝善调"》，刘学生的《山西寺观墓室壁画研究》，杨永兵的《永济宝卷音乐研究》，张淮水的《河东民间美术研究》，李文的《河东蒲剧文学研究》和《明清河东地区书院碑刻辑考》，尚广平的《晋南民歌现状分析与研究》，段丽梅的《河东花棍舞的文化传承与可持续发展研究》，程桂林的《永乐宫壁画〈朝元图〉的临摹与展示》，杨高鸽的《绛州鼓乐的考察研究》，朱家希的《河东锣鼓》，李仙娟的《河东方言语音研究》等。

河东文学艺术方面的学术论文成果丰硕，学者众多。这显示了河东地区自古以来辉煌灿烂的文学艺术水平，也彰显出河东文学艺术学界人才济济、后继有人的局面。相关论文主要包括王雪樵的《"剪桐"音辨——也

---

① 王大高：《河东百通名碑赏析》，山西人民出版社 2002 年版。

② 李百勤：《河东出土墓志录》，山西人民出版社 1994 年版。

③ 王雪樵：《河东方言词语辑考》，山西人民出版社 1987 年版。

④ 李文：《运城地区书院碑刻辑考》，山西人民出版 2014 年版。

⑤ 杨高鸽：《绛州锣鼓的考察与研究》，中国纺织出版社 2015 年版。

谈"桐叶封弟"传说之成因》①，李百勤的《山西芮城出土东汉博弈棋盘》②，杨永兵的《山西永济民歌整理与研究》和《临猗十弦音乐调查与研究》③，李文的《流传于河东的两首戏曲民谣》④，王国峰的《芮城线腔艺术简析》⑤，尚广平的《山西河东民歌初探》⑥，叶磊的《浅析稷山青龙寺腰殿壁画图示语言》⑦ 等。另外还有不少相关论文不再一一详述，如史新刚的《浅析绛州鼓乐〈滚核桃〉的艺术特征》，曹婧的《山西蒲剧和河南豫剧的渊源与发展研究》，潘芳的《山西民歌中的本土传统文化》、徐治的《稷山琴书的音乐特征及发展传承》、姚林江的《浅谈河东民间艺术与地方高校社团的文化艺术建设》、王瑜的《关于山西民歌演唱的几点思考》、暴丽霞的《民族传统体育在城镇化进程中的文化出路——以河东民间体育文化为例》和《花棍舞在促进农民体育认同过程中的影响机制研究——以山西省河东为个案》等。

文学艺术领域的获奖作品较多，主要有卫凌的专著《河东民间说唱研究》获得 2009 年度山西省社会科学优秀成果"百部（篇）工程"二等奖、山西省高等学校科学研究优秀成果（人文社会科学）二等奖以及山西省第九次社科优秀成果三等奖，杨永兵的专著《晋南传统音乐概论》获山西省第六次社会科学研究优秀成果三等奖，张淮水的专著《河东民间美术考释》获得 2012 年度社科"百部（篇）工程"优秀成果奖二等奖，杨永兵的专著《山西永济道情宝卷及音乐研究》获得山西省第八次社科成果优秀奖，姚蒲怀的论文《蒲剧慢板结构形式的发展与变革》获得山西省高校人文社

---

① 王雪樵：《"剪桐"音辨——也谈"桐叶封弟"传说之成因》，《晋阳学刊》1991 年第 3 期。

② 李百勤：《山西芮城出土东汉博弈棋盘》，《文物世界》2003 年第 6 期。

③ 杨永兵：《山西永济民歌整理与研究》，《艺术教育》2017 年第 3 期；杨永兵等：《临猗十弦音乐调查与研究》，《黄河之声》2014 年第 3 期。

④ 李文：《流传于河东的两首戏曲民谣》，《中华戏曲》2007 年第 1 期。

⑤ 王国峰：《芮城线腔艺术简析》，《西安音乐学院学报》2014 年第 1 期。

⑥ 尚广平：《山西河东民歌初探》，《黄河之声》2014 年第 16 期。

⑦ 叶磊：《浅析稷山青龙寺腰殿壁画图示语言》，《西北美术》2014 年第 2 期。

科二等奖，李文的专著《金代河东南路戏剧研究》获"百部（篇）工程"一等奖和山西省第九次社科优秀成果二等奖，杨高鸽的专著《绛州锣鼓的考察与研究》获"百部（篇）工程"一等奖，叶磊、王泽庆论文《山西东岳稷益庙壁画与根祖文化源流探析》获"百部（篇）工程"三等奖，等等。

综上所述，多年来，以河东学子为主的各位学者不辞辛苦，深入研究，取得了河东文化研究的丰硕成果，这是令笔者和所有河东父老乡亲颇为欣慰的地方，但学术研究永无止境，河东优秀地方文化也需要我们一代一代的学人不断传承弘扬和发扬光大。笔者撰写本书的一个重要的目的就是希望借此弘扬优秀地方文化，为推动笔者所在院校继续做好大学校园地方特色文化建设作出自己的贡献，也希望相关的各位河东学人能够再接再厉，在河东文化研究的学术道路上不断砥砺前行，取得更加辉煌的成就。

从当前河东文化研究的层次和水平来看，近年来相关工作取得了一定的进展，部分研究成果已经从最初单纯对历史和文学事件的介绍与叙述，开始迈向分析评论甚至融合了较抽象的社会和文化理论。可以说，这是河东地方文化研究发展路径中一个重要阶段，是河东文化从山西走向全国、走向世界的转折点。例如，近年来，笔者所在的运城学院大力加强以河东文化为中心的地方文化研究，为建设具有地方文化特色的大学校园作出持续的努力。目前，学院的省级研究基地——河东文化研究中心依托河东文化地域资源，结合地方社会发展的需要，形成了河东社会民俗研究、关公文化研究、盐文化研究、河东古籍名人研究四大主攻方向，四路并进，互为支撑，从不同角度深入弘扬河东优秀地方文化，为建设具有地方文化特色的美丽大学校园持续发力。但目前，相关的研究工作还是存在一定的问题，例如，多数的研究成果存在学理性不强、理论高度不够、学术性研究气氛不浓等不足之处，这种学术现象在一定程度上影响和制约了河东地方文化的研究力度和深度。拙作的目标是希望能够再次呼吁相关研究人员逐步将河东文化研究重心放在学术研究的框架内，多出精品、多向学术型研究方向靠近，不再仅仅满足于表述和重复简单的历史和文艺现象，而注重研究中的发现和创新，并由此展开翔实的探索。但由于时间紧迫、结题任务紧急，最主要是由于本人学识浅显，拙作中很多的想法和探索还很肤浅，最终可能达不到笔者写作的初衷，只能在此做些督促和呼吁工作，以便引发地方学界更多的关注，为河东文化研究下一步的深入发展做些力所能及的宣传工作。

第四章 河东文化的孕育基础

第一节 河东的地理位置、地形地貌和气候特点

河东地区的地理条件可以说是尽享天时地利，自古以来就是重要的经济、文化和军事区域。

从地理位置和地理范围来看，河东地区绝大部分属于山西省下辖的地级市——运城市管辖。整个区域轮廓外形似人的心脏。东西长201.87公里，南北宽127.47公里，总面积13968平方公里，占全山西省总面积的8.9%。区域地理位置在东经110°15′—112°04′，北纬34°35′—35°49′，正处于地球纬度的黄金地带，具备了孕育和发展具有重大影响的高等文明的基本地理条件。

同时，中华民族的母亲河黄河自北向南然后掉头东去便天造地设出一个神奇的黄河"金三角"。这就是大自然给河东人的恩赐。中国有三个"金三角"，一个是长江"金三角"，还有一个是珠江"金三角"，另外一个就是河东区域所处的黄河"金三角"。河东地区北依吕梁山与临汾接壤，东恃中条山和晋城毗邻，西南两面环绕着滔滔的黄河，隔河西面即为陕西之渭南和韩城，南面为河南之三门峡和灵宝。于是就有了"鸡鸣一声闻三省"的美誉。这蜿蜒如带的黄河，忽东忽西，曲曲折折；忽而澎湃汹涌，忽而怡静安详；顺沿山势，盘桓绕行。尔后，入河口，穿峡谷，从北向南在河东大地作九十度大转弯，最终越豫穿鲁入大海。独特的地理条件和地势优势让河东地区自古就成为了华夏祖先最早生活发展的地方，孕育出古老灿

烂的黄河文明和中华文明，而现在，国家又视这里为中西部结合带和欧亚大陆桥重要地段，也是国家实施西部大开发战略和促进中部地区崛起战略的重要区域。

可能也有人认为，虽然地处山西省西南部的河东地区与河南省的河洛地区、陕西省的关中地区同是华夏文明之源，而且河东地区的历史更为悠久，古代文化更显灿烂，但今日它的影响力很大程度上仅局限于本地，与西安、洛阳两座古都级别的城市相比，影响要小得多。以上的认识虽有一定道理，但如果从整个历史上看，河东地区却是黄河金三角区域不可或缺的一环，扮演着十分重要的角色。

在中国地理版图内，如果说有一片地区能够"因之以成帝业"，估计很多人首先想到的就是陕西的关中平原。从中国的山川走势图上不难看出关中平原位置的优越性：陕北高原和秦岭从北部和南部两个方向将关中与其他地方隔离，东部留下狭窄的崤山和函谷关通道与关东连通，使得这片地方进可攻退可守。黄河的支流渭水流淌其中，哺育着万千生民百姓，也把关中变成了沃野千里的粮仓。历史上，始皇一统六国、刘邦击败项羽、大唐定鼎天下都是以关中为基地进行的，可以说这些重大事件决定着中国历史走向。那么河东的地理位置在其中扮演着怎样的角色呢？

首先，河东地区四面有山河包绕，在中国的中部地带形成一个相对独立的部分。河东地区的北边有吕梁山余脉、太岳山余脉以及汾河作为守护屏障，东部有沁河和中条山东脉舜王坪把守，西部从北到南先后有龙门山、黄河及雪花山阻隔，南部就是居于华山和太行山之间并绵延300多华里的中条山脉以及涑水河，而紧挨着中条山南麓的便是滚滚东去的黄河天险。从整个地势上看，河东地区的地形优势自然天成，自成一体。于是，黄河和汾河一起滋养了河东大地上的华夏先民，汾河流域、涑水河流域及运城盆地成为了中国史前农业与华夏文明的主要发源地。

其次，从地缘上说，河东区域是中国历史发展的核心地带，甚至在相当长的时期内决定了中国历史的发展走向。

虽然今天陕西境内的关中平原的确称得上是中国古代的"帝王之基"，如秦始皇自关中平原挥师东进统一中国，汉高祖独占关中图谋全国，大唐王朝定都关中成就盛世等，但如果仅仅停留在这个看法上，那只能说对中国历史的认识仍然还不到位。我们接下来不妨把中国地形图拿过来再细细查看，就会发现，原来关中平原东北方向朝着山西那一面除了黄河外几乎没有什么遮挡，可谓一马平川。上面提到河东地区决定着中国历史发展的走向，其实更准确地说，是河东地区决定了关中平原的命运，进而决定了中国历史的走向。原因很简单，如果没有河东军事要地的守护，无论大秦也好、汉唐也罢，最好的结果也只能是自保，根本不可能图谋称霸、逐鹿天下了。长安、洛阳在宋以前作为中国政治经济中心两大焦点城市，凭借东西水陆通道维持着大量联系。而在这条通道的正北方，河东向西隔黄河与关中交界，向南也隔黄河与河洛交界，又是山西最靠南的农业区，地理位置非常引人瞩目，甚至可以视为与关中、河洛同等重要的第三大核心板块。河东地区就是一个巨大的联动转盘，失去了河东地区，所谓的关中平原、河洛地区之间的联结也同时意味着被一并撕裂。说白了，河东地区就是一把高悬于两大军事战略区域的利刃，随时随地能够切断两大政治重心的联系。①

这就是位处山西西南角的河东地区的地缘优势了，一句话，中华核心少不了河东地区。总的来说，河东地区位于山西南翼末端，这块平地成为了历代兵家的必争之地，历史上的河东地区一次次地成为各种政权相互争夺的战略要地。河东地区是山西、陕西、河南之间的枢纽，在历史早期也是生产力最强的农业区之一，并因关键的盐资源而颇为富庶。而在生产力相对没落之后，其枢纽地位仍然不变。

接下来再了解河东地区的地形地貌。

① 参见《河东地区：一块山西平地，为何成为关中、河洛地区的联动枢纽?》，《今日头条》2019年11月9日。

地形地貌就是地表的形态，是指地势高低起伏的变化，是地球表面各种形态的总称。一个地区的地形地貌就是指这个地区地表上的各种地形，因此地貌也可以称作地形。根据科学研究的结果可知，一个地区地势的起伏以及地形地貌的形成，主要是受到不同时期因地壳运动所造成的大型构造形态的控制。

河东地区的地貌类型主要有平原、丘陵、山地、台地、盆地等，包括运城盆地、峨眉台地、中条山山地、汾河平原、伍姓湖至盐池一线的湖积平原、芮城沿黄地带等，其中平原面积约占百分之六十，丘陵、山地合计占有百分之四十。全区地形由东北向西南倾斜，最高点在中条山核桃凹南峰，海拔1494.7米，最低点在盐池，海拔324.5米。[①]

河东地区的正中为运城盆地，盆地北侧有峨嵋台地作为与汾河下游平原的分界线，新绛、稷山、万荣、河津四县市构成了汾河下游肥沃的冲积平原。盆地南部是东北—西南走向的中条山脉，是运城盆地的天然屏障，也使得中条山以南沿黄河地带的芮城、平陆两县成为一个相对独立的地理单元。[②]总括来看，河东地区的山脉主要有中条山、吕梁山、稷王山、孤峰山等，主要河流有黄河、汾河、涑水河以及姚暹渠等，主要湖泊有天然湖泊如盐池、硝池、五姓湖、鸭子池、汤里滩、北门滩等，以及人工湖泊如上马水库、苦池水库、樊村水库、安邑水库等。

河东地区位于山西省西南部，主体部分属于山西中部断裂谷地的南端。河东地区地形复杂，总体来看，整个地区属于断块山地与断陷堆积平原组成的盆地地貌，盆地中由于一系列近东西向断裂隆起带的分割，形成若干次一级地貌单元，从北向南有塔北山—九原山隆起、侯马—河津沉陷、紫荆山—稷王山隆起、涑水沉陷、中条山隆起、黄河谷地沉陷，使得本区地貌复杂多样。中条山在燕山运动时已经具备雏形，喜马拉雅运动

---

① 参见于波主编：《三晋史话·运城卷》，山西人民出版社2016年版，概论。
② 中华文化促进会、中共运城市委宣传部：《河东上古历史文化纲要》，内部资料，2019年版，第1—2页。

时，山体北侧的山前大断裂形成，它是本地区规模最大、活动性最强烈的断裂，形成盆地的急剧沉陷和山地的强烈隆起。①

从河东地区复杂的地形地貌可以看出，黄河河道、中条山等复杂地形为河东地区提供天然屏障的同时，也在一步步的束缚着河东地区的进步和发展，它的封闭性也自然不言而喻。这个问题在交通尚不发达的古代社会还显示不出它的影响，到了近现代社会，由于中国其他很多地区普遍的交通不断趋于便利，河东地区各方面发展受地形地貌影响的负面作用便日益凸显出来，严重制约了本地区的社会进步，所以，针对这一问题，当地政府和民众应趋利避害，尽力消除地形地貌对本地区的消极影响，加快交通建设步伐，让河东社会走上现代发展的快车道。

我们再来看河东地区的气候特点。

气候对人类的生活生存和生产活动有着直接影响。人类的衣食住行都严重依赖气候，可以说，气候是人类生存和生活的根本所在。除此之外，我们可以看到，气候资源是自然资源中影响农业生产的最重要的组成部分之一，它提供的光、热、水、空气等能量和物质，对农业生产类型、种植制度、布局结构、生产潜力、发展远景，以及农、林、牧产品的数量、质量和分布都起着决定性作用。因此，气候是自然环境中最重要的因素之一，认识气候特点和气候规律是认识自然的重要环节，也是了解一个地区自然条件的主要方面。

河东地区位于山西最南部，处于北纬 34°35′—35°49′ 之间，气候适宜，光照较为充足，自古以来就是重要的农业产区。总体来看，河东地区的气候具备了孕育古代文明的基本条件。

全区全年受季风活动影响，属半干旱型暖温带大陆性季风气候。虽然全区冬季受西伯利亚干冷气流控制，盛行西北季风，气候特点为寒冷、

---

① 参见山西省地图集编纂委员会：《山西省自然地图集》，山西省地图集编纂委员会内部资料，1984 年版，第 56 页。

干燥，但干冷时间较短；夏季受太平洋暖湿气流控制，盛行东南季风，气候特点是高温、多雨，降雨集中且多暴雨和雷阵雨。年平均气温近20℃，夏季炎热，冬季寒冷，春秋两季较短，每年通常还会受到沙尘暴的袭击。

古代时期，包括河东地区在内的整个山西范围的气候相比现代来看要湿润温和，森林繁茂，草地连片，是全国重要的木材生产地。但随着山西境内人类活动的加剧，河东等地的植被遭到严重破坏，河东地区的气候特点也随之发生着变化，具体表现就是，全年平均降水量逐渐减少，截至目前，整个河东地区从北往南的降水量依次为曲沃河津气候区为480—520毫米、峨眉台地气候区为480—530毫米、运城盆地气候区为500—570毫米、中条山西端气候区为500—580毫米、平陆芮城气候区约为510—600毫米。受地形及气候因素的影响，本地区降水量区域分布不均匀，从东南的600多毫米向西北递减至约480毫米。① 另外，本区不仅降雨年际变化大，而且降水量年内分配极不均匀，冬春较少，占全年20%左右，夏秋季特别集中，约占全年的70%左右；7、8两月降水量占年降水量的近40%，这一特征表现在从南到北整个河东区域。

从气温方面看，河东地区不仅在山西全省一直最高，而且总体上比同纬度的其他地区还要稍高。山西中部的东西两边山区和雁北地区年平均气温一般都在8℃以下，晋西北地区为4℃—6℃，忻定盆地、太原盆地、晋西黄河沿岸、晋东阳泉、平定及晋东南大部分地区年平均气温为8℃—10℃，而河东地区所处的运城盆地和中条山以南河谷地带年平均气温为12℃—14℃，是全省热量资源最丰富的地区。② 同时，有研究表明，河东地区所处的运城盆地也是黄河中下游地区最温暖的地区，整个地区年均气

---

① 所引用资料来源于山西省地图集编纂委员会：《山西省自然地图集》，山西省地图集编纂委员会内部资料，1984年版，第79页。

② 参见山西省地图集编纂委员会：《山西省自然地图集》，1984年版，第65页。

温高于陕西关中地区的任何一个县市。① 同时，河东地区的无霜期在山西全省时间最长，平川区甚至达到了 185 至 205 天，远远长于太原及阳泉一带的 160 至 175 天，更长于忻定盆地和晋东南大部的 140 至 160 天，以及大同盆地周围的 125 至 135 天。② 温暖的气候有利于植物的生长和采集，也为植物栽培的出现奠定了基础，这些都为河东地区古代原始农业的发展奠定了基础，为早期人类的定居提供了得天独厚的条件。

第二节　河东的土地状况及资源情况

全区土壤总体上看为黄土，性质比较柔和、肥沃，在上古时期的九州土壤分类中处于上上等。《汉书·地理志下》曾记载："河东土地平易。"③ 黄土是在最近 200 万年内在气候逐渐干旱的条件下形成的，因此其结构非常均匀、疏松、柔和，同时黄土未经风华或风化程度微弱，在具备良好的渗水性的同时保留了碳酸盐等大量的矿物质，所以非常肥沃。另外，黄土土质均匀，古代河东地区又具备丰富的植被资源，因此土层中常年堆积了腐烂的植物残留物，形成肥厚的肥力并通过黄土较好的渗透性作用，把土壤中多种矿物质吸收到了地面。这一切土壤资源非常有利于使用掘土工具的先民们开垦土地、种植作物，使得粮食作物的收成高于其他土壤。由此可见，黄土是原始农耕的理想土壤。这种情况导致以河东区域为代表的早期中国农业成为一种自我延续的定居农业，适合早期农耕社会的发展。而那些次生黄土层多在冲积平原，土壤中夹杂着砂石，质地相对坚硬，不适

---

① 陈良佐：《从春秋到两汉我国古代的气候变迁——兼论〈管子·轻重〉著作的年代》，陈国栋、罗彤华主编：《台湾学者中国史研究论丛》，中国大百科全书出版社 2005 年版，转引自黄勋会等主编：《古中国大河东》，山西人民出版社 2014 年版，第 4 页。

② 参见山西省地图集编纂委员会：《山西省自然地图集》，1984 年版，第 68 页。

③ （汉）班固：《汉书》，中华书局 1962 年版，第 1648 页。

合原始农业的发展。① 到目前为止，河东地区的宜农地，尤其是一等宜农地一直在全省所占比例最高。② 因此，河东农业生产条件相对比较优越，长期以来一直是山西省的农业大市和粮棉基地。

良好的土壤条件为河东地区早期农业的产生、发端、发展乃至兴盛提供了基本要素。早在远古时代，粟已经成为北方居民的主粮，其中最早发现的是在 20 世纪 30 年代于河东万荣荆村瓦渣斜遗址出土的粟壳，经测定其年代为仰韶文化至龙山文化时期。随后，国内外众多学者如董光忠、毕晓普、和岛诚一等先后发表相关研究成果，一致得出万荣荆村挖掘的植物为粟和高粱的结论。③ 同样在仰韶文化时期，河东夏县的西阴村遗址上也出现了谷子，成为河东地区最早种植粟的有力证明。④ 在原始社会末期的传说时代，河东地区农业不断发展，农业技术逐步得到传播，著名的传说故事如后稷教人稼穑、嫘祖养蚕等就发生在河东大地上。原始社会时期，河东地区原始农业的发展，有利于当时整个黄河流域各个部落的稳定和人口的不断增长，为下一步本地区早期国家的起源打下良好的基础。

虽然整个河东地区的土壤都属于黄土，但河东的不同区域的黄土又各具特征，导致土地资源的利用方式又各不相同。大体上看，河东地区的土壤区分为三大类，第一类为峨嵋岭黄土台地土壤区，这类地区的土壤具有碳酸盐褐土的部分特性，而且这里地下水位较低，水源缺乏，农业发展重在防旱保墒；第二类为运城盆地土壤区，范围包括汾河下游平原及伍姓湖及各个滩地、盐池、硝池等地。本区土壤为浅色草甸土，底层为盐化土，农业发展遇到的主要问题是排水不畅，土体下部埋藏盐矿，土壤表层和底

---

① 参见王会昌：《中国文化地理》，华中师范大学出版社 1992 年版，第 39—40 页；何炳棣：《黄土与中国农业的起源》，香港中文大学 1969 年版，第 18—19 页。转引自黄勋会、秦建华等主编：《古中国大河东》，山西人民出版社 2014 年版，第 5 页。

② 参考山西省地图集编纂委员会：《山西省经济地图集》，中国地图出版社 2002 年版，第 122 页。

③ 参见卫斯：《新石器时代河东地区的农业文化》，《中国农史》1994 年第 1 期。

④ 参见陈文华主编：《农业考古图录》，江西科技出版社 1994 年版，第 27—52 页。

层均现盐化；第三类为平陆芮城黄土丘陵土壤区，本区范围北自中条山，南抵黄河，其黄土也属于碳酸盐褐土，该区平川地带农业生产较为发达，在沿中条山山麓一带经济林发展较好，并种植有牧草。

下面再来了解河东地区的水资源。河东区域属黄河流域，史前时期曾是河网密布，丰富的水资源为原始农业在河东地区的起源和发展打下重要的基础。据《水经注》的"河水四"以及"汾水"记载，古代早期流进河东地区的河流除了汾水、涑水、浍水、瀵水之外，比较小的河流和渠道还有郆水、妫水、汭水、雷水、蓼水、永乐涧水、樊涧水、交涧水、路涧水、积石溪、土柱溪、沙涧水、贺水、高泉水、紫谷水、田川水、女家水、乾河、洮水、景水、沙渠水等，河渠纵横。① 及至现代，河东地区河流数量不断减少，过境河流大的有黄河、汾河、涑水河，境内流域面积100平方公里以上的河流有20余条。汾河虽然是黄河的一级支流，是山西省内的最大河流，但汾河流经河东地区的地理范围并不多，仅流经新绛县、稷山县、河津市部分地带后在河津市禹门口附近汇入黄河。涑水河发源于绛县的横岭关，向西南流经绛县、闻喜、夏县、盐湖区、临猗、永济等地，并在永济汇注伍姓湖之后再流入黄河。涑水河全长196公里，流域面积为5548平方公里，是河东地区内的最大河流。涑水河南侧的姚暹渠和湾湾河会同涑水河一并流入伍姓湖。②

总体来看，受地理环境和气候条件制约，区内河流具有山地型和夏雨型的双重特征，汛期为每年6—9月。现代河东地区的河流流域面积窄小、冲刷较为严重、河水含沙量大，而且枯水季节长、洪水季节集中、季节性河流较多。因此，河东区域的河流在河道特征方面表现为：沟壑密度大，河流坡陡流急，侵蚀切割严重。径流和泥沙的特点表现为：洪水暴涨暴落，含沙量大，年径流集中于汛期，枯水期径流小而不稳。

---

① 参见黄勋会、秦建华等主编：《古中国大河东》，山西人民出版社2014年版，第6页。
② 参见山西省地图集编纂委员会：《山西省自然地图集》，山西省地图集编纂委员会内部资料，1984年版，第80页。

湖泊方面，河东境内有山西最大淡水湖——伍姓湖，另外，在姚暹渠的南岸至中条山之间有一个内流区，面积约为 700 平方公里，内流区内分布着很多内陆盐湖，包括盐池、硝池、汤里滩、鸭子池等天然湖泊，湖内盛产食盐、芒硝等矿产。除了天然湖泊外，河东地区还建有一些人工湖泊，较大的如上马水库、苦池水库、樊村水库、安邑水库等。

当然，河东地区能够产生较早的文明并出现早期的国家，不仅与良好的自然条件相关，而且与丰富的天然矿藏等自然资源相关。例如，食盐在人类起源和发展中的作用就至关重要。有关研究表明，盐是从猿到人转变的重要催化物，人体内的 50 多种微量元素中，有 14 种组成人类大脑所必需的微量元素需要从食盐中获得，甚至可以说，人类是产生并起源于地球的产盐地带。① 研究又表明，人类最早利用的盐实际上就是池盐，而河东池盐在中国最为著名，使用历史最为悠久，对中国社会的影响最大。

现如今，"华夏之根""文明之源""人类之祖"是河东人挂在嘴上的骄傲，但这些骄傲的产生离不开河东的一大天然资源——盐池。盐池又称盐湖，因位处黄河之东，古称河东盐池，又因古代属解州一县，亦叫解池，深爱着它的河东人民还赋予它以诗性的名字——银湖。

盐湖东西长约 30 公里、南北宽约 5 公里，水面约 130 平方公里，被称作"百里盐湖"。盐池所在地的地形地貌特点是四周高、中间低，最高处海拔 324.5 米，最低处为 318 米，池水深约 5 米，水色银白，故又有"银湖"之美称。河东盐湖与美国犹他州奥格丁盐湖、俄罗斯西伯利亚库楚克盐湖，并称为世界三大硫酸钠型内陆盐湖。河东盐湖出产的食盐由卤水经日光曝晒而成，颜色洁白，质醇味正，杂质少，含有多种钠钙物质，质量上称，而且是自然结晶，采集简单方便，几乎不费多少工夫，这些无疑对处于成长初级阶段的古人类极具诱惑力，对生产力极其低下、运输条件极

---

① 参见张良皋：《巴史别观》，中国轻工业出版社 2006 年版，第 137—138 页。

其落后的远古氏族部落也极具诱惑力，是其他同样宜居的地方无法比拟的。所以我们完全有理由说，正是盐池提供的宝贵的优质天然食盐，成为吸引中华民族先祖争相聚居于河东这块热土的根本缘由。

河东先民惊叹于盐池的神奇而又无法作出科学合理的解释，便将其神化，以一种虔诚的神秘崇拜的心理对"老天恩赐"的河东盐池赋予了蚩尤血水、神牛造池、哑姑救盐等富于传奇色彩的神话故事，其中最为典型的传说就是蚩尤战败身解流血而成盐池的故事。

传说蚩尤及其部落起初就居住在盐池边上，后来，伴随着原始部落之间战争的进行，蚩尤在这里被黄帝战败，尸体被肢解，血化为卤水，流入盐池。直到今天，运城盐池的水还是红褐色的，传说就是因为溶入了蚩尤的血。这场黄帝与蚩尤之间的部落战争史称"涿鹿之战"。《孔子三朝记》中说："黄帝杀蚩尤于中冀，蚩尤股体身首异处，而其血化为卤，则解之盐池也，因其尸解，古名其地为解。"这便是今天盐湖区解州名称的来历。北宋时期，科学家沈括在其著作《梦溪笔谈》中也谈到，"解州盐泽，方百二十里，久雨，四山之水，悉注其中，未尝溢，大旱未尝涸，卤色正赤，在阪泉之下，俚俗谓之蚩尤血"。①

当然，从科学角度来看，河东盐池的形成是自然界地质运动的结果。盐池南边正是隆起的中条山，海拔 1200—1300 米，与盐池相对高差达 800 米以上，北边隔涑水河冲积平原与峨眉台地、孤峰山相望；同时，盐池的东西两侧也受到断层的阻隔。喜马拉雅运动时，南北两侧的中条山和峨眉台地继承老构造运动又进一步上升抬高，最终奠定了以盐池为中心的向心缓斜沉积环境，这就是盐池的原始雏形。第四纪时期，中条山地区受新构造运动的影响，北麓断裂下沉形成陷落地带，并注入了富含钠盐、镁盐、钾盐、硫酸盐、碳酸盐等沉积物，这些沉积物在潴留的水中不断溶解并同时蒸发，聚集成盐分，形成了现在的盐池。由于盐池的位置在地质运

① 参见淮占科：《盐池：华夏之根根于斯》，《山西学习平台》2020 年 6 月 13 日。

动时期的第三纪期间填充了红色冲积物，因此整个盐池的卤水呈现出血色样的红色。①

从历史发展的进程来看，实际上在涿鹿之战之前，为了争夺河东盐池，黄帝同黄河流域的另一位部落首领炎帝便展开了一场战争——阪泉之战。近现代历史地理学家张其昀在其著述《中华五千年》中说："炎黄血战，实为食盐而起。"阪泉是何地方？著名历史学家钱穆早在20世纪40年代就指出，阪泉在山西省南部解（hài）县境内。其实，我们前文引用的宋代科学家沈括《梦溪笔谈》的那段话已说明阪泉在解州了。这场战争的结果是黄帝战胜了炎帝，成为一统各部落的首领，黄帝和炎帝由此共同组成了炎黄联盟，成为炎黄子孙和华夏文明的基干，也为中华民族由部落联盟走向国家奠定了根基。争夺食盐资源的阪泉之战和涿鹿之战的重大意义在于它促进了中华民族的第一次和第二次融合。在这期间，黄帝早在尧都、舜都、禹都之前便在涿鹿即解州建都，把运城的建都史又大大向前推进了，为"这里最早叫中国"提供了新的证据。之后，尧、舜、禹相继在河东大地建都。舜帝还亲临盐池巡视，并兴之所至引吭而歌："南风之熏兮，可以解吾民之愠兮；南风之时兮，可以阜吾民之财兮。"河东盐湖成了古代早期我国先民的最重要生产生活资源之一，为中华文明的兴起提供了有力的物质支持。

除了盐业资源外，河东地区还有丰富的铜矿、金矿等资源。黄勋会在其编写的小册子《五千年文明看运城》曾说过，有些人常说河东地区缺乏矿产资源，"我看这种说法欠妥"。你要说是河东和全省各地市比，我们缺乏煤炭资源，这是事实，而要论矿产资源，河东地区还是有独特优势的，因为河东地区目前已勘明有开采价值的矿产资源就有54种，其中铜矿储量就达到了3432万吨，占整个山西总储量的95%以上，居全国第三位。②

---

①　山西省地图集编纂委员会：《山西省自然地图集》，1984年版，第60页。

②　黄勋会：《五千年文明看运城》，山西人民出版社2016年版，第2—3页。

相关研究资料也显示："山西的铜矿产地有 47 处，主要分布于中条山地区。"①

实际上河东的铜矿资源开发历史悠久，而铜器的使用正是人类社会进步的一个重要标志，如夏商周三代就以工艺精湛、种类繁多的青铜器作为文明进步的标志，青铜器一直在中国早期国家的宗教、政治、文化、军事等方面发挥着不可替代的重要作用，而河东地区南部的中条山脉东段以及垣曲、闻喜、夏县、绛县等地就蕴藏着丰富的铜矿资源，并且矿体因埋藏较浅而易于开采，使得河东的中条山铜矿成为中国最早被开发的铜矿资源。2004 年和 2011 年，考古学家分别在河东地区的周家庄遗址和闻喜县石门乡玉坡村附近发现了非自然铜制作的黄铜片以及一座采矿炼铜遗址，不仅将我国的黄铜冶炼时代往前推进到了公元前 2500 年左右，而且表明了早在夏商时期，河东地区已经成为当时生产铜器的原料采集和粗加工的重要场地。② 学者张光直先生曾指出，夏王朝崛起于晋南和豫西地区，商王朝灭掉夏朝后长期定都于洛阳到郑州一带，周王朝在崛起后就很快向晋南一带发展，其重要原因都是为了控制中条山的铜矿资源。③

除了食盐和铜矿之外，河东地区的重要矿藏还有平陆的铝土矿、垣曲和闻喜铜矿中伴生的钼矿、夏县和永济的铅矿，而金矿在河东地区分布也较多，如在闻喜、垣曲、绛县、夏县、平陆各县均有矿藏，尤其是闻喜篦子沟矿区、垣曲南和沟及桐木沟矿区分布较多。④

2006 年，在中央电视台评选全国十佳魅力城市时，学者易中天教授曾这样夸赞河东地区：她给我们带来了两件珍宝，一是精神层面的关公诚信精神，二是物质层面的人们生理上须臾离不开的食盐产品。河东地区的

① 参见王建平等：《山西周家庄遗址出土龙山时期铜片的初步研究》，《中国国家博物馆馆刊》2013 年第 8 期；《闻喜惊现夏代采矿炼铜遗存》，《山西日报》2011 年 12 月 7 日。

② 山西省地图集编纂委员会：《山西省自然地图集》，1984 年版，第 31 页。

③ 张光直：《夏商周三代都制与三代文化异同》，参见《中国青铜时代》，生活·读书·新知三联书店 2013 年版。

④ 参见山西省地图集编纂委员会：《山西省自然地图集》，1984 年版，第 32 页。

矿产资源以食盐为代表，孕育了世界历史上独特的农耕文明，对中国社会产生了巨大影响，中华民族由此不断繁衍生息，在古老的河东大地上建立了较早的国家雏形，并在此后承载着生生不息的民族精神而不断发展前行，形成了灿烂辉煌的华夏文明。

第五章 河东文化的外在特征和古代重要的演变历程

第一节 河东文化的外在特征

在世界和中华民族发展历史上，河东文化都具有着独特和重要的意义，同时这一文化也具有许多不同于其他区域文化的外在特征，这些特征主要表现为：第一，源远流长（即河东文化的根祖性、远古性）；第二，一脉相承（即河东文化的传统性、承继性）；第三，熠熠生辉（即河东文化的灿烂性、密集性）；第四，影响深远（即河东文化影响的时空性，包括对当时的影响和对后代的影响）等。在本节的以下部分中，笔者通过举例对河东文化这四个方面的外在特征作进一步说明。

第一，河东文化源远流长，中华文明发展进程中的很多重要事件和历史现象都可以在河东大地上找到源头。

华夏文化在人类社会的发展史上占据着重要地位，是人类文明的重要源头，而河东地区又是华夏文化主要的发源地之一，是华夏文明的根和祖，是中华民族生存和发展的摇篮。从一块曙猿化石，到半颗莹莹蚕茧，从一片动物烧骨，到一方打制石器，无不显露着这块土地上人类社会的最早活动和遗迹。在此之后，为了争夺河东这块土地上丰富的天然矿产资源，中国的远祖们挥戈南北，历经阪泉之战和涿鹿之战，兼并部落，初建国家雏形，演绎了女娲造人、嫘祖养蚕、舜耕历山、尧舜禅让、后稷稼穑、大禹治水的美丽故事和传说，使中华民族的文明之花从河东大地扎根盛开，肇始了河东文化和华夏文明的辉煌灿烂。从这些历史痕迹和人文传说中，无不彰显着河东文化的根祖性和远古性，也向后人不断诉说着河东文化源远流长的故事情节。

第二，河东文化一脉相承。河东文化具有极为顽强的生命力，在中华民族甚至整个人类社会的历史上都具有连续不断的发展特点。

在这块古老的土地上，从远古时代形成的民族特性已经在河东大地上扎根生发，形成了具有浓郁地方特色的文化品格，如生活在河东地区的先民们自古便勤劳朴实、善良仁和、诚实守信，从传说时代尧舜禹的帝位禅让，到汉末三国关公的仁义撼天，从传统时代末期河东晋商的诚信经营，再到近代河东李家的"善"行天下，处处体现出连绵不断的传统文化特色。即使到了近现代社会，生活在河东这块土地上的人们依然保留着传统社会河东文化的优良品格，如生活在这里的人们重视传统文化教育、诚实守信经商、生活勤劳质朴等。①

河东地区的民风自古以来就勤劳朴实。东汉时期，班固即在《汉书》中评价河东地区说"其民有先王遗教，君子深思，小人俭陋"。《隋书》也说河东地区"土地沃少瘠多，是以伤于俭啬，其俗刚强，亦风气然乎"。《大明一统志》中提到河东绛州，评论其乡民"人性刚悍，多勇敢，然勤稼穑，好蓄积"，"人重廉耻，尚道义，勤耕织，好蓄聚"等。② 这些记载较为准确地描述了河东社会一直以来重视道德品格以及勤劳、节俭的民俗特点。

自古以来，河东地区就重视文化教育，崇教尚学在河东有着悠久的历史和传统。传说时代就有后稷教民稼穑、部落首领教化百姓的故事。夏商周时期出现了中国最早的一批官办学校及庠、序等教育机构，甚至在今河津一带出现传教授学的孔子学生卜子夏等教育家。此后，河东教育代不乏人，先后涌现了河东太守杜畿安民兴教、儒学大家王通河汾讲学等重视教育的典型事例。近代以来，河东地区仍然以重视传统教育而驰名。当

---

① 详细解释可参见张启耀：《近代河东乡绅社会职能变迁和道德问题研究》，中国书籍出版社 2019 年版，第六章。

② 参见任登林、毛上虎主编：《新绛大观》，中国文联出版社 2003 年版，第 16 页。

时有学者就说道："由来人群文化，无一不与地方有关系。山西为古冀州域，黄河之水，千里一曲，陶唐氏遗风，于今未没。""山西学风，亦略有南北特点，大抵晋南学风，远被司马文公薛文清公之泽为广，略近于程朱。"对于山西南北方的区域差异，这位学者评价说："南为唐虞故乡，故儒风厚。北近文殊道场，禅宗亦盛，南渐北顿，社会上、学风上略有此趋势。""然而按地文以求人文，亦可推测耳。"① 详细阐释了自古代到近代河东社会的教育文化风貌及在此熏陶下的人文道德状况。由此可知，河东地区的教育风气和文化气息是名不虚传。河东文化具有很强的承继性和顽强的生命力。正如我们所知道的那样，在整个世界范围内，自古以来从未中断过的文明只有中华文明，而中华文明中最为悠久、最为顽强的地方文化则以河东文化最具有代表性。

第三，河东文化熠熠生辉，在古代历史上闪耀着灿烂的光辉。河东英贤代不乏人，在一些历史时期还出现井喷式、密集型的人才数量，仅在两晋南北朝隋唐时期，河东地区就出现了轰动全国、影响深远的裴家、薛家、柳家"三大家族"，隋唐时期，河东地区的著名诗人大量涌现，有力推动了中国文学和世界文学的进步。

上古时期，河东古虞就出现了"平陆七贤"：隐居不仕的名士许由和巢父、虞芮让畔时的虞君、中华第一圣傅说、春秋政坛奇才百里奚和宫之奇、关羽副将周仓，笔者在本章中将以傅说、百里奚、宫之奇为例展开详细叙述。河东的闻喜县礼元镇裴柏村被称为"宰相村"，在两晋南北隋唐五代时期，该村连续出现了宰相59人、大将军59人、中书侍郎14人、尚书55人、侍郎44人、常侍11人、御史10人、节度使和观察使25人、刺史211人、太守77人，另有封爵者公89人、侯33人、伯11人、子18人、男13人，与皇室联姻者皇后3人、太子妃4人、王妃2人、驸马21人、公主20人等，各类文臣武将活跃政坛，达成百上千人之多。同时

① 刘灵华：《山西政治述要》，上海图书馆藏，军政训练委员会政训部1922年版，第2页。

裴氏家族还出现了众多的著名学者，如"史学三裴"裴松之、裴骃、裴子野祖孙三人于史注体例颇有贡献，法学家裴政修定典章律令、执法宽仁公正，地图学家裴秀作《禹贡地域图》，开创中国地图绘制学等。唐代柳宗元蔚为文史大家，为"唐宋八大家"之一，与韩愈并称"韩柳"，与刘禹锡并称"刘柳"。与柳宗元几乎同一时期的柳公权是唐中期的著名书法家和诗人，官至太子少师，封河东郡公，其书法风格独树一帜、影响深远，在传统书法艺术中自成一派，史称"柳体"，可见，柳公权在中国书法史中占据着重要的地位。柳宗元和柳公权之后，又先后出现了柳冲、柳芳、柳璨等人，三人在家谱学领域成就斐然，作品流传千古。隋唐时期，"王氏家族"的王通、王绩、王勃在哲学、文学上独树一帜，多有绝唱留史。"薛氏家族"的薛道衡、薛收等在文论上多有建树，薛瑄则创立了著名的河东学派，创新发展了理学思想。司马光融政治家、文学家、史学家为一身，其主持编纂的《资治通鉴》作为我国第一部编年体通史，影响深远，至今不衰。

第四，河东文化影响深远，不仅对当时的中国社会产生了巨大影响，也对后世的河东地区和其他地区产生了不可估量的文化辐射和推动作用。

隋唐时期，河东文学大放异彩，直接推动了当时中国诗歌艺术的大发展和整个中国及世界文学的进步。仅在隋唐时期，河东籍的著名文学人物就有薛道衡、薛收、吕让、王通、薛德音、柳庄、王绩、王勃、王维、王之涣、卢纶、柳宗元、聂夷中、司空图、薛调、柳冕等，这些闻名遐迩的文学大家聚集性地产生在短短的三百年间的河东地区，在中国甚至整个世界历史上都是极为罕见的，其区域性影响甚至对整个华夏文化的影响都是空前的，唐代诗歌文学的辉煌与这一历史现象无不密切相关。明代后期，中国的政治舞台上风云变幻，各种政治势力之间的关系错综复杂，而以蒲州为中心的河东政坛上英雄辈出，张四维、王崇古、杨博、韩爌为代表的"蒲州四雄"或改革时弊，或镇守边防，或坚守正义，处处显现出光明的力量，为中国社会的进步和发展产生了积极影响。同样，到了近代时期，得益于河东优秀传统文化的不断传承和弘扬，前近代及近代河东名人辈出，出现了"一老""双秀""二景"的美称，不仅有民间称颂的乔阁老乔应甲、还有清代著名教育家李毓秀及名震中外的"戊戌六君子"杨深秀，更有辛亥革命中紧紧追随孙中山进行民主革命斗争的"河东二景"——景耀月、景梅九。在新中国建立的历史征程中，河东儿女前赴后继、英勇奋战，为国家和民族的独立解放付出了巨大牺牲，仅在山西的 47 位开国将军中，河东籍就有 13 位，如上将和全国政协副主席的董其武、中将和新中国空军创建者之一的常乾坤、少将和抗美援朝志愿军十五军政委的谷景生等。

事实证明，不论是在古代社会还是近代社会，河东这块土地都有着辉煌灿烂的历史。河东文化历史悠久、影响深远，而且自古至今一脉相承，为中华民族的发展壮大和人类世界不断进步作出了巨大贡献，以下章节仅以部分事项和人物为例对河东文化的演绎进程做进一步的阐述。

第二节　河东地区与人类的起源、聚居

河东地区优越的地理位置和得天独厚的自然条件造就了世界上最早的人类起源与聚居地。

虽然世界上关于人类的起源有多种说法，如古印度的光阴天下说、西方国家的上帝造人说、中华文明的女娲造人说等，但截至目前来看，只有达尔文的进化论一说最为科学，也最值得信赖。根据达尔文的进化论观点，人类是在地球生物经过漫长的演化而来的，是古猿经历了早期猿人、晚期猿人、早期智人、晚期智人直到古人、现代人这几大步骤而形成了人类。据最初的史学考证，最早的古猿是在北非发现的距今 3500 万年的高等灵长类，而早期猿人则是距今 250 万年的非洲"能人"。

但是后来考古发现改写了这一人类演化的历史。

1995 年，中美科学联合小组在河东地区的垣曲县寨里村考察时，意外发现了一对带有几乎所有牙齿的颌骨化石，经考证，这个牙床是世界上最早的具有高等灵长类动物特征的猿类化石，中美科学家把这个猿类命名为"世纪曙猿"，年代距今约 4500 万年，比之前非洲的古猿生活年代又提前了 1000 万年。"曙猿"的含义就是"类人猿亚目黎明的曙光"，是迄今为止人类发现的最小的灵长类动物，体型与现在的家猫相近。2000 年，中美科学家又在《自然》杂志上发表论文，肯定了"世纪曙猿"是迄今为止发现的世界上最早的高等灵长类动物的祖先，这样看来，目前中国就成了演化为人类的高等灵长类动物的发源地，而河东地区的垣曲县则成为了人类的最早发祥地。对于这一重大发现，国内外舆论都给予充分的肯定。《人民日报》在 2000 年 4 月 11 日曾以《人类远祖起源于中国》为题，对垣曲的考古发现进行了报道，认为"山西垣曲'世纪曙猿'的发现，推翻了'人类起源于非洲'的论断，同时也把类人猿出现的时间向前推进了1000 万年"。考古学家贾兰坡先生对此发现也予以高度评价，认为河东垣曲"世纪曙猿"化石的发掘是中国 20 世纪考古生物学上又一极为重要的发现，它的意义"可与周口店北京猿人的发现相媲美"，因为这一发现不仅表明垣曲曙猿是一个十分原始的灵长类家系的成员，而且有助于解决一个长期争论的问题，即在灵长类动物家族中类人猿动物的世系源自何处的问题。可以说，"河东曙猿"正是由古猿向类人猿过渡的重要环节。①

"世纪曙猿"的发现不仅在理论上和实践上解决了考古生物学多年悬而未决的学术问题，而且是对河东地区是人类文明和中华文明重要发源地的有力支持。可以说，河东大地是一个最适合人类孕育和发展的好地方，是原始社会人类世界起源的一片广阔的热土。

垣曲"世纪曙猿"发现后，河东地区的芮城西侯度遗址的发掘再一次印证了河东这片古老土地的魅力。

① 转引自秦建华主编：《河东：这方水土这方人》，山西人民出版社 2015 年版，第 18 页。

从 20 世纪 50 年代末至 60 年代初，中国科学院的考古学家先后多次在河东地区芮城县的西侯度村开展考古挖掘和探测工作，发现了一批动物化石、人工打造的石块以及石头制品，且这些制品中已存在人工用火的痕迹。后经古地磁测定，这些制品的年代约为距今 180 万年，科学家称之为西侯度遗址。其中在 1961 年和 1962 年，考古学家王建在此主持和挖掘出一批带有切割和刮削痕迹的动物化石、石器制品等。经检验，这些化石中所曾经存在的动物种类现在已全部灭绝，包括鲤、鸵鸟、刺猬、鬣狗、巨河狸、兔子、剑齿象、李氏野猪、中国野牛、步氏羚羊、布氏真枝角鹿、粗面轴鹿、山西轴鹿、山西披毛犀、晋南麋鹿、三门马等。虽然这些种类的动物现今已经灭绝，但却表明了当时河东地区是具备广阔水域和大量草原和森林的四季分明的暖温带地域。

为了进一步研究这些制品的性状，中科院考古学家贾兰坡和王建选择了其中具有代表性的 32 件物品进行了详细的观察和分析，充分肯定了这些制品是经过了人类加工的，具备了人工性质。2000 年，考古学家卫奇再次从这些石器的制作工艺流程方面论证了西侯度遗址石器制品的人工性质。2005 年，山西省考古所再次对西侯度遗址的制品进行了鉴定，进一步确认了这些石器并非自然搬运堆积而成，而是有着十分明显的人工痕迹，从而再一次表明西侯度遗址是迄今为止发现的人类最早的制造工具和人工用火的地区，也确认了山西的河东地区早期人类的存在。[①]

2016 年 5 月，运城市隆重举办了"山西运城舜帝文化旅游节"，安排的第一项活动就是举行西侯度遗址圣火采集仪式，引起了全社会的广泛关注。新华网曾报道称："西侯度遗址是目前发现最早的旧石器时代遗址之

---

① 分别参见贾兰坡、王建：《西侯度——山西更新世早期古文化遗址》，文物出版社 1978 年版；卫奇：《西侯度石制品之浅见》，《人类学学报》2000 年第 2 期；山西省考古研究所：《千耦其耘——山西省考古研究所六十年历程》，山西人民出版社 2012 年版。转引自中华文化促进会、中共运城市委宣传部：《运城（河东）上古历史文化纲要》，2019 年版，第 20—22 页。

一。在西侯度遗址发掘出土的动物火烧骨，将人类用火的历史推到距今180万年前。火种采集仪式以'一堆圣火，文明之源'为主题，借鉴了奥运会火种采集方式并加以创新，突出了文化传承的深刻内涵，古朴神圣。整个仪式分为火之源、火之颂、火之魂三部分。上午9时19分，伴随着优美典雅的天籁之音，18名小天使头戴花环，身着洁白的长裙，缓步走上天火台迎取天之火。随后，小天使们步行至圣火坛点燃西侯度文明圣火，百余人组成的合唱团齐声合唱西侯度遗址火种采集仪式主题曲《西侯度火之魂》。'180万年前，熊熊燃烧的火焰，人类在这里繁衍，远古的声音响彻山水间；180万年后，再次点燃这火焰，中华开创新纪元，圣火之光照耀着人间……'大气磅礴的歌声回荡在遗址上空，撞击着人们的心灵，把火种采集仪式推向了高潮。"时任运城市委书记王宇燕在致辞中激情昂扬地说道："180万年前，我们的先祖在这里点燃了第一把'圣火'，迈出了认识自然、利用自然的最关键一步，开启了人类文明新纪元，为中华民族薪火相传、发展壮大提供了不竭动力。在这把'圣火'的照耀下，女娲在这里炼石补天，嫘祖在这里养蚕缫丝，后稷在这里教民稼穑，尧舜禹先后在这里建都兴业，为河东大地留下了独特的精神标识和丰富的文化宝藏。""我们在这里点燃'圣火'，这既是对华夏古老文明的历史再现，更是对中华优秀文化的传承和弘扬。"由此可见，西侯度遗址正是河东地区作为华夏文明发源地的重要标志。

河东地区的西侯度遗址是中国乃至世界最早的人类用火证据，现属国家级文物保护单位，北京奥运会举办之前曾被山西省申报奥运圣火采集地。当然，除了西侯度遗址外，河东地区的芮城县原始社会重要遗址还有驰名中外的匼河遗址，也是中国华北地区旧石器时代早期匼河文化的代表遗址，地质时代为距今约60万年的更新世早期。另外，在河东地区，原始社会的重要文化遗址还有山西省境内唯一的一处旧石器早期洞穴遗址的垣曲南海峪岩洞遗址，距今约30万年。除此之外，代表河东地区原始人类生存和繁衍的旧石器时代文化遗址，还有平陆的七里坡遗址以及河津的西王村遗址、北里村遗址、郭庄村遗址、贺家庄遗址等，代表新石器时代的绛县周家庄遗址等。以下就几个主要的遗址做简要介绍。

匼河遗址位于芮城县风陵渡匼河村一带，遗址群共包括附近 17 个点，地理范围长达 13.5 公里。这一遗址最早于 1957 年由中国科学院古脊椎动物与古人类研究所发现，并从 20 世纪 60—80 年代先后进行了五次挖掘，出土物品除了动物化石外，还有大量的石器制品。动物化石主要有披毛犀、扁角鹿、肿骨鹿、对丽蚌、德氏水牛、东方剑齿象、纳玛象、野牛、野猪等，显示出当时这里温暖湿润的气候、茂密繁盛的森林植被以及众多的河流和广布的沼泽湖泊。发掘的石器数量虽然不多，但石器种类较多，包括石球、砍斫器、刮削器、大尖状器、小尖状器等，其中发掘的石球可能是匼河人为狩猎而专门制作的，而小尖状器是第一次在这个遗址中出现，专门用来挖取虫子以及剔除动物骨骼筋肉，这两类石器制品都是匼河文化的重要发明和创造。从挖掘的相关情况来看，遗址一方面显示出匼河人狩猎与采集并重的日常经济生活；另一方面，通过与西侯度遗址的地理范围比较，也反映出匼河文化遗址的非孤立性。因为匼河文化遗址呈现出群组特性，甚至周边的河南和陕西一部分地区也出现了相似的文化遗址。

七里坡遗址属于旧石器时代文化遗址，位于平陆县杜马乡七里坡村东南，于 1958 年发现。据考古学家观察，整个遗址东西长 200 米，南北宽 130 米，文化层堆积厚度 3 米左右。考察发现，七里坡附近的亚砂土层里，埋藏有经过人类加工打制的石英岩石核和石片，同时还发现有鹿骨化石。根据出土遗物的地质断带分析，这一亚砂土层属于马兰黄土期的地层，距今 100 万年以上，因此，考古学家鉴定认为七里坡猿人生活的年代早于著名的北京周口店猿人和山西的丁村猿人。那时，七里坡附近不仅有丰盛的水草和野生果木，而且有大群的野生动物。七里坡人主要靠采集野果的籽实和刨挖野生植物的根瘤块茎生活，还没有开始靠捕获野生动物作为食物。人们所用的工具还是简单粗糙的石片、石核以及现成的树枝、棍棒。

　　河津的北里村遗址、西王村遗址都是旧石器时代遗址。北里村遗址位于赵家庄乡北里村东沟约150米范围内，面积约750万平方米。距地平面约30米高处，文化层以细沙和泥灰土为主。遗址内发现尖状器和刮削器各一件。西王村遗址位于黄村乡西王村北牛角岔沟内。崖高25米，堆积物层厚2米，以湖泊沉积细沙为主。1973年文物普查时，在此发现大量的动物化石，其中有犀牛齿、马齿、马牙、狗齿等。河津的旧石器时代遗址较多，除了以上两处外，经考证的还有郭庄村遗址、贺家庄遗址等处，显示了旧石器时代这里气候宜人、温暖湿润、原始人类活动频繁的历史场景。

　　同样，考古学家也在河东地区发掘了大量新石器时代的文化遗址。接下来我们重点介绍河东地区新石器时代早中期的文化遗址，包括仰韶文化和龙山文化时期的主要遗址。在这些遗址中，绛县的周家庄遗址具有一定的代表性。

　　周家庄遗址位于绛县横水镇周家庄村东的中条山脉西侧山前坡地上，地势北高南低，南临浍水河。遗址20世纪50年代就已被发现，但直到2004年才开始发掘，现存面积10万平方米。遗址整体显现出仰韶文化和龙山文化的特征，推算存在年代约在4000年前。遗址中发现的遗存、遗迹有房子、灰坑和墓葬等，遗物主要是陶器。陶系以泥质红陶为主，其次为夹砂红褐陶和泥质灰陶。泥质陶以素面和彩陶为主，夹砂陶则以绳纹最常见，彩陶颜色均为黑色，花纹的体裁一般采用连续的弧线三角或勾叶纹构成图案。器型有鼓腹盆、双唇口尖底瓶、壶、敛口罐或瓮等。从出土陶器的质地、颜色及形制特征看，具有典型的仰韶庙底沟文化类型的特征。

　　周家庄遗址后来经2007年和2008年多次发掘，又发现了龙山文化时期的遗迹，包括壕沟、房址、陶窑、灰坑、墓葬等。一条宽约10米的壕沟埋藏在遗址的最底部，其长度、走向还有待于进一步探明。壕沟废弃、填充之后，其上面及周围分布着众多的陶窑、房子和各种灰坑。其中陶窑共发现 5 座，散布在发掘区的不同方位，周围有一些规模较大的灰坑，推测为与其相关的取土坑。房址共发现 10 座，分布并不很集中，均为面积不过 10 平方米左右的小型房子，有地穴与半地穴两种，而且两种房子都铺设有光滑平整的白灰地面。灰坑种类较为丰富，包括袋形、直壁、锅底状灰坑及不规则形灰坑等，其功用主要是取土坑、窖穴、生活垃圾坑等。2011 年，考古学家对遗址再次进行了发掘，这次发掘重点是墓葬。从发掘情况来看，墓葬数量较多，形式包括成人竖穴土坑葬和儿童瓮棺葬两种，无随葬现象。周家庄遗址的墓葬规模较大、保存较完整，对于研究河东地区乃至整个中原地区丧葬制度的发端和起源具有重要意义。从总体看，周家庄遗址的发现对于探索河东地区早期人类的聚居、繁衍和社会发展以及华夏文明的起源和兴起具有重要的意义。①

处于新石器时代早中期的河东地区文化遗址除了周家庄遗址外，还有芮城的清凉寺遗址、河津的西湖潮遗址、艳掌遗址、东崖底遗址、固镇遗址等。新石器时代早中期，河东地区众多的文化遗址显示了这里原始人群繁衍生息、不断聚居而文明逐渐兴盛的场景，也是整个黄河中下游地区社会发展的一个缩影。

第三节　传说时代的河东与国家的形成

原始社会末期，中国历史进入大家所共知的传说时代，在这一历史阶段，河东地区仍然是中华始祖的主要活动区域，华夏文明在这里继续发芽生根，并演绎出一场场创造人类历史文化、形成人类社会并出现早期国家

---

① 以上所述几处考古遗址资料可参见中国国家博物馆田野考古研究中心：《运城盆地东部聚落考古调查与研究》，文物出版社 2011 年版。转引自黄勋会、秦建华等主编：《古中国·大河东》，山西人民出版社 2014 年版，第 32 页。另外，部分资料来源于相关的百科词条。

雏形的场面。那些闻名中外的传说时代故事在河东大地上俯拾皆是，印证着华夏文明从这里一路走来，无不浓缩着黄河流域先民乃至整个华夏民族繁衍生息、从远古走向早期国家建立的悠久历史。

这一节作者重点围绕传说时代早期国家建立前后河东大地上的文明发端及发展的系列故事，给读者展示出这一时期中华文明的历史画卷。重要的传说包括黄帝和蚩尤之间的涿鹿之战、黄帝与炎帝之间的阪泉之战、风后与风陵渡的传说、嫘祖教人养蚕缫丝、后稷教人稼穑、虞舜孝德与舜耕历山、大禹龙门治水等。

著名历史地理学家谭其骧曾说："唐尧、虞舜、夏禹时代的首都都在今天的山西南部。尧都平阳就是今天的临汾，舜都蒲坂就是现在的永济县蒲州，禹都安邑在今天的运城县境内。关于尧、舜、禹的都城虽然还有各种不同传说，有的说在山东，有的说在河北，但在山西的传说却比较可信。"[①]

其实，黄帝最早建功立业的地方就在古河东，即今天的运城市。在古河东区域，黄帝完成了中华民族的第一次大融合，终结了部落首领各霸一方的分裂局面，改变了华夏民族的命运，使华夏民族走向统一，继而为中华民族进入早期的国家形态奠定了必要的物质条件与精神基础。从此之后，炎帝和黄帝两大部族逐渐融合为一个完整的"炎黄集团"，形成中华民族的第一个雏形。[②]

在近现代，史学家经过了多次严肃考证，认为黄帝、炎帝、蚩尤几个部族的大战，都发生在今天的黄河中游，也就是山西西南部、河南西部一带，正是本书所主要考察的地区——河东。而具体到战争地点，大多数史学家则明确指出，那些部落间的主要战争就发生在今天运城盐池附近。钱穆在《国史大纲》中说："黄帝又与神农'战于阪泉之野'，阪泉在山西解县盐池上源，相近有蚩尤城、蚩尤村及浊泽，一名涿泽，即涿鹿矣。然则

---

① 谭其骧：《在中国古代，山西是什么地位?》，《亚洲考古》2020 年 4 月 29 日。

② 秦建华：《山西运城——黄帝最早建功立业的地方》，《运城侨联》2020 年 6 月 30 日。

黄帝故事，最先传说只在河南、山西两省，黄河西部一隈之圈子里，与舜、禹故事相关不远。司马迁自以秦汉大一统以后之目光视之，遂若黄帝足迹遍天下耳。此就黄帝传说在地理方面加以一新解释，而其神话之成分遂减少，较可信之意义遂增添。"①

一、阪泉之战：中华民族国家雏形形成的第一战

黄帝、炎帝、蚩尤被炎黄子孙尊称为"中华三祖"，之所以有这样的称呼，是因为原始社会末期的传说时代，围绕着黄河中游的河东大地发生了一幕幕黄帝、炎帝、蚩尤等部落间的争夺和兼并战争，最终形成了以黄帝为核心的政治权力中心，这就是中华民族的最早国家雏形。这些战争的数量不在少数，其中最具有代表性的当数阪泉之战和涿鹿之战。下面我们首先来了解中华民族国家雏形形成的第一战——阪泉之战。

相传原始社会末期，黄河中下游各部落之间不断发生争夺财富、人口的战争，黎民百姓深受其苦，都十分渴望和平，期盼能有一位领袖统一天下，大家不再流离失所甚至惨遭杀戮。黄帝就是在这样的社会背景下成长起来的。黄帝姓公孙，初名云，后又名轩辕，是有熊氏首领少典的儿子，也是伏羲和女娲的孙子。据传黄帝出生时落地能语，性情和善，为人敦厚朴实，很受少典国君的喜爱和部族民众的尊崇，后被拥戴为部落酋长。黄帝利用河东天然的地理优势与丰富的矿产资源，鼓励部族民众发展农牧业生产，植草木，驯养猪、牛、羊、狗等，使有熊部落很快富庶强盛起来，周围许多弱小部落见他好行仁义，以邻为友，能团结人，就纷纷前来投奔归顺，使有熊部族逐渐成为中原地区最强大的部族。黄帝名称的来历，一说是他"以土德王天下"，土是黄色，所以称他为黄帝；一说是他统治的中心区域就是在黄河中游的黄土地带，因此尊称他为黄帝。

---

① 钱穆：《国史大纲》（上册），商务印书馆2010年版，第30页。

当时黄河南北两岸大的部落联盟主要有三个：第一个就是黄帝部落，势力不断增强，军队训练有素，专门讨伐那些喜欢征战掠夺、不讲道理的部落，大多数小部落都愿意附从于他；第二个是炎帝部落，主要居住在姜水、渭水流域，实力十分强大。据说炎帝长相丑陋、脾气暴躁，而且经常欺负其他弱小部落，所以不得人心；第三个是蚩尤部落，居住在长江以北地区，不断向黄河流域的炎帝和黄帝部落发动进攻。据传蚩尤性格残暴，喜好搏斗，兄弟81人，个个能征善战，强悍凶猛，善使刀、戟、弓、弩等锋利武器。

黄帝是后起之秀，起初本想与炎帝联合起来共同征服蚩尤，但炎帝自恃自己力量强大，想独霸盐池资源，拒绝和黄帝合作，于是黄帝交结其他各方部落首领，教育部落民众，秣马厉兵，终于强大起来，为征服和吞并炎帝部落打下了基础。《史记·五帝本纪》曾记载："炎帝欲侵凌诸侯，诸侯咸归轩辕。轩辕乃修德振兵，治五气，艺五种，抚万民，度四方，教熊罴貔貅貙虎，以与炎帝战于阪泉之野。三战，然后得其志。"

这是华夏集团内部两个同源共祖的远缘亲属部落间的一场争雄的战争。黄帝部落和炎帝部落为了取得这次战争胜利，做了相当充分的准备，他们不仅调动了本部落的全部力量，也联合了其他部落作为盟军，在这方面黄帝表现得更为出色。文献中所记述的熊、罴、貔、虎等并非猛兽飞禽，而应该是各部落图腾的名称。由于参战的两个部落都有很强的实力，战争的规模颇为壮观。首先，炎帝在黄帝没有防范的情况下，先发制人，以火围攻，使得轩辕城外经常浓烟滚滚，遮天蔽日，应龙用水熄灭火焰，黄帝率兵将炎帝赶回阪泉之谷，嘱手下士兵只和炎帝斗智斗勇，不伤其性命。在阪泉河谷中，黄帝士兵竖起七面大旗，摆开了星斗七旗战法。炎帝火战失利后，面对星斗七旗战法，无计可施，一败涂地，躲回营内不敢挑衅。黄帝仰慕炎帝的医药和农耕技术，决心与他携手创建文明国家。他在炎帝营外摆阵练兵，千变万化的阵法层出不穷，让炎帝的士兵看得眼花缭乱。在长达三年多的操练中，黄帝各部的战斗力逐渐增强，而炎帝只能利用崖头作屏障而观望阵势。然而，黄帝在这三年多的时间内，一边以星斗七旗战法练兵做掩护，一边派人日夜向炎帝的部队驻地掘进，早将洞穴挖到炎帝营的后方。忽一日，黄帝兵将突然窜出，偷袭了炎帝阵营，活捉了炎帝，炎帝败得心服口服，甘愿称臣，发誓不再与黄帝抗衡，并决定辅助黄帝击败强大的南方部落首领蚩尤。

阪泉之战对开启中华文明史、实现中华民族第一次大统一有重要意义，是中华民族走向建立政权、形成最早国家雏形的第一次大战。

二、涿鹿之战：炎黄子孙和华夏民族根基的奠定

上文中已经提到，史学家钱穆在《国史大纲》中曾说，运城解州盐池附近有很多和蚩尤有关的地点如蚩尤城、蚩尤村及浊泽等，这里的浊泽就是涿泽，也就是涿鹿之战的发生地。《史记》中也有关于涿鹿之战发生在河东解州附近的记载。

黄帝部落兼并了炎帝部落以后，实力大增，具备了征服长江流域附近的蚩尤部落的力量。面对南方蚩尤部落对黄河流域的不断侵扰，黄帝打算与蚩尤部落展开决战。实际上这场战争的目的就是双方为了争夺适于牧放和浅耕的中原地带。

相传蚩尤是九黎之君，就是九个亲属部落结成的部落联盟的首领，实力也是非常强大。传说蚩尤佩戴了铜铁等金属盔甲，一般人难以制胜。不过黄帝部族在发展农牧业的同时，早已发展了采矿和冶炼，平时操练兵马用的都是金属的刀戈，所以对付蚩尤的盔甲也不太困难。据记载，黄帝亲自带兵出战，率领六个部落，向蚩尤猛攻。这场战争打得分外激烈，留下很多神话传说，如传说黄帝与蚩尤九战九不胜，在困境中得到玄女的帮助，制作了80面夔皮鼓，夔是东海中的神兽，"状如牛，苍身而无角"，黄帝用其皮蒙鼓，用雷兽之骨作鼓槌，"声闻五百里，以威天下"。传说当蚩尤眼见杀得难解难分而逐渐现出失败迹象的时候，就施展魔法，释放出

团团浓雾，霎时天昏地暗，狂风大作，雷电交加，一直延续了三天。黄帝的部众一时都迷失了方向，分不清东南西北，军心开始浮动。蚩尤的军队则精神大振，乘势凶猛冲杀。关键时候，黄帝使用了大臣风后根据北斗七星的启示而制作的一辆指南车，车上站着一个铁制的小人，伸出手臂总是指向南方，黄帝的部众因此才立刻辨明了方向，六大部落顿时情绪激昂，奋力冲出重雾，直杀得蚩尤部族"尸横遍野，血水漂杵"，最终也擒杀了蚩尤。据传说，大臣风后在这场战争中也战死了，黄帝为了永远纪念风后为胜利做出的不朽功勋，就把他埋葬在今天山西最南部的黄河渡口边，这个地方也因此被称为风陵渡。

当然，黄帝的胜利来之不易，而胜利以后，又遇到很多新的困难，不仅旱神女魃制止了大风雨后神力大减，应龙参战以后，天上"无复作雨者"，使地上连续大旱数年。而据近代环境考古来看，距今 5000 至 4000 年是自然环境又一次大变化时期，不断升高的气温，持续不断的冰川融化与降雨均骤然停止。涿鹿之战中，那些被巫术呼唤来的暴风雨及其后的干旱，正与气候由平稳到发生波动的情况相合，可见这些神话不是全无根据的，它确实浓缩了华夏民族的先人对过去的回忆和记载。

由于蚩尤死后尸体肢解在河东盐池的西南边，这里便被后人称为解州。每年夏季来临，盐池池水随气温升高会变成红色，据古人传说这样的盐池卤水就是由蚩尤血水化成的。而蚩尤经常活动出没的盐池东南边的附近地区，也留下了许多关于蚩尤的传说和遗迹，至今还有一个蚩尤村存在。另外，据明代成化年间的《山西通志》记载："蚩尤城，在安邑县南二十里，黄帝杀蚩尤身首异处，故别葬之，其迹已泯。"关于此类的历史记载还有不少，如《史记》《大戴礼记》等，在此不多赘述。

涿鹿之战对于古代华夏族由远古时代向文明时代的转变产生过重大的影响。涿鹿战争后，华夏民族进入了一个新的历史时期，特别是对今天的汉族来说，则更具有开天辟地的意义。汉族今天占全国人口的 94%，占世界人口近 1/5，这不能不说与华夏族的始祖黄帝的功绩有一定关系。自涿鹿战争后，黄帝则乘战胜之余威，继续对四方大事征讨。黄帝对周围部族影响的扩大，华夏族在其他氏族中的影响也随之增大。久而久之，周围许多氏族不是归顺华夏族，就是被华夏族同化。所以，这场战争有力地奠定了华夏集团据有广大中原地区的基础，并起到进一步融合各氏族部落的催化作用，黄帝也从此成为中华民族的共同祖先，并被逐步神化。由此可见，涿鹿之战的确是我们中华民族在发轫时期决定日后基本面貌的历史性战争，可以说，涿鹿之战奠定了炎黄子孙和华夏民族的根基。

三、河东夏县西阴遗址：嫘祖最早在这里教人养蚕缫丝

丝绸是中华文明的重要印记，嫘祖养蚕则是这一文明的开端，而它发生的地点就在河东地区夏县的西阴村。

嫘祖是黄帝的正妃，相传就是最早养蚕并制作出蚕丝的人物。历史上的传说故事是这样记载的：原始社会末期，河东中条山的西侧生长着一片繁茂的桑树林，树林的旁边有个村子，由于村子的阳光总是在太阳出山的时候被旁边的桑树林子所遮掩，大家都习惯地称这个村子为西阴村，而美丽聪明的姑娘嫘祖就一直生长在这里。传说嫘祖的母亲早年就已因病去世，父亲则是黄帝军队里的一位将军，由于那个时候部落间战争频繁，所以父亲很少回家，嫘祖就常年在一匹小白马的陪伴下孤独地生活着。但嫘祖在生活中是一位细心爱美的姑娘，对人们的衣着非常上心，总会在平时揣摩什么样的布穿在人身上舒服漂亮。她发现桑树上生长的蚕吐出的丝晶莹光滑，且十分结实，就想出了把蚕茧煮熟抽丝的养蚕缫丝的技术，这样做成的丝洁白光滑，非常漂亮。在黄帝战败蚩尤的庆功会上，人们纷纷向黄帝敬献宝物，当嫘祖也奉上了自己做好的蚕丝后，黄帝立刻被这个洁白光亮的东西迷上了，而发明这个宝物的竟然是一位非常美丽的姑娘，于是，黄帝就向嫘祖的父亲求婚并征得了同意，从此嫘祖就成了黄帝的正妃。之后，嫘祖就利用自己的身份向人们广泛传播养蚕缫丝技术，嫘祖就

被后人封为"先蚕"（蚕神），河东地区的西阴村也就成了丝绸制作技艺的发源地。

当然，传说归传说，但西阴村不仅因为嫘祖而出名，更因为西阴村遗址而名扬中外。西阴村遗址属于新石器时代，目前是国家第四批重点文物保护单位。西阴村遗址最早于1926年由考古学家李济和袁复礼发现并发掘，从中出土了"半个人工切割下来的蚕茧标本"。1928年，李济先生又将珍贵的蚕茧标本拿到美国华盛顿检验，证明它确实是今天家蚕的老祖先。这样，经过这次挖掘，我们把中国植桑养蚕的历史往前推进了4500年，使长期以来处于传说状态的"嫘祖养蚕"有了最直接的物证，也使得中国丝绸的起源有了令人信服的物证，从此，中国古籍《淮南子》《通鉴外纪》等书上所记载以及历代农书上所不断提到的"嫘祖养蚕"的传说故事有了最直接的证据。运城当地的考古专家卫斯经过深入研究也得出结论："早在夏代以前，晋南的广大地区已经开始人工养蚕是比较可靠的，同时作为我国北方人工养蚕的最早起源地也是比较可信的。"他坚信："西阴遗址所出土的蚕茧标本属家蚕之茧。"该标本现存于台湾故宫博物院，已被确认为中国丝绸史上最重要的实物证据。虽然在河东的西阴村只发现了半个蚕茧化石，但却有力证明了远在6000年前这一带就出现了植桑、养蚕业，展示了悠久深厚的历史渊源，并呈现出远古文明的强劲生命气息，为构筑华夏文明一脉相承的精神家园和文化脉络打下了坚实的基础，也从另一个侧面显示出山西南部的河东地区正是丝绸的主要发源地。

现在，这半个蚕茧还收藏在台北故宫博物院，而西阴村遗址的核心发掘区目前已得到有效保护，不大的一块地方已立有四块碑，即"西阴文化遗址"碑（夏县人民委员会1961年8月立，2002年9月9日重刻）、"山西省重点文物保护单位：西阴遗址"碑（山西省人民委员会1965年5月24日公布，夏县人民委员会立）、"全国重点文物保护单位：西阴村遗址"碑（国务院1996年11月20日公布，山西省人民政府立）、"西阴遗址发掘八十周年纪念碑"（山西省文物局、运城市人民政府2006年10月15日立）。这四块碑刻，见证着西阴村遗址和丝绸文明的发源与兴起。而西阴村作为蚕文化发源地，民间流传着许多与嫘祖相关的传说，这些传说与考古发现以及三月三嫘祖庙会等民俗活动相互印证，具有真实可靠的基本特征，而这些有关嫘祖的传说，已列入第二批山西省省级非物质文化遗产。

据西阴村村民介绍，嫘祖祠历经三次变迁。起初建在村的西北角，后迁建到灰土岭上，再后来迁建到现在的所在地，成为嫘祖专用的祠庙。为记住嫘祖之功德，在西阴村的南边曾建有嫘祖娘娘庙，庙内塑有嫘祖娘娘像。代代相传的故事，勾勒出嫘祖不朽的功业，也成为后人敬奉嫘祖的民俗文化载体。据说，西阴村每年正月十五的古会，就是专门为纪念嫘祖的生日而设立的。

四、河东稷山：后稷出生和教民稼穑之地

农耕活动是人类生存之本、衣食之源，也是人类文明之根，而位处山西南部的河东地区正是华夏农耕文化的重要发源地。

"稼穑"的最初含义是种植与收割，后来泛指农业劳动。原始社会末期，正是出生在河东的后稷在经过多次尝试和辛苦劳作以后掌握了作物种植和收割的技术，然后不辞辛苦将之广教天下百姓，从此中国社会有了原始农业。

后稷姓姬名弃，出生于河东地区的稷山县，被后人称之为稷王（也有叫做稷神或者农神、耕神、谷神等）。稷王曾于今稷山县境南边的山中教民稼穑，后此山被称作稷王山。现在稷山县的名字来历就和稷王山密切相关。同时，在稷王山附近的几个县如万荣、闻喜、绛县、新绛等地，至今还留存着几处稷王庙、稷益庙等，说明了河东地区的后稷文化有着非常悠久的历史。例如，在明代弘治和正德年间建造的新绛县稷益庙多幅壁画上，至今仍保留着后稷的许多传说图画：祭祀天地、归途有孕、后稷诞生、抛之隘巷、樵夫发现、禽翅御寒等。

后稷为黄帝玄孙，其母为有邰氏女，名姜嫄。据传姜嫄在野外发现一个巨人的脚印，心里很高兴，也很好奇，就去踩了这个脚印，因此而怀孕，过了整整一年才生下个男孩。她认为这个男孩不吉利，就把孩子抛弃到巷子当中，试图让路过的牲畜踩死他，但牲畜看到孩子都绕着走。接着她又把孩子抱到山林里，但赶巧那里人一直很多，不能当众扔孩子呀。最后她又换个地方，把孩子扔在河沟的冰面上，可是被空中的鸟儿看见了，立刻飞下来用翅膀垫在孩子身下防止孩子受伤。姜嫄感到自己这个儿子很神奇，就抱回家把他养大了。因为最初想抛弃，所以给他取名弃儿。

相传弃在孩童时就对农作物非常感兴趣，总爱摆弄庄稼，长大后更是常常到田野中研究农作物的生长习性和规律，凡是适宜种五谷的，春天就去播种（稼），秋天再去收割（穑）。这样，弃长大后就成了部落里的种植能手，百姓们纷纷效仿他。到了尧舜统治时期，弃就被提拔为"农师"，后改名为后稷，成了司农之神。他上任后，积极引导人们适应时令，播种各种农作物，不遗余力，极大地促进了原始农业的发展。他第一个建立粮食储备库和畎亩法，放粮救饥，赐百姓种子，被认为是禹最倚重的三公之一，据说后稷最后是累死在山上，过去一直有"稷勤百谷而山死"的说法，意思是后稷是在推广农业种植技术的过程中，积劳成疾或者遭遇突发事件而在山区去世的。古书《山海经》和《尚书》也记载了这个神话，说后稷从天上拿来百谷的种子播撒人间，结出丰硕的果实，繁荣了农业。虽然这只是个神话，但它却寄托了中国古代先民歌颂劳动、创造，向往和平、幸福的理想生活。

据考证，河东地区的谷物种植已有四五千年的历史，小麦种植距今也有三千多年。华夏民族的农耕文化就是从河东大地逐渐传播开来，为形成华夏文明打下了基础。河东地区不仅农耕历史悠久，且长期作为历代中央政府粮粟和财政收入的主要地区而受到特别的关注。原始农业在夏、商、周时期已具备相当规模，战国秦汉时更是居于全国领先水平。这些都是原始农耕文明起源于河东地区的有力证明。

五、虞舜孝德与舜耕历山

自古至今，我们一直都把古帝王尧和舜统治的时代称作"尧天舜日"，显示了那个时代清明的政治特色。而舜帝的出生地就在河东地区的浦坂，即今永济市张营乡舜帝村。浦坂地处河滩地区，周围滩涂碧绿，遍地蒲苇，故名。现在浦坂的周围地区还留存着大量的舜帝遗迹，如舜帝陵、历山、舜王坪等，留下了大量舜帝的活动踪迹。而在今天舜帝村的中央位置，矗立着一座高大的碑楼，石碑上镌刻着"大孝有虞氏舜帝故里"。舜帝村的村里人大都姓姚，过去也曾叫做"姚墟村"，历史上由于属诸冯村管辖，所以史书记载"舜生于诸冯"。

舜帝姓姚，其部落是有虞氏，故常被人称为虞舜。因为舜刚出生的时候每只眼睛里有两个瞳仁，所以家里人给他取名重华。也有传说舜帝是五帝之一的颛顼的六世孙。《史记·五帝本纪》曾记载："虞舜者，名重华。重华父曰瞽叟，瞽叟父曰桥牛，桥牛父曰句望，句望父曰敬康，敬康父曰穷蝉，穷蝉父曰帝颛顼，颛顼父曰昌意，以至舜七世矣。自从穷蝉以至帝舜，皆微为庶人。"不管历史记载如何，总之舜在成为帝王前，正是以德孝感动尧帝和天下的。

先看舜的孝行。舜在两岁左右的时候母亲握登因病去世，这样，舜从小就受到了后母壬女以及同父异母的弟弟象的刁难迫害，可以说是在磨难中逐渐长大的，但舜自始至终孝顺长辈、关爱弟弟。舜的孝行不仅深受周边百姓的赞赏，而且每次在有性命之虞的时候似乎上天也在扶他一把，总能够化险为夷。例如，有一次，后母和弟弟象让舜去修葺房屋，当舜刚刚上到房顶，他们就撤掉了梯子，点火烧起了房屋，舜就用头上戴的斗笠做降落伞，安全地从另一边跳下来了。还有一次，后母和弟弟象骗舜去淘井，当舜刚刚下到井下的时候，他们就用石头封死了井口，幸亏舜在平时十分聪明，早就在井里准备了暗道，并安全地回到了地面。当舜回到家的时候，象已经开始瓜分舜的财产，拿着舜的琴唱歌庆祝呢！

舜除了受到不断的迫害之外，还常常吃了上顿没下顿，穿了上衣没下衣，挨打受虐、饥寒交迫是经常的事。每当这个时候，舜就只能一个人跑到没人的地方大哭一场，一边想念自己的亲生母亲，一边释放自己内心的悲伤哀愁。

舜的父亲后来眼睛也瞎了，脾气变得越来越暴躁，对舜的态度也越来越不好，不仅随意打骂，而且把家里的重活累活全都交给了舜。尽管受到了这样的虐待，舜对待父亲、后母以及弟弟象的态度从来都是逆来顺受，一直是恭恭敬敬的，对父母尤其孝顺，但最终还被父母和象赶出了家门。

再来看舜的德行。传说舜在被赶出家门的时候曾在历山舜王坪一带耕种田地，当尧帝访贤经过这里时，遇到了正在赶着牛耕种的舜。只见舜在犁地的辕杆上栓了个簸箕，便不解地问其原因，舜就解释说牛拉着犁耕地已经非常卖力辛苦了，不忍心再鞭打耕牛。当牛走得慢了，他就敲打敲打簸箕发出声响，这样黄牛以为是打黑牛，黑牛以为是打黄牛，两头牛就都走快了。尧帝听了这个做法，心想，这个人对牲畜尚且如此怜悯，将来如能让其继承自己的王位，必然会体恤百姓、爱护臣民。于是就把自己的两个女儿娥皇、女英嫁给了舜，也顺便暗地里再进一步考察舜的德行。

舜在年轻的时候就已经以德行和多才多艺在周边地区留下了美谈，人们纷纷以舜为榜样，天下的风气越来越正了。据传，当年在历山耕种的时候，舜从不计较和邻居间耕地的边界，遇到有邻居有争执的话，他都是大方地让与，常常将自己种熟了的上等地让给那些家里劳动力缺乏的人，自己再到远一点的地方重新开垦新的土地。在他的教化和影响下，周边的百姓都有了"让畔"的美德。舜后来还去过雷泽一带打鱼，他的一言一行又影响了周围的人，人们又通过舜学到了"让居"的美德，纷纷把好的渔场让给了需要关照的家庭。这样，不管舜走到哪里，哪里的社会风气就大大改观，舜到处受到了人们的敬重和爱戴。

尧帝看到自己的两个女儿自从嫁给舜以后，谨守妇道，孝敬公婆，夫妻关系相敬如宾，堪称贤妻良母。他派去暗地里察看舜的本部落的九个年轻人在舜的一言一行影响下也是品行越来越好。就这样，尧帝对舜就最终放心了，先是提拔舜做官，舜把所管理的事务做的井井有条，用人非常到位，赏罚十分分明，后来，当尧帝年老的时候，就把帝位传给了舜，让舜"摄行天下政"。尧逝世后，舜正式登位，并不负众望，把整个天下治理得清明太平，在历史上留下了"尧天舜日"的佳话。

六、大禹龙门治水

原始社会末期，在中国先民们对抗自然灾害的历史上发生了一件重要事情——大禹治水，它的主战场正是我们现在的河东大地。在了解这个历史事件之前，首先对事件的主人公——禹的身世做个交代。

尧帝执政时期，传说朝中有三凶：共工、驩兜和崇伯鲧。当时所谓的"凶"，就是指无德无义、不知善言、不可教导的意思，而这个崇伯鲧正是中华民族历史上治水有功的大禹的父亲。虽然鲧性格乖戾、刚愎自用，是"三凶"之一，但他看到共工和驩兜两人把持朝政，自己在朝中的势力单薄，就干脆一走了之，带着自己的妻子女嬉来到了西羌。据说有一天，女嬉到山里的小溪中玩乐，顺手从水中捡起了一枚石子，因为这枚石子圆润透亮、光滑耀眼，太招人喜欢，女嬉就拿在手中慢慢把玩起来，就是舍不得放下，忽然她有了一种想含在嘴里的感觉，不由自主地就放到了嘴里，但一不留神，这枚石子却滑落到自己的肚子里了。在她还惊慌失措的时候，她的小肚子里面已经感觉到了莫名其妙的一股子热气。回到家以后，她晚上又做了个奇怪的梦，梦见一名身材魁梧、虎鼻大口的男人对她说："我是远古时代的大禹，也是女娲的第十九代孙，只因修道成仙，已经有三千六百年了。现在看到天下洪水滔天，苍生苦难，只得以化成石子的样子重生，出来救护老百姓了。如今这石子让你吞到了肚子里，我就只能做你的儿子完成使命了。"当女嬉把这个梦说给丈夫鲧以后，鲧也认为这是天神通过托生的方式回到人间，将来必定会造福人类。

就这样，他们夫妻俩就等啊等啊，等了有十个月还是不见孩子生下来，又过了四个月，忽然有一天女嬉身体一侧的胁部开始隆起，疼痛剧烈，只疼得女嬉昏死了过去，鲧见状只得匆匆忙忙用刀子把隆起的地方割开了一道口子，并从里面慢慢地掏出了一个男婴来。这时女嬉也苏醒了过来，两人一看，这个男婴果然不同一般，正如同女嬉在梦中所看到的男人的样子，虎鼻大口，龙角珠庭，真是神奇。夫妻俩就依照梦里的情况顺便给孩子取名禹，这就是后来治水的大禹。大禹出生的这一年，正是尧帝执政的第五十四年。

话再说回来，尧帝在位的后期，江河经常泛滥，水患不断，百姓常常是迁往丘陵高地居住，有时甚至爬到了树木上躲避水灾。当时尧帝早已派大臣共工治理水患，但这个人本性凶恶，且言行不一，治理了40多年，结果水患越治理越厉害，原本只在冀（今晋南的河东地区）、雍（今陕西、甘肃一带）二州的水灾，结果蔓延到了全国各地，尧帝只得另外派人治水。当时，尧的大臣中只有鲧最熟悉国情和水情，虽然尧看不惯鲧的人品，但在众大臣的推荐下，尧只得任命鲧治理水患。鲧本来已经归隐山林，而且年事已高，但他本性刚愎自用，又喜好表现，自然就接受了这份差事。传说当时鲧是无意间听到了天帝有一宝物叫做息壤能够阻挡洪水，隐藏的地点就在洞庭，他便派人乘值班天神换班之际偷来了息壤用来筑堤，果然洪水退却，人们欢呼雀跃，纷纷重返家园。但传说天神后来知道了此事，便要回了息壤，洪水依旧开始横行了。当然，这只是传说，实际情况是，鲧仍然采取的是围堵的方法治理水患，并未采取后来大禹疏导引流的方法，遭致失败是必然的。

实际上在父亲治水的这些年间，禹考虑了很多，感觉围堵的办法解决不了问题，只能通过疏导引流的方法，将洪水引入到大海才是解决问题的根本。所以，在父亲被尧帝罢黜流放以后，禹便向后来的舜帝提出新的治理水患的方法，这样，舜便任命禹为司空全权办理治水大事。

据《史记》记载，大禹和大臣伯益、后稷等勤奋工作，日夜奋战在工地上。大禹治水十几年，三过家门而不入，历尽了千辛万苦。由于这次治水的方法重在疏通，所以工程量极大，既要穿山越岭，又要涉水过泥，还需要赶制大量的挖掘工具和运输工具，劳力需求量也是十分巨大。

据史料记载，当时位于今天河东地区的洪水最为凶猛，水势也最大，所以，大禹首先从黄河中游的壶口开始治理，将阻拦洪水的壶口山凿开了一道大口子，引导河水向下游流去，从此在今天的壶口瀑布上就形成了巨大的落差，至今观之仍蔚为壮观。接着，大禹又继续向南治理，在今天河东地区的河津市龙门遇到了更为艰巨的孟门山工程。大禹组织人力日夜施工，把原本横跨在黄河中游两岸的孟门山的狭窄河道凿开了一道大口子，让上游流下来的黄河河水能够在这里较为平缓舒畅地继续前行。为了永远纪念大禹治水的丰功伟绩，这个原本叫孟门山的地方后来改称为禹门口。从此以后，黄河的鲤鱼在这里欢腾跳跃，像一条条龙儿在戏水，似乎一直在提醒人们不要忘记大禹的治水功绩，所以这个地方后来也被人们叫做龙门，著名的典故"鲤鱼跳龙门"就是出自这里，也是寄托着一辈辈的河东父老乡亲希冀自己的后人成功显达的美好愿望。

第四节　灿烂的古代河东文化 ①

河东地区历来是中国的政治、军事、文化重地，自古人杰地灵、英雄

---

① 本部分内容参考的资料主要包括：于波主编：《三晋史话》（运城卷），山西出版传媒集团 2016 年版；中共运城市委宣传部主编：《五千年文明看运城》，山西出版传媒集团 2016 年版；张培莲等编著：《圣帝虞舜》，山西经济出版社 2002 年版；黄勋会等主编：《千秋清气——河东廉吏传略》，山西出版传媒集团 2016 年版；秦建华主编：《河东：这方水土这方人》，山西出版传媒集团 2015 年版；黄勋会等主编：《运城：最早之中国——"运城与古中国"研讨会文集》，山西出版传媒集团 2016 年版；中华文化促进会、中共运城市委宣传部主编：《运城〈河东〉上古历史文化纲要》，内部资料，2019 年版；赵波等：《熏风雍和：河东盐文化述略》，山西出版传媒集团 2013 年版；等等。

辈出，演绎了辉煌灿烂的古代文化，从原始社会的西侯度文化遗址到前近代时期的晋商文化，发展脉络延绵不断，无不闪烁着耀眼夺目的光芒。河东文化一路走来，无论是汉风唐雨还是宋声元韵，生活在这块土地上的贤哲才俊都是我们华夏文化走向辉煌的中坚力量，留下了让后辈叹为观止和仰慕敬佩的称赞。今天，我们回眸古代河东的灿烂文化，也只能在河东文化的大花园里撷几支花朵向世人展示，更多更精彩的河东文明之花还需要我们深入到河东的历史和社会中去细细地品味和体会。

一、河东政治与军事

（一）西周时期封国林立

河东地区地势险要，既有护卫黄河以南广阔的中原地区的作用，又是黄河以西关中平原的重要屏障，加上盐铁铜等自然资源丰富，因此自古以来就具有十分重要战略地位。

西周时期，统治阶级就已经意识到了河东地区重要的战略地位。为了能够更好地拱卫都城镐京，西周统治者便在河东地区大力分封诸侯王国，且这些封国的诸侯王大多为国姓——姬姓，河东地区的重要性由此可见一斑。据史料考证，西周时期，河东地区的主要封国有霍州一带的霍（为周文王之子霍叔的封国）、曲沃和新绛一带的晋（为周武王之子唐叔虞的封国）、绛县一带的倗（也是姬姓封国，史料记载极少）、河津、万泉一带的耿和韩（为周王王族的封国，也是姬姓）、临猗一带的郇（周文王之子的封国）、今芮城县城北部的魏（国王为姬姓魏氏）、平陆一带的虞（国君为周太王次子仲雍的曾孙，也是姬姓）等。我们在此仅以史料所记载的主要封国为例做进一步说明。

晋国是西周分封的王族诸侯国，是周武王姬发的儿子唐叔虞（姓姬名虞）的封国，姬姓晋氏。分封初期，晋国国号为唐，唐叔虞之子姬燮即位后迁居晋水之旁，改国号为晋。晋国受封于公元前1033年，存世六百余年，到公元前 376 年，末任晋侯晋静公被废为庶民，晋国正式消亡。关于晋国早期的统辖范围，近代学者杨伯峻认为："唐叔之子燮改唐为晋，即今之太原市。四世至成侯，南徙曲沃，今山西省闻喜县东。又五世至穆侯，复迁于绛。"大致说明了晋国初期的地理范围。晋国鼎盛时期，地域包括了今天的山西省全部、陕西省东部与北部、河北省中部与南部、河南省西部和北部、山东省西北部与内蒙古自治区一部的广大地区。晋国在晋献公时崛起，晋文公继位后在城濮之战中大败楚国，一战而成为霸主。晋襄公时期又先后在崤之战和彭衙之战中大败秦国，继其父之后又成为中原霸主。晋景公时，晋国在邲之战中败给楚国，转而经略北方，后在鞍之战中大败齐国后，又攻入楚国本土。晋厉公继位后连败秦、狄，并在鄢陵之战再次击败楚国，复霸天下。晋悼公时国势鼎盛，晋国独霸中原，达到晋国霸业的顶峰。晋平公以后，晋国内部的六卿之间斗争激烈，至公元前 453 年，韩、赵、魏三卿兴起并瓜分了晋国。公元前 403 年，周威烈王被迫册封韩、赵、魏为诸侯，史称"三家分晋"。到公元前 376 年，晋国最后一位国君晋静公被废为庶民，晋国正式消亡。

魏国产生于公元前 403 年的"三家分晋"，也是周王朝的王族诸侯国，姬姓魏氏，其第一代国君是周文王的第十五个儿子毕公高的后代毕万。毕姓来源于毕公高的封地毕国，后毕国在西周末年亡于西戎，毕公高的后代毕万在春秋时期投奔晋国，得到重用，并因军功受封于魏地（今天河东地区的芮城县一带）。晋文公重耳流亡时，毕万之孙因护驾有功而继承了爵位并领有封地魏，成为晋国实力较强的卿大夫。公元前 453 年，经过晋阳之战，魏连同韩、赵在六卿斗争中胜出，晋国名存实亡。公元前 403 年，魏国正式成为诸侯国。魏国管辖的领土虽广但较零散，领有今陕西省境内的韩城县及华阴县附近、今山西省西南部、今河南省北部及黄河以南一部分沿河地，另外还领有今河北省和山东省小部分地区。魏文侯时期，魏国在各诸侯国中率先改变统治政策，一方面积极变法，另一方面广招天下贤士。魏国重用李悝、吴起、乐羊、西门豹、子夏等人，在各国中最先变法，因此成为战国初期最强盛的诸侯国。公元前343年，齐国在马陵设伏，孙膑用计包围庞涓带领的魏军，歼灭魏军10余万人，并俘虏了魏军主帅太子申，魏国从此一蹶不振，沦为二流强国，直到秦王嬴政执政后于公元前225年攻破魏都大梁，魏国灭亡。魏国从毕万开始算起，共经历八位卿大夫和八位诸侯王，存世近440年。

虞国存世时间是公元前1046至前655年，同样是姬姓王族的封国，是周康王统治时期周太王次子仲雍的曾孙虞仲的封地。《史记·吴世家》有如下的记载："吴太伯，太伯弟仲雍，皆周太王之子，而季历之兄也。……太伯卒，无子，弟仲雍立，是为吴仲雍。……是时周武王克殷，求太伯、仲雍之后，得周章。周章已君吴，因而封之；乃封周章弟虞仲于周之北故夏墟，是为虞仲，列为诸侯。"由此可见，虞仲就是虞国的始祖。虞国位处今天河东平陆县一带，南邻中原地区，西靠关中平原，战略位置极为重要，尤其是虞城所在的虞原正是今天的张店镇附近，是中条山山顶的一片开阔的平原地带，有力地控制了今天运城、三门峡以及陕西关中周边地区。同时，山上的一条古道还是河东池盐外运的主要通道，当年晋献公假道灭虢走的正是这条道路。周王朝将虞国封于此地，也正是为了很好地控制这条道路。令人意想不到的是，到了公元前655年，虞国国君贪图晋献公的宝马和珍玉、借道给南下讨伐虢国的晋国军队，晋军灭虢国回师途中，顺手牵羊灭亡了虞国，这正是成语"假虞灭虢""唇亡齿寒""唇齿相依""辅车相依"的来源，从此这个事件也就成为历史的笑谈。

韩国也是周王朝分封较早的一块封地，据《诗·大雅·韩奕笺》记载："韩，姬姓之国也，后为晋所灭，故大夫韩氏以为邑名。"韩国的具体位置在历史上一直存在争议，大致不外乎河东地区的河津、万泉一带，或芮城县周边，或陕西韩城等地。历史学家谭其骧在其主编的《中国历史地图集》中将"韩"的地理位置定于今天河津附近。不过虽然韩国受封较早，而且西周前期国力还较为强盛，但到了春秋时期却在文献中几乎找不到关于它的记载，最大可能就是韩国在西周末年或者春秋早期被晋国吞并以后，成为晋国管辖下的一个卿大夫，也就是成为了晋国六卿之一韩氏的始祖。后来韩氏力量不断发展壮大，从六卿中脱颖而出，连同赵氏、魏氏共同瓜分了晋国，这就是历史上所说的"三家分晋"。伴随着战国时期群雄逐鹿，诸侯国互相攻伐，战争不断，在这个过程中，韩国又成为了"战国七雄"之一，但最终在秦王嬴政的统一战争中最先于公元前230年被秦所灭。

另外，历史文献和考古发现中的一些小国如芮国、郇国、佣国等，其地理位置虽然还存在不少争议，但大体位置基本都在河东及周边地区。芮国故地有几种说法，一是在陕西省大荔县朝邑镇，二是在陕西省澄城县刘家洼，三是在山西省芮城县，几个地点都紧邻黄河。郇国的具体位置虽然也有争议，但都在河东地区，一是在今天的新绛县，二是在今天的临猗县。当然，这些小国的命运几乎都相同，它们存在的时间都不长，最终被所依附的大国所灭亡。

（二）东周魏国定都安邑

在河东地区的历史上有两处地方称作安邑，紧邻今天运城市盐湖区东端、现在叫做安邑的地方是安邑街道，而古代所指的安邑的地理范围和现在大不相同。在南北朝之前，安邑的中心则在今天河东地区的夏县境内。公元428年，在南北朝北魏统治期间，原安邑县（统治中心在今夏县西北禹王城）被分为南北两县，其中北安邑县改名夏县，而南安邑县仍旧被称为安邑，治所位于今天的安邑街道，其境内拥有著名的盐湖"解池"之一部分，元代时为盐运、盐政之便，在安邑县城西数华里处盐池畔筑凤凰城，后改名为运城，乾隆五十七年（1792），河东道移驻运城，安邑则由县改为镇归属于运城管辖。在历史发展的过程中，南北朝之前位处今天夏县西北禹王城的古代安邑伴随历史的尘埃逐渐没落，多不为人所知，而实际上今天以夏县西北禹王城为中心的安邑却是东周时期魏国的首都。

安邑是夏县的古称，是中华民族重要的发祥地之一，4500年前大禹儿子启在此建都，成为中国王朝的开端，故这里后来又被称作夏县。春秋时期，晋国内部六卿崛起，并兼并成为韩、赵、魏三大家。公元前376年，三家废掉了晋静公，瓜分了晋国的封地，而河东地区主要由其中的魏国统治，定安邑为首都。自此以后，安邑一直就是魏国的统治中心，约持续了200年，直到迁都大梁（即今河南省开封市西北）。

魏国建立以后，首先崛起成为战国初期最强盛的国家，其中的原因除了魏文侯重用人才、大胆改革之外，还与安邑的重要地理位置有很大的关系。古安邑城正南方有天然屏障中条山，正北方有鸣条岗，而城西北与涑水河相望，城西南则有资源丰富的盐池，东南方向又是一马平川。所以，整个来看，安邑城背山临水，城附近则是平坦开阔，适宜经济、商业和文化的发展。从这些情况来看，三家分晋时，魏国所获得的以安邑为首都的河东地区具备了较好的地势优势和经济基础，先天发展条件良好，再加上后来魏文侯等国君重用人才不断改革，终于首先构筑了封建社会早期的一系列制度，成为战国时期各诸侯国中最先强盛的国家，也成为后来的"战国七雄"之一。

当然，定都安邑以后，伴随着国力的不断增强，魏国也走上了与当时各诸侯强国同样的争霸和扩张道路。首先，在短短的几年时间内，到公元前408年为止，魏国就占领了秦国的河西之地，将秦国的势力压制在今天的关中平原以西地区，不仅长期压制着秦国的势力发展，而且威胁到了秦国的统治腹地。接下来，魏国灭亡了中山等诸侯国，并相继占领了宋、楚、郑的大片领土，包括黄河以南的大片肥沃土地，最终占领了当时的大梁，即今天的河南开封，并于公元前364年迁都于大梁。整个魏国势力就像一把尖刀直指中原大片领土。

（三）河东古虞平陆"三贤"

河东的平陆县是人类最早生存繁衍的地区之一，自古名人辈出，为华夏文明的灿烂辉煌做出了重要贡献。早在商周时期，古虞平陆就曾出现了三位著名的政治人物——傅说、百里奚、宫之奇。

傅说出生于大臣（今平陆县太陈村），生活的年代大约距今 3350 年，是商代著名的政治家、军事家、思想家，殷商圣贤，也是中国历史上的第一位圣人。他全心全意辅佐商王武丁近 60 年，使当时商朝各方面的发展令人刮目相看，留下了"武丁中兴"的美名，极大地推动了中华文明的进步和辉煌。《庄子》中这样评价："傅说得亡，以相武丁，奄有天下，乘东维，骑箕尾，而比于列星。"屈原在诗歌《远游》中也说道："奇傅说之托星辰兮，羡韩众之得一。"庄子和屈原两位文学家都在自己的作品里谈到了我们河东的傅说，而且在他们的心目中，这位圣人已经化成了天空中最耀眼灿烂的那颗星星。

据史料记载，傅说出身卑微，早年还只是一名奴隶，而且据说外形天生异象，长相比较怪异。由于傅说胸怀大志而报国无门，早年曾隐居在山中今天叫做傅岩的地方，大概是在等待时机吧！他每天除了和其他奴隶一样辛苦劳作以外，还不断地思考着黎民百姓的疾苦和国家社稷的安危，希望商王能够像以前的尧舜一样成为明君，社会再次呈现出尧天舜日的景象。傅说能够在奴隶中崭露头角，还是源于他在拦挡洪水时发明创造的"版筑法"，矗立起了坚固耐实的土墙，大大节省了劳力和成本，所以后人尊称傅说为"版筑之父"。恰逢商王武丁为了图谋振兴商朝，广招天下贤士，正在各地四处寻访，听人说有一位叫做"说"的奴隶非常有才但一直没有报效国家和百姓的机会，就秘密召见了他。而傅说见到商王以后，把对百姓的疾苦、社会的问题、自己的见解娓娓道来，无不体现出合理高超的见解，商王武丁非常高兴，就对朝中百官说，他梦见先王给自己托梦说，有一位叫做"说"的圣人要出来辅佐他完成治理国家的大事，但百官中并没有叫做"说"的人，武丁便让官员按照傅说的画像到民间去找，官员们费尽千辛万苦，终于在奴隶中找到了傅说。傅说当着朝中大臣的面侃侃而谈、从容应对，消除了大臣们的疑虑，被武丁任命为相。

据儒家经典《说命》三篇记载，在任职期间，傅说向武丁提出了几点改革意见，包括安邦治国、举贤任能、重于实践、应对不时之需、善于听取民意等，武丁基本上都予以采纳，因此几十年来，商朝国安民富，疆土逐渐扩大，睦邻友好，四方来朝，商朝的发展达到了历史上的鼎盛时期，被后来的历史学家称为"武丁中兴"，傅说也成为了中国历史上的第一位圣人。

年老后，傅说辞官回乡，死后就埋葬在平陆县部官乡柴庄村，当地至今仍留有傅说的陵墓。墓地四面环山，一面临水，陵墓正好被簇拥在中间，气势非同凡响。陵墓下方就是著名的"圣人涧"和"马跑泉"，泉水传说就是当年傅说的坐骑刨地的时候发现的，至今 3000 多年了从未干涸，水位也没有丝毫的下降，似乎在永远传颂着这位圣人的丰功伟绩。

再来看商周时期古虞平陆的第二位著名政治人物——百里奚。

在司马迁的《史记·孔子世家》中有这样的记载：春秋末期，齐国国君齐景公面对偏处于西北地区的秦国的壮大，曾十分疑惑地问孔子："昔秦穆公国小处僻，其霸何也？"，孔子说道："秦，国虽小，其志大；处虽僻，行中正。身举五羖，爵之大夫，起缧绁之中，与语三日，授之以政。以此取之，虽王可也，其霸为小。"意思是由于秦穆公思贤若渴，毫无保留地重用人才，即使如在囚禁中的贤能之人也能在三天时间的交流后得到重用，在这种情况下秦国称霸都不算什么稀奇事。这里所指的囚禁中的贤能之人便是最初身价只值五张羊皮的"五羖大夫"百里奚。

百里奚（？—前 621），姜姓，百里氏，名奚，字子明，春秋时期虞国（今山西省运城市平陆县）人，著名的政治家、思想家。

百里奚虽然少时家贫，但却勤奋好学，自年轻时便才学过人，一直游说各地却四处碰壁，曾靠乞讨度日，后在结识了蹇叔和宫之奇并在他们的推荐下成了虞国大夫。晋献公借道伐虢后灭亡了虞国，百里奚也随同虞公一起被俘获，并作为秦穆公夫人穆姬的陪嫁奴隶送到秦国。后来百里奚逃离秦国，跑到楚国宛邑。秦穆公用五张黑羊皮从市井之中将其换回后，百里奚才进入秦国成为大夫，人称"五羖大夫"。百里奚在主持秦国国政期间，辅佐秦穆公倡导文明教化，实行"重施于民"的政策，内修国政，教化天下，恩泽施于民众。作为大臣，百里奚劳作不乘车马，暑热不张伞盖，在都城里行走不用车马随从，不用甲兵护卫。这种平易朴素的品行，不仅为百官树立了榜样，也以实际行为感动了百姓，这在当时的确是难能可贵的，赢得了当时百姓和官吏的赞许和尊敬。同时百里奚辅佐秦穆公外图霸业，开地千里，称霸西戎，统一了西北地区，促进了秦国的崛起。这一时期被后来的秦孝公称之为"甚光美"的时代。史载百里奚"施德诸侯，而八戎来服"，使秦国成为春秋五霸之一，为秦国崛起和统一六国奠定了牢固基础，堪称一代名相。正如明代文学家冯梦龙在《百里奚》诗中所言："脱囚拜相事真奇，忡后重闻百里奚。从此西秦名显赫，不亏身价五羊皮。"

因此，可以毫不夸张地说，春秋时期著名政治家百里奚不仅仅是我们河东人的骄傲，也是整个中华民族的骄傲。

宫之奇的生卒年不详，但其生活的年代大致与百里奚相同，或者比百里奚更年长一点。

虽然宫之奇的历史功绩和知名程度不如平陆的另两位贤人傅说和百里奚，但是他确是成语故事"假虞灭虢"和"唇亡齿寒"里的主要人物之一，通过历史上的这两个事件，我们知道了河东大地上曾经还有一位未卜先知、可以力挽狂澜的贤能之人——宫之奇。

据《平陆县志》记载，宫之奇是春秋时期虞国人，故里在辛宫里，就是今天平陆县张店镇的马沟附近。他在任期间，辅佐虞国国君治理国家，举贤任能，政通人和，国泰民安。同时在外交上与邻友好，联虢抗晋，使晋国灭亡虞国和虢国的阴谋不能得逞，这也成为晋国扩张和进一步称霸的巨大障碍。晋献公时期，晋国大臣荀息想出了一条妙计——假道伐虢，先从虞国借道灭掉虢国，然后再返回来灭掉虞国。但晋国要借道虞国攻打虢国，首先要经过虞国国君的同意，晋国便利用虞国国君贪财的癖好，送给了虞国国君大量财宝，虞国国君对宝物爱不释手，一口答应借道给晋国。但晋国的阴谋被深明大义、智慧超群的宫之奇识破，宫之奇苦口婆心劝说虞国国君："虢，虞之表也。虢亡，虞必从之……谚谓辅车之依，唇亡齿寒。"虞国国君不听宫之奇劝告，不仅借道给晋国，而且还派兵增援晋国攻打虢国，结果晋国在公元前 655 年灭亡虢国后不久便顺路回来灭掉了虞国，虞国国君也成了晋国的阶下囚，历史上便留下了"假虞伐虢"和"唇亡齿寒"的笑谈。

就在虞国国君贪念财宝，一心借道给晋国后不久，不愿做亡国奴的宫之奇就已经感觉到大难临头，便归隐山林，以迫不得已的情状采取另一种生存的方式，也算是一种生活的智慧吧。只可惜的是，他并没有同时代的老乡百里奚那样幸运地遇到一位明君，可以在做了亡国奴之后还能东山再起，所以宫之奇的后半生一定是在郁郁寡欢和悲伤叹息中度过的。

（四）战国外交纵横捭阖

战国时期，在华夏广阔的土地上发生着翻天覆地的变化。各诸侯国相继完成了从奴隶制社会向封建社会的转化，各国的政治、经济、思想、文化、军事等方面的发展你追我赶，呈现出"百花齐放、百家争鸣"的绚丽画卷，各行各业、各个领域都涌现出了众多的英雄、大家，整个华夏文明璀璨夺目、光彩异常，而在这些人物中，有一位河东籍的外交家张仪在战国的外交舞台上纵横捭阖，尤其引人注目，他的家乡就在今天的万荣县王显乡张仪村。

前几年有一部电视剧《芈月传》曾红遍全国、走向海外，这部电视剧主人公芈月的命运正是和这位中国历史上第一位外交家紧密相连。两人在一生中成为了生死之交，芈月不仅对张仪有救命之恩，而且在张仪的事业上多次起到了重要的推动作用，而张仪后来也多次在芈月的人生危难之际全力帮助她渡过难关，可以说，这部电视剧的一大半剧情都是围绕着这两位来展开的。

在这里，我们当然要重点介绍一下这位著名的河东外交家——张仪。

张仪是河东地区万荣县人，据《荣河县志》等历史文献记载，张仪的陵墓就在荣河县城北，现今万荣县王显乡张仪村。

张仪出生于一个没落的贵族家庭，年轻时候和后来的合纵家苏秦一起跟着著名谋略家鬼谷子先生学习谋略术和纵横术，曾在今天临猗县大嶷山的山洞里学习，本来想学成后为自己的国家服务，但是魏王并不用他，他只好到楚国丞相门下做了食客，但又遭人陷害而被楚相猜疑偷盗玉璧，受到严刑拷打后被赶了出来。当妻子看到他遍体鳞伤的样子时不停地哭泣，他便说道，你看看我的舌头还在吗？妻子说，舌头当然还在啊，他就笑着说，放心吧！只要舌头还在，我就有饭碗。可见张仪对自己的游说能力和纵横术是非常自信的，这也是他以后成功的基础。

张仪在家养好伤后，就在苏秦的撮合下到了秦惠王下面做了门客。在此期间，他向秦惠王提出了自己的连横策略，即让秦国联合部分弱国去进攻另外的弱国，最终达到兼并各诸侯国、统一天下的目标。公元前329年，秦国任命公子华为大将，张仪为副将，领兵夺去了魏国的蒲阳，随后又把蒲阳还给了魏国，魏王对秦和张仪心存感激，这时候张仪又向魏王适时提出把今天的榆林、延安、绥德一带献给秦国以表示感谢，魏王只好同意。经过这件事以后，秦惠王就任了张仪为相国，从此张仪就可以大展宏图了。

当时，齐、楚、赵、魏、韩、燕六国正在商议组成合纵对付强大的秦国，秦王一时没了主意，就请教张仪如何是好，张仪对秦王说，凭借他的三寸不烂之舌，不难使这六家之间，尤其是势力较强的齐国和楚国断绝关系。于是，张仪首先来到楚国，用重金收买了楚怀王的宠臣靳尚，然后在靳尚的引荐下，张仪对楚怀王说："我是为了秦国和楚国的友好关系而来的，只要楚国和齐国断交了，秦国就把以前从楚国夺取的六百里土地归还给楚国，并把秦惠王的女儿嫁给你，秦楚两国结成联姻世代友好下去。"

楚国的门客陈轸和三闾大夫屈原都认为秦这样做的目的就是害怕楚国和齐国联合，如果楚国和齐国断交后，秦国一定不再害怕楚国了，所以要先交地、结联姻，然后再与齐国断交，但楚怀王贪财好色，在张仪的花言巧语劝说下，再加上宠臣靳尚的不断怂恿，就决定先与齐国断交，然后派大臣到秦国结好并接收秦国返给的土地。当楚国大臣到了秦国后，张仪便假装扭伤了脚拒不接见，秦惠王更是连影子都看不到。楚国大臣回去向楚怀王报告此事以后，楚怀王气得发兵攻秦，结果十万大军又大败而回，元气大伤，只好割地求和。楚怀王就把黔中的大片土地割让给秦国，只要秦惠王把张仪交给楚国就行。秦惠王想让张仪出使楚国，但又无法说出口，害怕张仪此去凶多吉少，这时候张仪挺身而出，认为楚怀王不会把自己怎么样，因为秦国强大而楚国弱小，不会随意杀掉秦国的使者，再者楚国的靳尚也会从中相救的。就这样，张仪大胆地出使楚国，虽然一到楚国就被楚怀王囚禁起来，但是他的好友靳尚马上找到楚怀王宠爱的夫人郑袖说："你马上就被楚怀王抛弃了，因为秦王很喜欢张仪，知道张仪马上被杀，就会出手相救。听说秦惠王准备把六个县的土地送给楚怀王，还要选送一批美女嫁给楚怀王，并把秦宫中擅长歌舞的美女作为嫁妆送给楚怀王，而楚怀王又是一个看重土地和美女的人，这样你就会失宠了，你儿子的太子地位也不保了。"听到靳尚这样说，郑袖感觉结果确实不堪想象，就赶快给楚怀王猛吹枕边风，最终让楚怀王释放了张仪。

就这样，张仪不仅让楚怀王释放了自己，而且还凭借自己的"三寸不烂之舌"成功地使楚国和秦国结成盟国，并先后出使赵国、燕国、齐国，说服各诸侯国"连横"，与秦国结好，六国联盟最终失败了。

为了表彰张仪的卓越贡献，秦惠王把五邑分封给张仪，并赐号武信君。秦惠王去世后，太子汤即位，就是后面的秦武王。武王并不满意张仪的所作所为，加上朝中多数大臣对张仪的嫉妒，张仪便借口回到魏国，约在公元前310年于大梁去世。

张仪一生坚持外交上的连横政策，在错综复杂的政治舞台上纵横捭阖，对秦国的发展壮大起到了重要作用，也为秦国最终统一中国做出了重要贡献。

（五）千古武圣关公

在中华民族政治军事发展的悠久灿烂历史上，河东大地上涌现了一位受到亿万人敬仰的圣人关羽。之所以称关羽为圣人，是因为在中国历史上他是同"文圣人"孔子并列的唯一的"武圣人"，他的知名度不亚于古今中外任何一位伟人。关羽自东汉以来，历朝历代共有 16 位皇帝 23 次为他谕旨加封，让他由侯而王、由王而帝、由帝而圣、由圣而神，关羽的形象传遍整个华夏甚至遍及全世界，只要有华人的地方就有对关羽的崇拜。而这样一位神一般存在的圣人就出生在我们河东的解州。

今天，在河东地区的盐湖区解州镇西门外和不远处的常平村，矗立着两座石碑，上面分别镌刻着"关公故里"和"关公故宅"的大字，而坐落在常平村的关帝家庙正是关羽故宅的所在地。关羽出身于下层社会，年轻时义杀恶霸，逃到了河北涿郡，结识了同样想干一番大事业的刘备、张飞，于是三人"桃园三结义"，一生中情同手足。这段时间，关羽曾参与镇压黄巾起义，跟随刘备颠沛流离。中间曾被迫暂居曹营，亲自斩杀颜良，受封汉寿亭侯。由于关羽雄壮威猛，号称"万人敌"。但关羽义字当头，心思一直在于辅佐刘备，因此不久后就离开曹操，又回到刘备身边，辅佐刘备建立政权，当时就有股肱之臣的称呼。

三顾茅庐之后，刘备势力在诸葛亮的谋划下很快壮大，赤壁之战前后正是刘备政权发展的黄金时期。在这一时期，关羽参与攻取荆州地区，并在刘备入川后长期镇守荆州。公元 219 年 7 月，关羽水陆并进，围襄阳，攻樊城，并利用秋季大雨，水淹曹操七军，将前来救援的于禁打得全军覆没，进而包围樊城。此时，连曹魏的荆州刺史胡修、南乡太守傅方也投靠了关羽，关羽从此更是威震华夏，使得曹操一度产生迁都以避关羽锋芒的想法。

在此之后，曹操在司马懿、蒋济等人的建议下，用答应将江南封给东吴的孙权为条件让他从背后出兵攻击关羽，同时曹操派遣徐晃、赵俨等率军救援樊城，更准备亲自征讨关羽。接着，孙权政权派遣吕蒙、陆逊袭击了关羽的后方，而留守江陵和公安的蜀国将领麋芳（刘备的小舅子）、傅士仁因受到孙权的诱降都背叛了关羽。同时，关羽又在与曹操部将徐晃的交战中失利，部下无心再战，退守麦城。公元220年1月底2月初，关羽进退失据，只能率十余骑出逃，一路突围至距益州不过一二十里的临沮（今湖北宜昌的远安县），结果遇到吕蒙部下马忠的埋伏，关羽和长子关平被擒并在临沮被害。

关羽被杀后，孙权将其首级送给曹操，曹操以诸侯之礼将关羽的头安葬于河南洛阳，同时，孙权则将关羽身躯以诸侯礼安葬于湖北宜昌的当阳，即关陵，也称当阳大王冢。蜀汉政权封关羽为壮缪侯，并在成都为关羽建衣冠冢，即成都的关羽墓，以招魂祭祀。因此民间也称关羽"头枕洛阳，身卧当阳，魂归故里"（或称"魂归山西"）。

关羽被害后不久，曹操和吕蒙先后在不明不白中于同一年（即公元220年）死去，似乎冥冥之中印证了关羽的神威，加上民间百姓一再宣扬这些事情，使关羽具有了超越凡人的境界。到了唐代，佛教天台宗创始人天台大师尊关羽为伽蓝守护神，从此关羽就有了正统佛教的神威。到了两宋时期，由于国家缺乏英勇无敌的武将，更是对关羽的封号越来越高，由"忠惠公"到"崇宁真君"，又从"武安王"到"义勇武安王"再到"壮缪义勇武安英济王"。进入明代，朝廷明确下令可祭拜关公，并再次封关公为"协天护国忠义帝"及"三界伏魔大帝神威远镇天尊关圣帝君"，并封关公夫人为"九灵懿德武肃英皇后"，长子关平为"竭忠王"，次子关兴为"显忠王"。到了清代，顺治皇帝封关公为"忠义神武关圣大帝"。康熙皇帝封关公为"伏魔大帝"。雍正皇帝再加封关公为"灵佑"。乾隆皇帝又加封关公"忠义神武灵佑关圣大帝"，而到了光绪皇帝在位期间，关公封号竟长达26个字，即"忠义神武灵佑仁勇威显护国保民精诚绥靖翊赞宣德关圣大帝"。除此之外，历朝各个皇帝都在位于河东解州的关帝总庙多次加封题匾，如"英烈庙""神勇""文武神圣""正气长存""义炳乾坤""万世人极""威灵震叠"等。

关羽一生报国以忠、处世以义、待人以仁、作战以勇，品德高尚，精神高贵，受到人们的普遍尊崇和敬仰。自古至今，无论在国内还是海外，对关公的崇拜之风久盛不衰，关公已成为华夏民族的一种文化心理，关公崇拜已成为民族精神的重要内容。在新的世纪里，关公文化被赋予了更加丰富的内涵。2008 年，"关公信俗"被确定为国家级非物质文化遗产；2011 年，"关公文化旅游节"被评选为中国十大人物类节日庆典活动；2012 年，"关圣文化建筑群"被列入世界文化遗产预备名单；2013 年，关帝祖庙和关帝家庙被授予"海峡两岸交流基地"。现在，人们在敬仰关公、崇拜关公的同时，更是把关公文化作为一种爱国主义精神加以弘扬，赋予关公文化以更多的政治意义和教育意义。可以说，在新的时代，关公文化必将起到比以往更加重大的作用。

（六）三箭定天山薛仁贵

薛仁贵（614—683）名礼，字仁贵，后以字行，是河东地区历史上涌现的又一位威震华夏、名留青史的著名大将。他生活的年代，正是唐初国家安邦治国的奠基时期，他跟随唐太宗李世民、唐高宗李治安定天下，留下了"良策息干戈""三箭定天山""神勇收辽东""仁政高丽国""爱民象州城""脱帽退万敌"等美谈，立下了赫赫战功，官至左威卫大将军、安东都护。因战场上终身喜穿白色长袍，故又有"白袍将军"的美称。

薛仁贵出生在唐朝的绛州龙门修村（今河东地区的河津市修村），其家族属于魏晋南北朝时期的河东望族薛氏家族，为薛安都（南北朝时期的著名将领）的六世孙，但到了薛仁贵这一代时已经没落，因此薛仁贵从小家境贫寒，以务农为生。后来他与河东历史上的另一个没落的大家族——柳氏家族联姻，娶妻柳氏，也算是门当户对。虽然薛仁贵从小习文练武、臂力过人，但一直没有出人头地的机会。年轻时候，薛仁贵曾想通过迁移祖坟来改变运气，希望能重振家业。后来妻子劝他说，现在国家安定边境，正是需要人才的时候，你还不如直接去投军，或许还能成功显达。于是，在妻子的劝告下，薛仁贵来到绛州城投奔张士贵守军，从此南征北战，先后参加了唐政权征服高丽、突厥和吐蕃等的战争，在战场上越战越勇，屡建奇功，成为一代名将。

唐太宗贞观十九年（645），为了镇压高丽内乱，唐太宗御驾亲征，薛仁贵的军队被派往前线。在攻打叛军的过程中，前锋部队的刘君邛将军被叛军围困，一时难以解围，薛仁贵跃马上前，干脆利落地将敌首斩于马下，在战争中初步显露了自己的实力。接着，在后面的几次战役中，薛仁贵先后几次出奇制胜、以少胜多，终于被唐太宗发现，唐太宗还赐予了他骏马和布匹，并提拔他担任游击将军。后来，薛仁贵在高丽又先后几次领兵打仗，均大败敌军，自此，薛仁贵名声大振。

唐高宗时期，九姓突厥聚众十余万人发动叛乱，薛仁贵再次领军进发到天山附近镇压这股叛军。面对敌众，薛仁贵镇定自若，在阵前连发三箭，三名叛军首领应声倒地而亡。突厥叛军大为惊慌，纷纷下马投降。自此之后，唐朝军队中就流传着这样一首歌谣："将军三箭定天山，壮士歌入汉关。"

此后虽然薛仁贵在多次战役中取得胜利，但也难免有失败的时候，例如，他在领兵打击吐蕃和光复吐谷浑的时候，由于用人不当和计划失误，兵败于大非川，薛仁贵只好与吐蕃大将约和才得以退军，然而吐谷浑却自此沦陷。另外，薛仁贵除了在战争中杀人过多外，他还曾经把部下抓来的突厥女人当作妾，并接受了很多贿赂赠送的财物，此事后来被有关官员向唐高宗检举弹劾，唐高宗因薛仁贵曾立下大功而宽恕了他。

唐高宗永淳二年（683），薛仁贵去世，终年70岁。高宗册赠他为左骁卫大将军、幽州都督，并派官府车马护送其灵柩返回故乡。薛仁贵去世后，关于他的故事在民间广为流传。元代戏剧家张国宾曾写有杂剧《薛仁贵衣锦还乡》，清代无名氏著有通俗小说《薛仁贵征东》（即《唐薛家府传》）和《薛刚反唐》等。近年来，相关的影视剧也层出不穷，如《薛仁贵征东》《薛仁贵传奇》《移山倒海樊梨花》《烽火奇遇结良缘》《薛丁山》《隋唐英雄》《大王之梦》《武媚娘传奇》等等，也显示出对这位重要历史人物的隆重纪念。

（七）南宋名臣河东赵鼎

赵鼎是南宋著名政治家、文学家，在历史上有"中兴贤相之首"的美誉，与李纲、李光、胡铨一起被后人并称为"南宋四名臣"，著名词人辛弃疾赞誉他为"佐国元勋，忠简一人"。

赵鼎（1085—1147）出生在宋代解州闻喜县（今河东地区的闻喜县礼元镇阜底村），字元镇，号得全居士，谥号忠简。赵鼎自幼父亲去世，母亲一人含辛茹苦将他抚养教导，师从邵伯温后，精通百家经史诸书，于公元1106年进士及第，先后任县尉、县丞及河南洛阳令、开封士曹等职，曾为招募抗金士卒四处奔波。太原被金人攻陷后，赵鼎极力反对宋钦宗割让太原、中山、河间三地给金，但宋钦宗一味退让，听从投降派的建议，割让了三地。靖康二年（1127），由于投降派防御措施的松懈，北宋都城东京（即今河南开封）被金兵攻陷，宋徽宗、宋钦宗及皇家宗室、朝廷官员共三千多人被掳，北宋灭亡，史称"靖康之难"或"靖康之耻"。之后，宋室剩余人员只好南渡，建立南宋政权，先后定都应天府（今河南商丘）和临安府（今浙江杭州）。

虽然南宋已偏安于一隅，但还是受到金人的不断侵扰。面对这一局面，南宋朝中大臣便自然形成了两派：一派坚持抗金，誓要收复失地；另一派则主张妥协议和，采取投降政策。当时赵鼎因在朝中办事公正，纪律严明，极为称职，深得宋高宗的信任，所以官至端明殿学士、签书枢密院事，跻身宰执之列，掌兵籍、虎符，在皇帝批准之下有调动兵马之权。在他的推荐下，朝廷重用岳飞、韩世忠等爱国将领，积极抵抗金兵的侵略。

绍兴四年（1134），宋高宗再次授任赵鼎为尚书右仆射、同中书门下平章事兼知枢密院事。诏令一下，朝臣互相庆贺，从此到绍兴八年

（1138），大部分时间他都身居相位。当时金军长期驻扎淮南，赵鼎令诸将在诸淮间多次接连大败金兵，金兵被迫逃往北方。这一时期被认为是南宋初年政治最清明的时期，有"小元祐"之称。高宗曾高兴地对人说："赵鼎是真正的宰相，上天让他辅助我中兴，可以说是国家的幸运啊。"

绍兴八年，因赵鼎在议和问题上与金朝据理力争而与秦桧意见不合，再加上赵鼎因为力争为赵璩封国一事忤逆高宗，秦桧乘机排挤赵鼎，赵鼎便称病求免相，被朝廷先后贬谪到潮州和吉阳。在这八年多的时间内，赵鼎隐居深处，闭门谢客。绍兴十七年（1147），赵鼎派人告诉他的儿子说："秦桧一定要杀我，我死了，你们没有忧患，不然，祸及一家。"说完这些话后，赵鼎便绝食而死。据传，当时天下人听说赵鼎绝食而亡后都十分悲痛。宋孝宗即位后，追赠赵鼎太傅，赐谥号"忠简"，追封丰国公。淳熙十五年（1188），赵鼎又得以配享高宗庙庭，其子孙十二人都被授任官职。

赵鼎在南宋偏安一隅之际曾两度拜相，任内敢作敢为，为巩固南宋政权做出了贡献，曾号称"小元祐"。学术方面推崇洛学，立倡伊川道学，善文、诗、词。文章多为奏疏，气势畅达。但他曾推荐秦桧任职，并曾附议合议，也是其政治生涯中难以抹去的失误。赵鼎著作有《忠正德文集》10卷、《得全居士集》3卷（已佚失），今存词45首，《全宋诗》录有其诗。

（八）明代后期"蒲州四雄"

在明代后期的政治和军事舞台上，在我们河东蒲州（即今永济市）就涌现出了四位著名的政治人物：张四维、王崇古、杨博、韩爌。这四人同为进士出身，张四维是著名的政治家，王崇古和杨博是著名的军事家和守边大将，而韩爌则是勇斗阉党的著名大臣。

张四维（1526—1585），字子维，号凤磐。父辈经商发家，成为当时山西有名的盐商，母亲又是著名军事家王崇古的姐姐，贤惠温仁，受过一定程度的教育。由于家境较好，张四维从小就接受了很好的正统教育，再加上他自小天资聪颖，所以张四维在科举道路上可以说是一帆风顺。嘉靖三十二年（1553）即中进士，授翰林院编修，并于嘉靖四十一年（1562）重修《永乐大典》时担任编修分校官，书成后先后任职右春坊、右中元、皇帝的经筵日讲官，受到皇帝的称赞，并开馆修《实录》。万历三年（1575）再升至礼部尚书兼东阁大学士，参与朝政，明神宗曾赐予他"一德和衷"的御书，其才学和品德由此可见一斑。

张四维在政治和军事上都有所作为。张四维与杨博是同乡，又是王崇古的外甥，受到二人的影响，他对边防军务也比较熟悉和热心。当王崇古建议与受降的蒙古俺答汗部通商贸易而遭到朝廷否决时，张四维几次旗帜鲜明地上奏皇帝支持王崇古的通商建议，并说服时任首辅的高拱和张居正，最终使明朝边境的边关贸易得以实现，也让明朝对俺答汗的封王、通贡和互市的隆庆和议顺利达成。虽然张四维当时只是吏部右侍郎，还不足以完全左右局势，但在实施这些政策的过程中，他因特殊的身份和不懈的努力，终于促成了这些事情的成功，其贡献确实不小，明朝边境自此二十多年一直平静安宁。

张四维为人正直宽厚，主张以宽大康济为政。虽然在张居正主政期间，张四维与张居正的执政理念多有不合，但张四维都曾支持和配合张居正进行改革。张居正去世后，张四维继之担任首辅，开始对张居正改革中的一些弊端进行纠正，去除其改革中的严刑苛法，得到了万历皇帝的支持，不少受到张居正排挤和打击而罢官的人得以复职，对明朝后期朝廷的稳定起到了重要作用。万历十一年（1583），张四维因父亲嵋川公去世回乡服丧，两年后病卒故里，万历皇帝赠其太师，封谥号文毅。著作有《条麓堂集》《名公书判清明集》等。

王崇古（1515—1588），字学甫，别号鉴川，明朝后期著名抗倭人士、守边大将和封疆大吏，明朝政治家张四维的舅舅。进士出身，先后任安庆知府、刑部主事、陕西按察使、河南布政使、总督陕西和山西军务等职，官至刑部尚书和兵部尚书。

王崇古一生喜谈兵事，在军事上成绩卓著，尤在边疆事务上多有建树，任职也多与刑、兵部门有关。除在抗倭方面屡建战功之外，在北方边疆防务和对蒙事务上做出了重要贡献。隆庆年间，蒙古俺答汗的孙子把汉那吉与俺答反目并要降于明朝，王崇古认为机会难得，留下了把汉那吉，同时尽快上奏朝廷，促使高拱和张居正同意留下把汉那吉以牵制俺答部，并最后迫使俺答汗遣使来明，接受明朝封号。在此期间，王崇古又坚持主张双方互市，开展边境贸易以稳定边疆，得到了明穆宗的允许，此后中国北方边境维持了二十多年的和平稳定局面。《明史》记载道："东起延永，西抵嘉峪七镇，数千里军民乐业，不用兵革，岁省费什七"。

万历初年，王崇古多次恳求退休，最终得到神宗皇帝的准许。万历十六年（1588）王崇古去世，朝廷追封他为太保，谥号襄毅。著作有《王襄毅公奏议》《公余漫稿》《王鉴川文集》《王督抚集》等。

杨博（1509—1574），字惟约，号虞坡，出身于官宦之家，父亲杨瞻官至御史，因此杨博自小便接受到了较好的正统教育，再加上自身聪慧，20岁就考中进士，早期历任陕西周至知县、长安知县、兵部武库主事、山东提学副使及督粮参政等职，后期升至右佥都御史、左副都御史和兵部右侍郎，官至兵部尚书、吏部尚书，加太子太傅，经略蓟州、辽东、宣化、大同等边境地区军务。其间不断了解熟悉边地风俗民情，固边屯田，兴修水渠，为之后的防边御敌打下了基础。

蒙古俺答汗自"土木之变"事件后，再次率军兵临北京城下，大肆掠夺侵扰，直接威胁着明朝的统治，历史上称之为"庚戌之变"。明朝廷在经历又一次巨大震动之后，决定着力加强京城以北地区的防御力量，任命杨博总督边防军务。杨博采取了一系列新的措施，招募敢死队，利用火器袭击入侵之敌，取得了北方边境防御战的胜利，显示了杨博极强的作战指挥能力。官至兵部尚书后，明朝沿海地区正是倭寇猖獗之时，杨博采取了积极的措施应对倭寇侵扰，增加了沿海兵力部署，提高反击倭寇的速度，同时奖罚分明，提高士兵斗志，取得很好的效果。

杨博有胆有识，博学多才，除了军事上的成就之外，在文学方面也是能文能诗，明代权臣严嵩之子严世蕃曾称其为"天下三才"之一。著有《虞坡集》及各类奏议共八十四卷，《皇明经世文编》收录有其文及奏疏。万历元年（1573）杨博因病重致仕归乡，次年去世，终年 66 岁，谥号"襄毅"，张居正亲自为他撰写了墓志铭。

韩爌（1566—1644），字虞臣，号象云，是明朝后期的东林党元老，曾对阉党予以坚决斗争。

韩爌 26 岁即中进士，先是任翰林院编修、少詹事，官至礼部尚书、首辅，兼东阁大学士。韩爌老成持重，处理政事手段成熟、不易偏激，明朝中后期泰昌至崇祯年间发生的诸多大事，如"红丸案""魏党案"等，韩爌都起了相当重要的作用，对于减少冤狱、稳定朝廷有较大意义。

明熹宗天启年间，阉党魏忠贤权倾朝野，朝廷一派黑暗。东林党人杨涟弹劾魏忠贤二十四条罪状，魏忠贤出于恐惧而求助于韩爌，韩爌对之不予理睬，由此得罪魏忠贤。再加上韩爌担任首辅后，处事公正，不为魏忠贤所用，因此更遭到魏忠贤的怨恨。杨涟、左光斗等正直大臣遇害后，韩爌接着也成了魏忠贤的打击对象，韩爌被迫上疏辞官。离职之前，韩爌还专门向天启皇帝提醒远离魏忠贤等阉党，这也深为魏忠贤等阉党所不满。韩爌离职三年后，魏忠贤等阉党诬陷他曾贪污白银两千两，为偿还莫须有的债务，韩爌被迫变卖田产并向亲友借债，结果倾家荡产，甚至连居住的地方都没有，一度住在先人的墓地。崇祯帝即位后，韩爌再被召为首辅，于是他便随即与李标、曹于汴等主治魏忠贤及其余党的罪行。崇祯三年（1630），韩爌再因门生袁崇焕擅杀毛文龙而受到牵连，又被罢职，自此彻底离开政坛。

崇祯十七年（1644），李自成攻陷蒲州，逼迫韩爌出来相见，韩爌不从，起义军便抓住韩爌唯一的孙子进行威胁，无奈，为救孙子，韩爌只好依从。孙子得救，韩爌却因郁闷悲愤而病倒，几天便去世了，终年 80 岁。

二、河东哲学与文艺

(一) 河东卫门书法

河东卫氏是书法史上的名门望族，这一家族的书法传承数百年，涌现出一大批具有历史意义的书法大家，对书法史的发展具有举足轻重之影响。在近四千年中华书法历史的长河中，书圣王羲之的人、书、文作为一代高标被永久地载入民族文化史册，深植于一代又一代中国人的心灵。而在成就书圣王羲之的道路上，有一位为其启蒙的人物，这就是1700年以前的书法家、书法理论家卫铄，世称卫夫人。

卫夫人是一位具有相当造诣的书法家和书法理论家，并有作品和论文传世；而且，卫氏家族最少也有四代人成为史有所载的大书法家，为中华民族书法艺术事业发展作出了不朽的贡献。以卫觊、卫瓘、卫恒、卫铄为主的四代相传的书法世家形成了历史上著名的"卫门书法"。"卫门书法"从汉末传至魏晋时期，时延130余年，影响深远，而且在书法理论研究方面也有重大建树。

下面我们首先从河东卫氏的家族历史开始谈起。

据考证，河东卫氏家族出现在周朝早期的周武王时代，当时周武王的弟弟康叔被封于卫，即今天的河北省和河南省交界处，此地便是春秋时期的卫国所在地。秦国灭亡卫国后，卫国国君的子孙便以国为氏，卫姓从此产生。东汉时期，卫氏祖先卫暠在被朝廷征召为官的途中在河东安邑（今山西省夏县西北一带）去世，其后代就从此在河东安邑定居下来，而有史可查的最早卫门书法家卫觊正是卫暠的四世孙。

卫觊，字伯儒，谥敬，生卒年大约是公元155年至公元229年。卫觊虽曾在曹魏政权中担任过尚书，但他在历史上不以官位而显，而是以书法名世。王僧虔《又论书》中称其"善草书及大文，略尽其妙，草体伤瘦而笔迹精侠，亦行于代"。张怀瓘在《书断》中亦称"其古文、小篆、隶书、章草并入能"。可见卫觊的书法造诣已非同一般。

卫瓘（220—291）是卫觊之子，字伯玉，官至西晋司空，录尚书事。《书小史》记载卫瓘："取父书参之，遂至神妙，天资特秀……章草入妙品。"因此卫门书法至卫瓘时期已经名扬大江南北，有的史书把二卫与张芝、索靖并列齐名。在政务方面，卫瓘每到一任都有政绩，尤其是在担任征北大将军、幽州刺史、护乌桓校尉等职务而经略北部边防时，卫瓘用离间之计分化边敌，平息了边患。朝廷嘉奖其功，升任卫瓘为尚书令，加侍中，后迁司空，并封其子卫密为亭侯。晋武帝还将公主嫁给卫瓘第四子卫宣。由于卫瓘为官清简，敢于负责，在朝野享有很高声誉，因此这时的卫瓘深受晋武帝司马炎的信任，位极人臣。

卫瓘的荣宠引起了当时太傅杨骏的不满。杨骏是武帝的岳父，平时与卫瓘不和，杨骏为独揽朝政，打击卫瓘，就借卫宣沉溺酒色的过失而诋毁卫宣和卫瓘，促使武帝下令让繁昌公主和卫宣离婚，并给卫瓘以太保之虚衔，不再参与政务。晋惠帝即位后，外戚杨骏专擅朝政，皇后贾南风为了掌权，联合楚王司马玮诛杀了杨骏。此时，卫瓘被晋惠帝任命与汝南王司马亮共辅朝政。当时西晋所封诸侯王都居留京师，给朝政稳定造成很大隐患。司马亮上奏朝廷让诸王返回藩国，群臣无人敢应，只有卫瓘公开表态支持，由是也引起一些诸王特别是楚王司马玮的怨恨。加之卫瓘正直，他与司马亮辅政，贾南风难以实现其权谋，遂挟惠帝下手诏免去卫瓘之职，由楚王司马玮宣诏，并乘机矫诏杀害卫瓘，卫瓘与儿子卫恒、卫岳、卫裔及孙子9人同时遇害，只有卫恒之子卫璪、卫玠因为外出幸免于难。后司马玮被诛，卫瓘才得以平反昭雪。

卫觊擅长篆书，而其子卫瓘擅长草书。《晋书》记载卫瓘"学问深博明习文艺"，尤其在书法方面造诣精深，是历史上有名的书法家。当时他与担任尚书郎的敦煌人索靖都善于草书，人们称他们是"一台二妙"。后人对卫瓘的书法评价很高，《书品》把卫瓘书法列为上之下，《书断》把卫瓘的章草列为神品，把他的小篆、隶、行草等列为妙品。卫瓘是卫氏书法世家承先启后的关键人物。

卫门书法到第三代卫恒时期进一步巩固了其书法史的地位并发展和增强了卫派书法的影响力。

卫恒（251—291），字巨山，谥兰陵贞世子，卫瓘的第二子，官至太子黄门侍郎。公元291年与其父卫瓘同时被害丧命。卫恒有两个儿子卫璪、卫玠。卫璪少时承袭其祖卫瓘兰陵郡公爵，后改封江夏郡公。晋怀帝时，任散骑侍郎。永嘉五年（311），匈奴攻破洛阳，卫璪沦为奴役。卫玠年少时即风神秀异，长大后好谈玄理，为天下崇重，被推为名士第一，所到之处，人们争相观看。卫玠曾任太傅西阁祭酒，拜太子洗马，但他自幼体弱多病，永嘉六年（312）去世，年仅27岁。《书小史》中称卫恒"善古文、草隶、章草"。卫恒也在自著《四体书势》中称自己善草隶。袁昂在《古今书评》中评价卫恒的书法"如插花美女，舞笑镜台"。今天流传下来的卫恒的书法作品有《一日帖》，另有书法理论书籍《四体书势》流传于世，系统总结了卫门书法的承传统绪及书法家族世传的文化现象，体现了卫门书派的理论见解。

最后再来了解卫门书法中水平最高的卫夫人。卫夫人（272—349），名铄，字茂漪，自署和南，东晋女书法家，是"书圣"王羲之少时之师。卫夫人的父亲卫展是卫恒的族弟，历任江州刺史、廷尉。卫夫人成年后嫁给汝阴太守、汀州刺史李矩为妻，生有一子名李充，官至中书侍郎，受其母影响，也有一定的书法名声。

卫夫人的书法继承了卫氏家法并师法钟繇、蔡氏，有集大成之美，工楷、行、隶，尤善隶书。据资料记载，卫夫人自小便好学书法，早年以大书法家钟繇为师，得其规矩。民间广传卫夫人自幼勤奋刻苦，深思好学。传说故事中，最为生动感人的是"卫夫人吃墨"和"卫夫人洗墨池"的故事。传说"卫夫人吃墨"的故事，是说卫夫人常常边吃东西边看书，一次竟用馍把墨沾着吃了。等到王羲之来看她吃饭了没有，但见菜原封不动的还在桌子上，砚中的墨却全光了。卫夫人这才知道自己用馍把墨沾着吃光了，两人不由大笑。又传苏庄村东头有个十来亩大的泊池，后来人都叫它卫夫人洗墨池。说的是卫夫人小时候习字，态度十分认真，有时一写就是几个小时，困了就去门前的泊池里把笔砚洗一洗。一次，她练字累了，就把笔砚放在桶中，放在了泊池里，泊池里的水从此染成了黑色，后人就把这泊池称卫夫人洗墨池。

卫夫人曾说自己是"随世所学，规摹钟繇，遂历多载"。唐代书法家张怀素在《书断》中曾评论卫夫人的书法是"碎玉壶之冰，烂瑶台之月，宛然芳树，穆如清风"。唐朝书品评者称其书法如"捕花舞女，低昂美容"。又如"红莲映水，碧海浮露"。张怀瓘《书议》认为"千百年间得其妙者，不越此数十人"，其中便有卫瓘和卫夫人。

卫夫人书迹有《古名姬帖》《稽首和南帖》《博收群史帖》《急就章》等，另有《诗论》《草隶通解》皆未传世。其中代表作《古名姬帖》小楷，其笔法古朴肃穆，姿态自然，吸收了隶书的一些特点，是楷书中的上品。

卫夫人不但在书法艺术实践上有突出成就，而且在书法理论方面也有重大建树和比较全面深入的论述。她的传世理论著作《笔阵图》一卷，全面深入地参考了有关的书法理论，并提出自己的看法。《笔阵图》从执笔、用笔的一些基本方法上，主张学习书法要上溯其源，师法古人。从审美的角度看，《笔阵图》具有相当高的美学价值。一是这本书第一次从艺术的角度讲了书法艺术中点画的规范、美感、意趣，对点画规则运用具体化、形象化手法加以叙述，为之后的"永"字八法奠定了基础。二是《笔阵图》意先笔后、心手合一的创作理论，成了中国书法创作的重要法则之一。三是其美学观点是继钟繇《用笔法》中的"多力丰筋者圣，无力无筋者病"之后，继承了其祖父卫瓘的"我得伯英之筋，恒得其骨，靖得其肉"的思想，进一步提出了以"筋""骨""肉"的概念来品评书法的审美方法，并创造性地把三个概念结合起来品评书法用笔之美，提倡一种刚柔相济的"中和"之美，对后世品评书法有很大的影响。

河东安邑卫氏在西晋一度成为政治大族，但经过八王之乱和永嘉之乱迅速衰落。其后，安邑卫氏家族人丁不旺，逐渐沉寂。卫璪、卫玠、卫夫人之后，安邑卫氏史书少有记载，只是北魏时步兵校尉卫卧龙，据称是卫玠之后。经历过东晋十六国和南北朝的沉寂，到隋唐时期，安邑卫氏又出现隋虞州刺史卫盛、唐左武卫大将军卫孝节等代表人物。

（二）大学问家郭璞

郭璞是两晋时期河东闻喜（今山西省闻喜县）人，著名的道教徒、文学家、训诂学家、术数大师，在中国学术史上有很大影响。据《晋书·郭璞传》记载，郭璞好经术，博学有高才，但讷于言论，"辞赋为中兴之冠"。从历史记载和相关资料来看，郭璞除了文采卓著外，还广泛涉猎各个学科，详细解注了《尔雅》《山海经》《穆天子传》等古籍，在训诂学方面成绩斐然。郭璞还好奇文古字，精于阴阳历算，尤其精通占卜、风水、阴阳、五行、符箓等道教之术，可以说，郭璞是中国文化发展史上值得重视的重要人物。

我们下面对这位大学问家做个较详细的了解。

郭璞（276—324），字景纯，父亲郭瑗曾在西晋担任尚书都令史、建平太守，行事以公允方正著称。郭璞出生在官宦家庭，自小就受到了良好的教育，长大后对事物和时局的认识远远超越一般人士。晋惠帝和晋怀帝在位之际，西晋在经历了"八王之乱"后，国力衰弱，中国北方的少数民族匈奴、鲜卑、羯、氐、羌等乘机纷纷进入并最终占领了中原地区，史称"永嘉之乱"，在这一历史事件中，河东地区最先遭到战火的侵扰。郭璞预测中原将陷于异族的统治，于是私下联络姻亲好友数十家先期南下以躲避战祸。过江后，宣城郡太守殷佑任郭璞为参军，东晋政权的奠基人之一王导也很看重郭璞，把郭璞聘为朝廷的高级幕僚，对建立和稳定东晋政权起到了积极作用。两晋之际，诉讼刑狱之事大兴，国家狱繁刑苛，郭璞数次上疏劝谏，提出减轻刑罚、实行无为而治、给百姓宽松的生产生活环境的政治主张，所言便公益民，对朝政多有匡益。后郭璞迁任尚书郎，又多次提出合理建议，对朝政和社稷很有裨益。

郭璞学术文化成就表现在他对《尔雅》《山海经》《穆天子传》等古籍的注释。据史书记载，郭璞"注释《尔雅》，别为《音义》《图谱》，又注《三苍》《方言》《穆天子传》《山海经》及《楚辞》《子虚》《上林赋》数十万言，皆传于世"；又"撰前后筮验六十余事，名为《洞林》……更撰《新林》十篇、《卜韵》一篇"。"所作诗赋诔颂亦数万言。"著述极为宏富，在学术文化史上有很大价值与影响。《尔雅》是中国古代最早一部解释语词的著作，全书 19 篇，最后 7 篇为《释草》《释木》《释虫》《释鱼》《释鸟》《释兽》《释畜》，著录了近 600 种动植物及其名称，并根据其形态特征纳入一定的分类系统，保存了我国早期丰富的动植物知识，是后人学习研究动植物的重要资料。郭璞把《尔雅》看作是了解大自然、学习研究大自然的入门书。由于《尔雅》文字古奥，加之年代久远，在流传过程中文字出现脱落、讹误等，人们很难读懂，于是历代文人不乏对《尔雅》作注者。郭璞认为，以前各注"犹未详备，并多纷谬，有所漏略"，于是他"缀集异闻，荟萃旧说，考方国之语，采谣俗之志"，并采集刘歆、樊光等前人旧注，用当时通用的语言，对《尔雅》进行新的注疏。他不仅对语词和动植物进行厘清注释，更可贵的是他的注疏还作图、注音，为后人研究《尔雅》提供了重要的参考。郭璞开创的动植物图示分类法直到唐代仍然沿用。郭璞所著《尔雅注》《尔雅音》《尔雅图》《尔雅图赞》是《尔雅》学的集大成之作。今存《尔雅注》3 卷，被刊入《十三经注疏》。郭璞另有《方言注》，以晋代的语词解释古语，从中可以考见汉时期语言的流变情况，是训诂学方面的名作。另有《山海经注》《穆天子传注》《楚辞注》《周易注》等，大多已经佚失。不过从《尔雅注》及其他著作可以看出郭璞在训诂学上的造诣之深、成就之高。

郭璞在文学上的创作很多，主要代表是游仙诗。游仙诗在秦代就有，在汉乐府中也有类似于游仙诗的作品，到汉末魏晋建安、正始之际，曹植、阮籍等人都创作过游仙诗。游仙诗多通过对仙境的追求以表达对现实社会的逃避和不满，在社会离乱之际游仙诗的创作就比较多。郭璞生逢乱世，又出儒入道，创作游仙体诗恰是时代和个人价值追求的体现。郭璞游仙诗保存下来的有 19 首。在游仙诗中，郭璞表达了忧生避祸、高蹈隐世、对现实不满的思想。魏晋时期玄学兴盛，反映在文学上，作品谈玄理的较多，诗作平淡寡味。郭璞的诗却相反，其游仙诗以文采富丽见称，故钟嵘《诗品》评郭璞"始变永嘉平淡之体"。无论是写隐逸还是写神仙，都无枯燥的说理，而是以华美的文字，将隐士境界、神仙境界及山川风物都写得十分美好，具有形象性，也体现出郭璞超脱的精神境界。郭璞曾著有《江赋》，文辞壮丽，为世人所称道。后来他又著成《南郊赋》，晋元帝见了非常喜欢，因此而任命他为著作佐郎，这是对郭璞文采的高度肯定。

郭璞还精于道家术数，被后世拜为中国风水学的鼻祖。《晋书》把他与道教代表人物葛洪合传，说明他是一个道教色彩极为鲜明的人物，不过他的成就主要在术数而不在道教理论。郭璞是两晋时期最著名的方术之士，在当时便影响巨大。在风水术数方面，郭璞最著名的代表作是《葬经》，也称《葬书》。该书不仅对风水及其重要性作了论述，还介绍了具体方法，奠定了中国古代堪舆风水的理论基础，其所体现的思想理论一直为后来的风水术所承袭和发挥。

西晋末年，大将军王敦欲在荆州谋反，请郭璞卜筮吉凶，郭璞告诉他不可以起兵造反，否则不仅不会成功，反而命不久矣。王敦大怒，问道："你算算你自己还能活多长时间？"郭璞算了下自己的命，说自己活不过当天中午，果然，王敦盛怒之下当天就把郭璞杀了，时年 49 岁。而王敦起事后两个月不到因战败愤惋而死，这些也都一一被郭璞说中。郭璞后人载其灵柩离开了荆州，无人再知道郭璞的埋骨之地。数年后，晋明帝在南京玄武湖畔修建了郭璞的衣冠冢，名"郭公墩"，保留至今。

（三）王通在儒学和教育发展中的地位

王通（584—617），字仲淹，道号文中子，隋朝河东郡龙门县通化镇（今山西省万荣县）人，著名教育家、思想家，隋朝大儒，儒家思想的继承人。同时，王通在"河汾设教"数十年，倾注心血，因此声名远扬，其门下弟子达成百上千人，成为历史上一位著名的教育家。

王通从小受家学熏陶，精习五经，著名的启蒙读物《三字经》把他列为诸子百家的五子之一。王通的六部著作《续诗》《续书》《礼论》《乐论》《易赞》《元经》，在唐代就全部失传了，只留下他的弟子姚义、薛收编辑的《中说》。

传说王通15岁时便开始从事教学活动，虽后来曾被任命为蜀郡司户书佐、蜀王侍读，但不久便因对朝廷失去信心而辞官归乡，一心聚徒讲学，以著述和教学来为弘扬儒学作贡献。就这样，王通用了九年的时间著成《续六经》（亦称《王氏六经》），包括《续诗》《续书》《礼论》《乐论》《易赞》《元经》等，共80卷。王通去世后，众弟子为了纪念他，便仿照孔子门徒作《论语》而编《中说》（亦名《文中子》）一书，用讲授记录的形式保存下王通讲课时的主要内容，以及与众弟子、学友、时人的对话，共为10个部分，是后人研究王通思想以及隋唐之际思想发展的主要依据和参考，其中包括王道篇、天地篇、事君篇、周公篇、问易篇、礼乐篇、述史篇、魏相篇、立命篇和关朗篇等。《中说》虽在形式上仿效《论语》，但在内容上却有所创新，并有明显的时代特点。所论虽然在大的框架上不出孔子思想的范围，但在思想内容上确有不少新的见解，特别是注意了历史变迁给社会各方面带来的变化，读后可以开阔思路，从多角度深入地钻研问题。

在教学中王通注重因材施教与兼收并蓄。一方面，对于不同的学生，在不同的时间、地点，他的讲说和论证就会有所变化；另一方面，王通也注意向各方面学习和请教，从各家之言里汲取营养，丰富自己的思想，充实自己的教学。通过这种兼收并蓄，就可以适应各种各样学生和朋友所提问题的挑战。

王通非常重视道德伦理方面的建设，尤其重视道德修养问题，并提出了有关的原则和方法，提出了穷理尽性的道德修养方法，又主张"正心""诚""诚""敬慎""闻过"等，颇有自己的特点，使传统的儒学道德修养的理论更加丰富。在《中说》中，他从多方面、多角度探讨了仁义道德与功利私欲的关系，突出表现了他要存道义、去私利的主张和卫道精神。另外，从王通开始，儒学讨论的问题逐渐由探讨天人关系转向伦理方面，理欲问题开始逐渐占据统治地位，为唐宋诸儒探讨理欲等后世的理学核心问题提供了重要范畴。虽然从王通讲学和著述的形式上看，是简单地恢复和振兴传统儒学，但这一恢复和振兴的对象并非汉魏儒学，而是孔孟等儒学始祖，要从传统儒家的经典中寻找出适合当时社会政治需求的，能与佛道思想影响相抗衡的内容。因此，王通的努力就是唐代儒学改革的滥觞，是宋代儒学的先驱。

王通去世后，众弟子将他奉为"至人"，称"王孔子"或"文中子"，后世更有"河汾道统"之誉，充分地肯定了他在隋唐儒学变革和发展中的重要历史地位，在一定程度上使汉代以来神学化的儒学向理学天理论转变，成为"前理学时期"的主要代表人物，开了理学某些重要概念范畴，治学方法以及修养方法之先河。可惜王通仅活了33岁，未能充分展示才华和发挥作用。

（四）柳宗元的文学成就和哲学思想

柳宗元（773—819），字子厚，是中国历史上著名的文学家、哲学家、政治家、思想家，也是河东柳氏家族的佼佼者。柳宗元世称"柳河东"，又因官职终于柳州刺史，故又名"柳柳州"。

关于柳宗元的家世在《旧唐书》和《新唐书》的《柳宗元传》以及韩愈的《柳子厚墓志铭》等文中均有相关记载。柳宗元出生在官宦之家，祖上世代为官，其七世祖柳庆为北魏侍中并封济阴公，堂高伯祖柳奭曾为宰相，曾祖父柳从裕、祖父柳察躬都做过县令，父亲柳镇曾任侍御史等职。另外，柳宗元的母亲卢氏属范阳卢氏，祖上也是世代为官。关于柳宗元的籍贯，史料中的记载也是非常多，如他自己在《杨氏子承之哀辞》中自称是"解人"，在《送独孤申叔侍亲往河东序》也说："河东，古吾土也。"

这些历史资料都充分表明了柳宗元是地地道道的河东人。

柳宗元少年即有才名，21 岁中进士，26 岁便考取了博学宏词科，授蓝田尉，官阶正六品，后调回京城，官至礼部员外郎，掌管礼仪、享祭和贡举事务。柳宗元的幼年在长安度过，对朝廷的腐败无能、社会的危机与动荡有所见闻和感受，并养成了积极用世的态度和刚直不阿的品德，因此，顺宗即位后，柳宗元积极参与王叔文集团的革新运动，一方面抑制藩镇势力，加强中央的权力，并试图收回在宦官和藩镇手中的兵权；另一方面又贬斥贪官污吏、整顿税收。运动遭到了宦官集团和外藩势力的联合打击而最终失败。之后，柳宗元被贬为永州司马，十年后再贬为柳州刺史。运动虽然失败，但柳宗元每到一地，便为当地人民做了许多好事，柳州人民为了纪念他，还给他立祠建庙。

总的来看，柳宗元一生留下 600 多篇诗文作品，文的成就大于诗。其骈文有近百篇，大致包括诗词骚赋、论说、寓言、传记、山水游记等，代表作有《天说》《封建论》《黔之驴》《捕蛇者说》《小石潭记》《永州八记》《惩咎赋》等。其作品或笔锋犀利，或幽默讽刺，或清邃奇丽，或独具特色。在辞赋方面，柳宗元无论在思想、遭遇还是志向、品格上都与屈原有相通之处，因此他的辞赋在形式上和精神上都继承和发扬了屈原辞赋的传统，作品"九赋"和"十骚"都是唐代赋体文学中的佳作。散文方面，柳宗元的成就与韩愈齐名，二人又与宋代的欧阳修、苏轼等并称为"唐宋八大家"，堪称我国历史上最杰出的散文家。柳宗元和韩愈在唐中期文坛上发起和领导了一场古文运动，提出了一系列文学理论和思想，主张文章应反映现实，并富于革除时弊的批判精神，形式上应突破骈文束缚，句式长短不拘。韩柳二人在创作实践中身体力行，创作了许多内容丰富、语言精练生动的优秀散文，对后世产生了深远的影响。在游记、寓言等方面，柳宗元同样为后世留下了优秀的作品。"永州八记"已成为我国古代山水游记名作，被人们千古传诵、推崇备至，确立了山水记作为独立的文学体裁在文学史上的地位。此外，柳宗元还写了不少寓言故事，其中的《黔之驴》

《永某氏之鼠》等也已成古代寓言名篇，"黔驴技穷"已成几乎尽人皆知的成语。

在政治和哲学思想方面，柳宗元推崇政治革新和"古文"运动，把古代朴素唯物主义无神论思想发展到了一个新的高度，是中唐时代杰出的思想家。他反对天诸说，批判神学，强调人事，用"人"来代替"神"，同时把对神学的批判变成对政治的批判，用唯物主义观点解说"天人之际"即天和人的关系，对唯心主义天命论进行批判。他的哲学思想，是同当时社会生产力的发展、自然科学所达到的水平相适应的。他的哲学论著《非国语》《贞符》《时令论》《断刑论》《天说》《天对》等充分体现了他的这些哲学和政治思想，是他的政治思想的具体反映，也是他参与政治斗争的一种手段。柳宗元认为整个社会历史是一个自然发展的过程，有其不以人们的意志为转移的客观发展的必然趋势。他的言论从折中调和的立场，来对儒、法、释、道等各家学说作调和的解说。柳宗元虽然好佛，但是他绝不是生性淡泊之人，他的思想基本上还是儒家的，他对待人生的态度也是积极执着的。他一生有两项重大活动：一是参与永贞革新，一是领导古文运动，这二者都与他复兴儒学、佐世致用的思想有关。他既身体力行了"励材能，兴功力，致大康于民，垂不灭之声"的政治理想，又明确提出"文者以明道""辅时及物"的主张和以儒家经典为"取道之源"的原则。

柳宗元虽然只活了 47 岁，但他的一生跌宕起伏，既有短期为政和力争革除时弊的欣喜和活力，又有改革失败和长期被贬的挫折和无奈，但这一切正好成就了柳宗元孤独而不屈的个性，也使他的文学成就和政治哲学思想光彩照人、千古传颂。

（五）关汉卿与元代戏剧的兴盛

关汉卿（约 1219—约 1301），晚号已斋（又说是一斋）、已斋叟，元代杂剧奠基人，元代戏剧作家，河东解州人（今山西省运城市）。关汉卿在中国乃至全世界都享有崇高的地位。在中国的戏剧史和文学史上，被称为"元杂剧的鼻祖"。关汉卿与马致远、郑光祖、白朴并称为"元曲四大家"，被誉"曲家圣人"，简称"曲圣"，而且从元代周德清的《中原音韵》、明代何良俊的《四友斋丛说》到近代王国维的《宋元戏曲史》，都把他列为"元曲四大家"之首。此外，在世界文学艺术史上，他还享有"中国的莎士比亚"之称；1958年还被誉为与达芬奇拥有同样地位的"世界十大文化名人"之一。

关汉卿是中国文学史和戏剧史上一位伟大的作家，他一生创作了许多杂剧和散曲，成就卓越。他的剧作为元杂剧的繁荣与发展打下了坚实的基础，是元代杂剧的奠基人，其作品现在知道的有67部，存世有18部，个别作品是否为他所作，还无定论。关汉卿的代表作品有《窦娥冤》《救风尘》《望江亭》《拜月亭》《鲁斋郎》《单刀会》《调风月》等，最著名的是《窦娥冤》，曾在一百多年前就已经被翻译成法语流行于西方社会。另外，关汉卿也写了不少历史剧，如《单刀会》《单鞭夺槊》《西蜀梦》等，具有很高的艺术价值。关汉卿的杂剧从民间传说、历史资料和元代现实生活里汲取了许多素材，真实地表现了元代人民反对封建阶级压迫与民族压迫的斗争。他的严肃的创作态度与批判现实的战斗精神对后世有巨大影响。

近代学者王国维在《宋元戏曲史》中认为，关汉卿的悲剧《窦娥冤》"列之于世界大悲剧中亦无愧色"，是中国古典悲剧的典范；同时，他的喜剧轻松、风趣、幽默，是后代喜剧的楷模。总之，关汉卿的杂剧在艺术构思、戏剧冲突、人物塑造、语言运用等许多方面，都为后世提供了许多宝贵的艺术经验。他的许多杂剧经过改编一直在舞台上演出，为人民所喜爱，给人以强烈的美的享受。新中国成立后，关汉卿的研究工作受到高度重视，出版了他的戏曲全集。1958年，关汉卿被世界和平理事会提名为"世界文化名人"，在北京隆重举行了关汉卿戏剧活动700年纪念大会。他的作品已成为中国人民和世界人民共同的精神财富。

有关关汉卿生平的资料缺乏，只能从零星的记载中窥见其大略。从相关历史资料来看，关汉卿少年时代是在河东老家度过的，中青年时期到今山西临汾从事戏剧活动，后来又到了元大都北京，曾经在元代太医院下面的一个机构中做事，因为《拜月亭》中就有一段关于他临床诊病的描写，宛若医人声口，可以作为助证。60岁左右的时候，他又在苏杭等地逗留了十来年后返回到今天河北的寓居地——祁州五仁村终老，现在该村还有关汉卿的墓地。

虽然关于关汉卿的籍贯，有解州（在今山西省运城市）、大都（今北京市）、祁州（在今河北省安国市）等不同说法，但是河东学者王雪樵从剧本方言角度考证，认为关汉卿的作品中有大量晋南方言，由此可以肯定，关汉卿的祖籍就是河东解州。王先生的这一结论近年来也得到了全国史学界的普遍认可，所以基本可以推断出关汉卿的祖籍确实是河东解州。

关汉卿是元代前期杂剧界领袖人物，也是玉京书会里最著名的书会才人。据《录鬼簿》《青楼集》《南村辍耕录》记载，他和杂剧作家杨显之、梁进之、费君祥，散曲作家王和卿以及著名女演员朱帘秀等均有交往，和杨显之、王和卿更见亲密。著名的杂剧作家高文秀被称为"小汉卿"，杭州名作家沈和甫被称为"蛮子汉卿"。钟嗣成著贾仲明天一阁钞本《录鬼簿》吊词称关汉卿为"驱梨园领袖，总编修师首，捻杂剧班头"，可见关汉卿在当时就已享有崇高的地位。

关汉卿的杂剧内容具有强烈的现实性和弥漫着昂扬的战斗精神，关汉卿生活的时代，政治黑暗腐败，社会动荡不安，阶级矛盾和民族矛盾十分突出，人民群众生活在水深火热之中。他的剧作深刻地再现了社会现实，充满着浓郁的时代气息，而且反映生活面十分广阔，既有对官场黑暗的无情揭露，又热情讴歌了人民的反抗斗争。慷慨悲歌，乐观奋争，构成关汉卿剧作的基调。在关汉卿的笔下，写得最为出色的是一些普通妇女形象，她们大多出身微贱，蒙受封建统治阶级的种种凌辱和迫害。关汉卿描写了她们的悲惨遭遇，刻画了她们正直、善良、聪明、机智的性格，同时又赞美了她们强烈的反抗意志，歌颂了她们敢于向黑暗势力展开搏斗、至死不屈的英勇行为，在那个特定的历史时代，奏出了鼓舞人民斗争的主旋律。

就《窦娥冤》而言，关汉卿已经是一次大胆的尝试，而其中极具浪漫色彩的描述，秉承东方传奇衣钵的故事构建，可以说是对唐宋传奇小说的伟大复兴。其中犀利的批判意义，也只有少数具备独立思考能力的中国知识分子得以具备。可往往他们的人生和结局，也是非常潦倒的。此后，王实甫的《西厢记》在这个模式上又有新的创新和探索，但都是在封建婚姻和自由恋爱的杠杆中寻找支点，缺乏划时代的作品。根深蒂固的自然经济，束缚了中国的资产阶级萌芽，甚至出现历史倒退。

关剧是中国古典戏曲艺术的一个高峰。在语言艺术的运用上，关汉卿是一位杰出的大师。关汉卿娴熟地运用元代杂剧的形式，在塑造人物形象、处理戏剧冲突、运用戏曲语言诸方面均有杰出的成就。他汲取大量民间生动的语言，熔铸精美的古典诗词，创造出一种生动流畅、本色当行的语言风格。首先是表现在人物语言的性格化上，语言切合人物的身份性格，这是关剧艺术描写上的一大特色。其次是表现在作者不务新巧，不事雕琢藻绘，创造了一种富有特色的通俗、流畅、生动的语言风格，就像生活本身那样自然、贴切、生动，没有艰深晦涩的毛病。关剧在词曲念白的安排上也恰到好处，曲白相生，自然熨帖，不愧是当时戏曲家中一位"总编修师首"的人物。

（六）河东薛瑄——"明初理学之冠"

薛瑄是中国历史上著名的思想家、理学家和教育家，是明代河东学派的创始人和集大成者，是继孔子、孟子、张载、朱熹之后，儒家思想发展到明代的代表人物，也可以说是宋代朱熹学说的主要传人，被赞誉为"明初理学之冠"。

薛瑄（1389—1464），字德温，号敬轩，祖籍山西河津（今山西省运城市万荣县里望乡平原村）。明代著名思想家、理学家、文学家，理学中兴的代表人物，河东学派的创始人，世称"薛河东"。官至通议大夫、礼部左侍郎兼翰林院学士。天顺八年（1464）卒，赠资善大夫、礼部尚书，谥号文清，故后世又称其为"薛文清"。著有《读书录》《薛文清公文集》《理学粹言》《从政名言》等书。

薛瑄一生的主要成就包括哲学思想、传教授业以及政坛生涯上的廉洁律己。

首先来了解薛瑄的哲学思想。

明末清初著名思想家傅山亲笔为薛瑄家庙题联，"果知复性一言，虽四民二氏俱许入祠谒夫子；不辨读书二录，即两榜三元亦虚在世称士人"，对薛瑄的哲学思想予以高度评价。薛瑄在哲学上首倡实事求是的"实学"思想，主张凡事"践履"，是中国历史上第一位实学家。薛瑄一贯倡导求实理、务实用的实学思想和学风，他不但明确提出了"实学"的概念，而且赋予了丰富的内涵。他在《读书录》中说："为学不在多言，亦顾务行如何耳！"由于薛瑄力倡"实学"，并一生躬行实践，所以他的学说被当时的人们称为"笃实践履之学"，他本人被誉为"实践之儒"。

还有一点需要说明的是，薛瑄推崇程朱理学，在思想上总的是同程朱理学一脉相承的，但又并非程朱理学的简单延续，而是进一步完善和发展了程朱理学。难能可贵的是，他能够弃旧图新，提出了不少具有唯物主义思想倾向的观点，对明中叶兴起的理学唯物主义思潮起到了首倡和先导作用。

在哲学学派方面，薛瑄继曹端之后，在北方开创了"河东之学"，门徒遍及山西、河南、关陇一带，蔚为大宗。到明代中期，"河东之学"持续发展，并在此基础上又形成以吕大钧兄弟为主的"关中之学"，其势"几与阳明中分其盛"。至清代，学人又将薛学视为朱学传宗，称之为"明初理学之冠"，"开明代道学之基"。高攀龙认为，有明一代，学脉有二：一是南方的阳明之学，一是北方的薛瑄朱学。可见其影响之大。

再来看看薛瑄传教授业的大致情况。薛瑄出身于教育世家，祖父薛仲义精通经史，因时值元末战乱，不愿应考做官，大半生均在家乡教书。父亲薛贞于洪武十七年（1384）中举后，历任河北元氏、河南荥阳、河北玉田、河南鄢陵等县的儒学教谕达三十余年。正是在这样的教育世家的熏陶和影响下，再加上对官场腐败的义愤以及自身病情的加重，薛瑄便热衷于在故乡河东开展讲学活动。据记载，当时薛瑄"自是家居不出，四方从学者日众，至市馆不能容"。他先后两次设教于河汾，不仅促进了河东及周边地区文化教育事业的发展，同时也吸引了全国各地的学子前来听课，在明代讲学史和中国教育史上都具有重大意义，对于明代中晚期的王阳明、东林党人的讲学活动都有着开创性的作用。

另外，薛瑄严于律己，被后世称为"明代第一廉吏"。

薛瑄从 1428 年开始到 1457 年结束，陆续居官二十四年，大多执掌法纪，如监察御史、大理寺少卿和大理寺卿等。其间他严于律己，勤廉从政，刚直不阿，执法如山，被誉为"光明俊伟"的清官。

宣德三年（1428），明宣宗拟重整风纪，在内阁首辅杨士奇等的举荐下，薛瑄被任命为广东道监察御史，并监湖广银场。湖广银场即沅州银场，辖湘西十余县二十多处银矿，有民夫五十余万人。这里多年管理混乱，贪污成风，亟待整治。薛瑄初上任时，深知肩负责任重大，便以唐诗"此乡多宝玉，切莫厌清贫"自警。他轮流驻于沅州、辰溪和泸溪等处，往复巡视，明察暗访，承办要案，特别是对贪污受贿者都一一上报革除官职，依法严惩。从而使府县及银场秩序井然，民众夸赞不已。他在任三年，未回过一次家。离任时两袖清风，正如他在诗中所说的那样："莫言白笔（代称自己）南征久，赢得归囊一物空。"①

薛瑄为官不但清廉律己，而且勤政爱民。他诚恳地指出："为政以爱人为本。""爱民而民不亲者，皆爱之不至也。"（参见薛瑄《读书录》）他一方面深刻阐明了爱民、养民的重要性；另一方面也强调让民众富庶起来的重要性。他说："财出于民，费用广则财不足；财不足则赋敛重，赋敛重则民穷；民穷则力竭，力竭则本摇矣。"（参见薛瑄《从政名言》）正是在

---

① 《薛瑄全集》，三晋出版社 2008 年版，第 1200 页。

这种爱民思想的支配下，薛瑄做官期间不断地为民请命，为民伸冤，动人事迹广为流传。

薛瑄去世后，进入孔庙从祀。他是明代第一个从祀孔庙的人，也是山西历史上从北宋之后到清末唯一从祀孔庙的人，汾阴薛氏家族终于在文化上达到中国传统社会的顶峰。

三、河东名门与望族

（一）万荣薛氏家族 ①

万荣薛氏是古代河东的三大望族之一，与闻喜裴氏、永济柳氏齐名，据考证最晚在曹魏末年从今天的四川一带迁到了河东地区的万荣县，即当时的汾阴。关于迁移的原因，史料记载是由于司马昭在消灭了蜀国之后，便按照通常的做法，把被征服地区的豪强迁往首都附近以便于控制其势力。据记载当时薛氏家族迁移的有成千上万人，一个家族迁移的人数达到这样的规模在历史上也是罕见的。因此，从曹魏末年开始，薛氏家族就在现在的万荣县繁衍生息，开启了长达一千多年的辉煌家族变迁史。

从西晋时期开始，凭借着人多势众和良好的文化基因，薛氏家族很快就进入社会中上层。首先是薛懿担任了西晋的北地太守，其子薛恢和薛兴分别担任河东太守和尚书右仆射、冀州刺史。南北朝时期，薛兴的儿子薛强曾率领薛氏宗室的军队与前秦的苻坚军队对峙，令苻坚退而北上。接着薛兴又带军击败了企图占领河东地区的西燕军队，薛氏实力一时威震黄河两岸。西晋灭亡东晋建立后，薛氏家族成为黄河以北仅存的汉族军事力量，并固守着以汾阴为中心的大片领土，抵抗匈奴、羯族、氐族等游牧民族 80 余年，在北朝历史上留下了光辉的一页。北魏初年，薛强儿子薛辩

---

① 主要参考资料有李广洁、谢振中：《万荣薛氏家族的千年辉煌》，《运城日报》2020 年 11 月 12 日；《薛瑄全集》，三晋出版社 2008 年版；等等。

先后担任东雍州刺史、并州刺史，薛辩儿子薛谨又担任河东太守、平西将军、秦州刺史等职，曾率领"薛家军"收复蒲坂、平定吕梁山叛乱和吐没骨叛乱，同时注重教育，在河汾大地上兴起了儒学教育，对后世薛氏家族中儒学大家的诞生打下了基础。

此外，薛谨的长子薛洪祚因战功卓著而与北魏文成帝的女儿西河长公主结婚，使薛氏家族第一次与皇室联姻，这在薛氏家族历史上具有重要而深远的意义，标志着薛氏家族步入了世家大族之列。直至隋朝，薛氏家族中先后有成员被分封为伯爵、公爵，担任禁军统帅、吏部尚书、户部尚书、刑部尚书等要职，跻身于中央重要官职行列，为唐代时期薛氏家族进入世家大族奠定了基础。

隋唐时期，薛氏家族成员不仅在政治上出将入相，学问上也是大有作为。这一时期的著名人物如薛道衡少年时在文学领域即已声名鹊起，后成为当时的文坛领袖，在隋代诗人中的艺术成就最高。史书记载，薛道衡"每有所作，南人无不吟诵"。他的诗歌《人日思归》写道："入春才七日，离家已二年。人归落雁后，思发在花前。"当时便在南方争相传诵。他的另一篇代表作《昔昔盐》精于音律、讲究用典，开初唐排律之先声。此外，薛道衡的兄长子侄孙辈等在这一时期皆担任郡守、侍郎、秦王府主簿、宰相等要职，行政上多有建树，并在全国学术上有较强的影响力，其中的薛收、薛德音、薛元敬被当时人们誉为"河东三凤"，且薛氏叔侄同列唐太宗时期的"十八学士"之中。

艺术方面，薛道衡的曾孙薛稷为唐代著名画家、书法家，官至工部尚书、礼部尚书、宰相，曾任太子少保，后世称为"薛少保"。薛稷的书法继承了褚遂良的风格，但在褚遂良书法的基础上又将隶书融入楷书，形成了劲瘦而又圆润的创新风格，对后世影响不小，宋徽宗的"瘦金体"就是受薛稷劲瘦书风的影响而形成的，后人把他与欧阳询、虞世南、褚遂良并列，称为"初唐四大书法家"。同时，薛稷的绘画水平也很高，以画鹤知名。

　　唐代时期，薛氏家族在政治和军事领域还出现了一位重要人物薛仁贵。薛仁贵是唐初名将，流传有"三箭定天山""神勇收辽东""脱帽退万敌"等故事，曾大败九姓铁勒，击破突厥，功勋卓著，名扬天下，为国家统一和社会稳定作出了重要贡献。薛仁贵长子薛讷是唐朝第一位获得节度使之名的大将，镇守边疆多年，在抵抗突厥上累有功勋。其孙薛嵩虽曾参与"安史之乱"，但后来反戈，归顺朝廷，被任命为相州刺史、昭义军节度使，因治理地方有方，颇得朝野好评，去世后葬于夏县。

　　唐代是汾阴薛氏家族发展的鼎盛时期，产生了许多政治家、军事家、艺术家，有三人官至宰相，多位家族成员与皇室联姻，薛氏家族成为"关中郡姓"。

　　宋金元明时期，汾阴薛氏家族再度辉煌。薛奎是北宋名臣，官至礼部和户部侍郎及资政殿学士，北宋名臣王拱辰、欧阳修都是薛奎的女婿。薛绍彭是宋代著名书法家，与米芾齐名，人称"米薛"。薛绍彭的楷书、行书、草书皆佳，有晋、唐书家法度，得到当时和后世的极高评价。薛景石是金末元初著名的木工理论家及木工机械工艺设计大师，著有《梓人遗制》，是中国古代唯一由木工匠师撰写的学术论著。该书对研究宋元纺织机制造技术和制车技术具有重要的参考价值。

　　明代时期，薛家诞生了一位著名的思想家、理学家和教育家薛瑄。薛瑄是河东学派的创始人，宋代朱熹学说的主要传人，是继孔子、孟子、张载、朱熹之后，儒家思想发展到明代的代表人物，被赞誉为"明初理学之冠"，著有《读书录》《薛文清公文集》《理学粹言》《从政名言》等书。他首倡实事求是的"实学"思想，主张凡事"践履"，是中国历史上第一位实学家。明末清初著名思想家傅山亲笔为薛瑄家庙题联，对薛瑄的学术思想予以高度评价。同时，薛瑄在故乡河东开展讲学活动，吸引了全国各地的学子前来听课，在明代讲学史和中国教育史上都具有重大意义，对于明代中晚期的王阳明、东林党人的讲学活动都有着开创性的作用。另外，薛瑄严于律己，被后世称为"明代第一廉吏"。薛瑄去世后，进入孔庙从祀。

他是明代第一个从祀孔庙的人，也是山西历史上从北宋之后到清末唯一从祀孔庙的人，汾阴薛氏家族终于在文化上达到中国传统社会的顶峰。

（二）闻喜裴氏家族

在中国两千年的封建社会里，有一个独一无二的望世家族——裴氏家族，而这个名震中外的裴氏家族就发祥于我们河东的闻喜县礼元镇裴柏村，为此，人们将裴柏村誉为"中国名人第一村""中国宰相村"。虽然裴氏家族历史悠久，支派繁多，但其源流都在河东地区的闻喜县，因此，一尊"天下无二裴"的石碑就矗立在裴氏祠堂的大门旁。

在1958年召开的中央政治局扩大会议期间，毛泽东同志谈到裴氏家族时曾经赞叹说，这个很有名气的政治家族是"千年荣显"，"是历史上最有名的家族"，并说，研究中国历史，不可不熟悉裴氏家族。胡耀邦同志也曾说："研究中国的人才学，不能不研究裴氏家族。"这个家族最特别之处，就是盛产"宰相"，因为汉唐以来，这个家族共出了59个宰相，59个大将军，21名附马，数百个省部级大臣，其他级别的官员就更不计其数。在上下两千年的裴柏村，豪杰俊迈，名卿贤相，摩肩接踵，辉耀前史，茂郁如林，代有伟人，彪炳史册。这个历史上人口从没有超过千数来人的小山村，却先后培养出七品以上的官员多达3000余人，正史立传与载列者600余人，名垂后世者不下千余人。在唐朝的289年当中，平均每隔17年就从这里走出一位宰相，实为古今中外所罕见！宋代欧阳修在《新唐书·宰相世系表》中，将河东裴氏列在了第一位。

自汉、魏，历南北朝，至隋唐、五代，在中华大地两千多年的历史进程中，裴氏家族在政治、经济、军事、外交等诸方面，均作出了突出的贡献。仅隋唐二代活跃于政治舞台上的名臣就不下数十人。其中著名的政治家有裴休、裴楷、裴蕴、裴矩、裴佗、裴让之、裴政、裴寂、裴胄、裴度、裴枢等；军事家有裴行俭、裴茂、裴潜、裴叔业、裴邃、裴骏、裴衍、裴宽、裴果、裴文举、裴镜民、裴济等；法学家有裴政；外交家有裴矩、裴世清等。我们还可以通过以下的人物关系了解到裴氏家族的兴盛，例如，裴度的妻子韩琼英有个弟弟叫韩愈，白居易与裴度曾为邻居又是至交，刘禹锡与裴度的关系十分相厚，裴勉有个孙女婿名叫杜牧，裴迪有个妹妹嫁给了王维，裴氏有个外甥名叫王勃，元稹的原配夫人过世后娶了继妻名叫裴柔子，柳宗元的姐姐嫁给了裴家，李白与裴隐是过从甚密的好友，初唐四杰之一的卢照邻为好友裴录事写怀念诗……

　　裴氏家族千余年来，将相接武，代有伟人，确实是中外历史上的一大奇观。历代所修的县志、州志、府志、省志中，裴氏名人几乎占了乡贤录中四分之一强的条目，由此可见其家族英才之盛。这样的望族，这样的门第，其背后有很深的思想内涵和文化内涵。穿透千年风云，穿透历代名相，我们可以看到裴氏家族是儒家标榜的"修身、治国、平天下"典范。明末清初思想家顾炎武总结了裴氏家族兴盛的三大因素，即联姻、世袭与自强不息。裴氏家族历史上共出过驸马、皇后、太子妃、王妃、公主、荫袭95人。由联姻、世袭所结成的封建裙带关系，这无疑是促成裴氏人物显露头角的优越条件，但并不是主要原因。自古以来，联姻和世袭是任何一个世家大族的标配，但是生存两千年的家族却只有裴家这一家，这足以说明，裴家自强自立的精神品格。对于公侯将相数以千计的裴氏家族来说，起决定作用的原因在于他们重视教育、自强不息、顽强拼搏，"重教守训，崇文尚武，德业并举，廉洁自律"成了裴氏家风的主要特征。裴氏曾有家规，子孙考不中秀才者，不准进入宗祠大门，谨遵"玉不琢，不成器；人不教，不知义"的家训。裴柏村至今仍保留着重视教育的传统，几乎家家门楼上都有"耕读传家"的大字，初中以下没有不上学的孩子，可见教育思想和传统文化的传承在裴氏家族的兴盛中起到了主要作用。

　　以下以主要人物为例展示历史上裴氏家族的非同凡响。

　　西晋地图学家裴秀（224—271）被誉为"中国制图学之父"。他总结了我国古代地图绘制的经验，创造性地制定出"制图六体"的原则，即分率（比例尺）、准望（方位）、道里（距离）、高下（地势起伏）、方邪（倾斜角度)、迂直(河流、道路的曲直),为编制地图奠定了科学的基础,为地图学的发展作出了划时代的贡献。他所著《禹贡地域图》18篇,是我国第一部关于地图学说的专著。

南北朝时期闻喜裴氏家族中涌现了"史学三裴"——裴松之、裴骃、裴子野,三人皆以注史享有盛誉。裴松之广泛收集史料,查阅了二百多部典籍,为陈寿的《三国志》作注65卷。这部注解博采群书,史料翔实,成为辑佚之瑰宝,注史之先河,史评之范例,被当时的皇帝宋文帝称颂为"永垂不朽"的大作。裴松之儿子裴骃继续父亲的注史事业,又为司马迁《史记》作注,写成《史记集解》80卷,兼采经、传、诸史及孔安国、郑玄等人之说增益而成,可谓博采众家之长,流传千古而不朽。裴骃之孙裴子野撰写《宋略》20卷,记南朝宋一代的史事,记述体例为编年体。书成后甚得好评,普遍认为其叙事、评论都优于沈约的《宋书》,但该书大部已散失,《资治通鉴》曾引其论赞之辞十一条,《通鉴考异》和《文苑英华》都引用和收录其部分内容,可见其影响深远。

隋代名臣裴政,是著名的法学家。据《隋书》记载,裴政在断狱时,"用法宽平,无有冤滥",深得民心。又因敢于直言进谏,多所匡正,享誉朝堂内外。隋文帝继位后,裴政等人受命制定隋朝新律《开皇律》。裴政博采魏、晋、齐、梁等南北朝时各家刑典,取其可用之处,废除了前世的枭首、鞭笞等酷刑,把刑讯时惯用的大棒、毒杖、车辐压踝等酷刑全部革除,并规定民有冤屈,县不受理时,可依次上诉郡、州、省,仍不理者,可直接向刑部申诉。《开皇律》无论从内容到形式,比历代任何律令都要开明,因此是一部划时代的古代刑典,为后世立法奠定了规范格式。明代大思想家王夫之高度评价道:"今之律,其大略皆隋裴政之所也。"可见裴政在中国法律史上影响之深远。

裴世清是隋朝中期的一名九品小官,曾任职文林郎,由于官阶不高,正史甚至都没有给他立传,但他却是在我国历史上第一个代表国家率领访日使团出访日本的外交大臣。隋大业三年(公元607年),日本国派遣使者小野妹子访隋，次年三月到达长安。裴世清受隋炀帝诏命，率隋朝使团一行 13 人回访日本，并晋见了日本天皇，献上了文物及国书。他携带的这份国书在日本的《日本书记》中被保存下来，成为永久的历史见证，为发展中日睦邻友好关系做出了杰出的贡献。

名臣裴矩（547—627），是供职于后周、隋、唐的三朝元老，也以清名廉政流传于世。他官至尚书左丞、吏部尚书等职。隋炀帝时，裴矩受命赴张掖（在今甘肃），主管中原与西域各国的贸易。在与各国商人接触中，他获得了有关西域各国的政治、经济、文化、交通等大量宝贵资料，并编撰成《西域图记》3 卷。书中不但以大量的文字介绍了西域 44 国的国情，还绘制了许多地图，标出了从敦煌到达地中海的 3 条大道，其中中道和南道，即为历史上有名的"丝绸之路"。

唐初裴氏家族的著名人物有两位：一位是唐的开国元勋裴寂，在隋末群雄并起、天下大乱之际，高瞻远瞩，鼎助李渊起兵晋阳，建立了李唐王朝，裴寂被拜为宰相，李渊尊称他为"裴监"，而不是直呼其名；另一位是唐初宰相裴耀卿（681—743），历任多地刺史、户部侍郎、京兆尹等，在朝中致力于整顿漕运，保证了南粮北调的水道畅通，解决了唐王朝延续了几十年的关口粮荒问题，为开元盛世的到来打下了重要的物质基础。

唐代裴氏家族中涌现的最著名政治家是裴度。裴度（765—839）是一代贤相，其名声和地位完全可以与唐初的名相魏征等人相提并论。他从青年时代便胸怀壮志，正气凛然。其一生的最大功绩就是竭尽毕生精力去一次次地削平藩镇割据势力，特别是在平定淮西藩镇吴元济叛乱中，立场坚定，力挽狂澜，功绩卓著，使唐朝又一度取得了统一，出现了"元和中兴"的政治局面。淮西之乱平定之后，唐宪宗封裴度为上国柱并晋国公。后来由于奸臣构陷，裴度三起三落，几度入相，几度出藩，曾先后在宪宗、穆宗、敬宗、文宗四朝担任宰相。文学大家白居易、柳宗元、韩愈、刘禹锡等都曾撰写诗文颂扬他的功德。他的一些事迹，甚至被编成传奇小说，在民间广为流传，裴度可谓是世代传颂，名垂青史。

唐代裴氏家族中还有两位应该提及的重要文学人物是小说家裴启和裴铏，前者是"志人小说"的开创者，后者是"传奇小说"的奠基人。裴启年少时就声名鹊起，也喜好谈古论物，因此在当时的社会环境下，他对应汉魏六朝时期带有神怪色彩的"志怪小说"，创造了《裴子语林》这本"志人小说"，专门记述人物的言谈举止和轶闻琐事，极大地冲击了那些好谈鬼神、迷信消极的"志怪小说"。《裴子语林》又称《语林》，比《世说新语》这本"志人小说"的代表出现时间还要早170多年，因此是志人小说的雏形。裴铏著有《传奇》一书，在文学史上第一次提出了"传奇"这个专有名词，使"传奇"在之后发展成为一种新兴的小说文体，且愈来愈富有生命力，深得世人喜爱。裴铏的《传奇》创造了一种通过人物的高超技艺来塑造人物形象、展示人物性格特征的表现渠道，推动了后世武侠小说向描写技巧艺术的方向发展，同时它也创造了一种骈文和诗词歌赋相结合的语言表达方式，成为后代古典小说叙事方式的开端，

裴氏家族历史上的重要人物除了以上所简要介绍的之外，还有不少，但限于篇幅，不能一一介绍，如东晋小说家裴启、北魏文学家裴伯民、东魏诗人裴让云、唐代史学家裴光庭等。无论如何，从以上所介绍的情况可以看出，裴氏家族的荣光是中国甚至整个世界历史上都极为罕见的，其发迹和兴盛的原因和背景值得我们深深的思索和探究。

（三）永济柳氏家族

河东永济柳氏家族是声名显赫的世家大族，历史上曾涌现出众多名宦，他们大都在不同历史时期的政治、军事等领域作出了重要贡献。不仅如此，河东柳氏还涌现出众多以史学、文学、谱牒、书法等见长的才艺兼备之士，在不同历史时期的学术文化领域也作出了重要贡献。正是由于具备了政治与文化方面的双重优势，河东柳氏才获得了更兴旺、更长远的发展，河东柳氏才成为中古时期举足轻重的世家大族。

柳家远祖可以向上追溯到春秋时鲁国的士师展获（字子禽）。展获是

一位被孔子称为圣人的品行高洁之士，他去世后谥号"惠"，又因食采柳下，所以又被称作"柳下惠"，其子孙遂以柳为姓。柳下惠的封地在鲁国的柳下邑，因此其家族最早生活在今天的山东，秦一统六国前后，柳氏便迁于河东，至秦末，柳下惠后裔孙柳安便居于河东虞乡（今永济市虞乡镇和盐湖区解州镇附近），自此这一带便成为柳氏望族的起源地。

纵观整个柳氏家族的发展史，可以看到，河东柳氏诞生于战国末年，兴起于秦汉之际，发展并鼎盛于南北朝、隋唐之时，在南北朝时迅速发展起来，唐朝则达到鼎盛时期，唐末逐渐衰落。柳家从兴起到衰落，前后约500年。在这500年间，柳家共有70余人见诸史册。至于一般官吏，则比比皆是。其他如艺术家、文学家、书法家等，更是人才济济，英贤辈出。

实际上自秦代至东汉末年之前的悠长岁月中，柳氏一族无声地潜隐在时光的长流里，默默地繁衍拓展，正史中难觅柳氏的影踪。不过，魏晋时期的河东柳氏虽然不如当时的韦氏、杜氏那样显赫，但也成为了一个比较有影响力的望族。东汉末年，柳轨任光禄大夫，后官至吏部尚书，是河东柳家兴起的奠基人。西晋一朝，柳门已代有官职，位品均不过低，因此西晋柳氏当时已有了一定的社会地位，且进入了相应的士族阶层，而且柳氏在河东的繁荣一直持续到"永嘉之乱"。后来由于北方的动乱，柳氏家族大部分南迁。当时，柳氏家族虽族力还较薄弱，但仍可资籍取官，并凭借个人的主观努力，不断升迁。[①] 南北朝时期，柳氏家族杰出人物辈出，在政治舞台上便活跃起来，尤其是以柳元景、柳世隆为核心，在南朝政坛登上权力高峰，盛极一时。

到了隋唐时期，柳氏家族开始全面兴盛。隋朝虽然只有短短的30多年，但柳氏家族也有15人载入史册，著名的如柳旦、柳庄、柳彧、柳裘等。

---

① 韩彦平：《河东望族柳家》，《史志学刊》1998年第5期。

唐朝时期是柳氏家族的鼎盛时期，代表人物有柳奭、柳楚贤、柳芳、柳冕、柳冲、柳公权、柳宗元等。柳宗元的高伯祖柳奭为唐中书令。自柳奭以上，柳氏凡四世都为宰相。自柳奭以下，柳宗元高祖柳子夏，为唐朝徐州长史。曾高祖柳从裕，为沧州清池令。唐高祖永徽二年（651）柳奭为宰相期间因事得罪了武则天，后被杀并没收家产。自此，河东柳氏家族开始走上了下坡路。不过，柳宗元父亲和柳宗元本人都曾官居六品。

在柳氏这个大家族中，柳宗元一家只是其中一个分支。在历史上，柳宗元七世祖庆，在后魏朝为尚书左仆射，封平齐公。六世祖旦，在周为中书侍郎，封济阴公。在北朝时，柳氏是著名的门阀士族，与薛、裴并称"河东三著姓"。入隋后，柳宗元五世祖柳楷，为济、房、兰、廊四州刺史。柳宗元的父亲柳镇则为太常博士。

河东柳氏成员好读书，且经史兼修、学识渊博，因此，在家族中形成了一个非常浓厚的读书学习的氛围，同时，这也培养了家族子弟的读书意识。史书记载，柳世隆"好读书"，"涉猎文史"；柳虬"遍受五经，略通大义，兼涉子史"；柳庆"幼聪敏有器量，博涉群书"；柳机"颇涉经史"；柳弘"博涉群书"；柳旦"颇涉书籍"；柳敏"性好学，涉猎经史"；柳彧"少好学，颇涉经史"；柳靖"少方雅，博览坟籍"；柳庄"少有器量，博览坟籍"。① 因此，由于河东柳氏严谨的家风，再加上重视子弟的培养与教育，使得家族能够绵延不绝，门第不衰。可以说，正是有了家法的传承，才为家族的不断发展提供了重要保障。

下面以重要人物为例对柳氏家族做进一步介绍。

柳恽（465—517）是南朝梁著名诗人、音乐家、棋手。南齐尚书令、左光禄大夫柳世隆之子。柳恽历任散骑常侍、都督、仁武将军、广州刺史、吴兴太守等，"为政清静，人吏怀之"②。柳恽从小深受父、兄影响，

---

① 韩彦平：《河东望族柳家》，《史志学刊》1998 年第 5 期。

② 参见梁静：《中古河东柳氏家族文化述略》，《山西师范大学学报》（社科版）2008 年第 3 期。

勤奋好学，少有志向，才华出众，远近闻名。柳恽是齐梁时有成就的诗人之一。他年轻时以擅长赋诗闻名，晚年在吴兴任官也作许多诗篇。名篇《江南曲》是柳恽在汉乐府诗的影响下创作的有代表性的五言诗，另一篇诗作《登景阳楼篇》："太液沧波起，长杨高树秋，翠华承汉远，雕辇逐风游。"当时咸共称传。除此之外，柳恽琴技精湛，天下闻名，同时善下围棋，是著名的棋手。可以说，柳恽当时以多才多艺著称天下。代表作有《柳吴兴集》12卷，已佚。他的少量诗文散见于《艺文类聚》《玉台新咏》等。棋琴医术方面的作品有《清调论》《棋品》《卜杖龟经》等。

柳宗元是河东柳家的佼佼者，是中国历史上著名的文学家、哲学家。关于柳宗元的家世，《旧唐书》和《新唐书》的《柳宗元传》以及韩愈的《柳子厚墓志铭》等文中均有相关记载。柳宗元在《杨氏子承之哀辞》中也自称自己是"解人"；在《送独孤申叔侍亲往河东序》也说："河东，古吾土也。"他21岁中进士，26岁考取博学宏词科，官至吏部员外郎。顺宗即位后，柳宗元积极参与革新运动，失败后被贬为永州司马，十年后再贬为柳州刺史。他在柳州期间，为当地人民做了许多好事，柳州人民为了纪念他，给他立祠建庙。柳宗元一生留下600多篇诗文作品。其骈文有近百篇，大致包括论说、寓言、传记、山水游记、诗词骚赋等，代表作有《天说》《封建论》《黔之驴》《捕蛇者说》《小石潭记》《永州八记》《惩咎赋》等。其作品或笔锋犀利，或幽默讽刺，或清邃奇丽，或独具特色。在政治和哲学方面，柳宗元推崇政治革新和"古文"运动，把古代朴素唯物主义无神论思想发展到了一个新的高度，是中唐时代杰出的思想家。

还有两位需要介绍的人物就是柳氏家族中的柳公绰、柳公权。这一家族属于河东柳氏另一支，值得注意的是，自柳公绰之后，这一支家族因家礼而令人景仰、为人称道、流芳百世。此家族的隆盛，则源于柳公绰、柳公权兄弟。柳氏家族能在唐中后期崛起，乃被后世美誉为士流之最，为世人仰慕，其代表唐朝家礼、在宋朝流传甚广、对现实生活具有很强的针对性和指导作用的《柳氏家训》，当是最主要的原因。

柳公绰是著名书法家柳公权之兄，自幼孝顺父母，与兄弟友爱，为人聪敏，才略过人，行为举止又都合乎礼法，对政事多有建言，以刚正直言著称。他曾参与讨平淮西吴元济之乱，后又出任河东节度使，镇抚沙陀，年老官至兵部尚书。受柳公绰的行为影响和教导，柳公绰之孙柳玭编纂了《柳氏家训》。虽然因世事沧桑，这本书的内容已大多亡佚，但仍能从仅留存的《序训》看出全书的脉络，窥得柳氏家礼的风貌。该书主要包括三大部分：第一，传递正统伦理、杜绝"五失"，强调孝为百善之首，悌为立身之基，兄弟亲爱和顺、扶持互助是家族稳定和谐发展壮大的基本元素；第二，注重孝义和礼法修养；第三，警醒生于忧患死于安乐。①

柳公权（778—865）是兵部尚书柳公绰之弟，唐朝中期著名书法家、诗人。柳公权29岁时进士及第，早年曾任秘书省校书郎，并入李听幕府，历仕七朝，官至太子少师，封河东郡公，以太子太保致仕，故世称"柳少师"。柳公权是楷书书体的总结者和创新家，他在研究和继承钟繇、王羲之等人楷书风格的基础上，遍阅近代书法，学习颜真卿，溶汇自己新意，自创独树一帜的"柳体"楷书。他的字匀衡瘦硬，追魏碑斩钉截铁之势，笔画爽利挺秀，骨力遒劲，结体严紧。由于他的书法风格较之颜体更显均匀瘦硬，故有"颜筋柳骨"之称。柳公权与颜真卿齐名，人称"颜柳"，又与欧阳询、颜真卿、赵孟頫并称"楷书四大家"。柳公权在书法艺术的改革和发展中，作出了突出的贡献，为唐代书法发展进行总结，也为整个楷书的发展奠定了基础，成为后世百代的书法楷模。著名书法作品有《金刚经碑》《玄秘塔碑》《神策军纪圣德碑》等。柳公权在诗歌方面也有一定成就，《全唐诗》存其诗五首，《全唐诗外编》存诗一首。

---

① 陆晓波：《河东柳公绰家礼及〈柳氏家训〉研究》，《兰台世界》2015年6月下旬。

四、河东成语与典故

河东地区历史悠久，自古社会繁荣、文化灿烂，成为华夏文明的重要发端和起源地。纵览中华文明，历史上众多的传说、事迹、趣闻、轶事都出自于河东大地，源自于河东文化，可以说，古老悠远的河东社会诞生了众多的美丽故事，灿烂辉煌的河东文化孕育了丰富的华夏文明，而这些美丽、神秘的传说和故事经历了历史的凝结和沉练，衍生出一个个中华文化中的成语和典故，正像一颗颗璀璨的明珠撒播在华夏文明的大地上，似乎在向世人诉说着河东社会悠久雄厚的文化底蕴和中华民族灿烂辉煌的文明进程。

以下内容通过展示部分与河东地区相关的成语和典故，在一定意义上正是河东悠久历史和文化特色的体现，中华文明的独特魅力也由此可见一斑。

（一）成语

1. 一馈十起

典出西汉时期刘安的《淮南子·氾论训》："一馈而十起，一沐而三捉发，以劳天下之民。"

大禹因为治水有功，后来舜帝就把帝位禅让给了大禹。大禹在位时期，勤政爱民，受到了百姓的拥戴。传说大禹用五种声音钟声、鼓声、磬声、铎声、铎声来治理国家，规定老百姓击鼓就是要告诉他大道，敲钟就是要告诉他大义，击磬就是有紧急的事情，敲打小鼓就是要他处理案件，摇动铃铛就是要告诉他大事情。就这样，因为老百姓要大禹处理的事情太多，所以，大禹吃一顿饭的时候都要接待很多老百姓，洗一次澡的时候，还没有等到洗完就又很多人来找他，大禹就是这样全心全意地为老百姓服务办事。后来人们用一馈十起来形容公务人员事务繁忙并能够热情处理百姓的事务、认真听取群众的意见。

2. 人杰地灵

这个成语出自初唐河东著名诗人王勃的《滕王阁序》。

滕王阁是唐高祖的儿子滕王李元婴在南昌时修建的一座阁楼，公元675年，王勃去交趾看望自己任职的父亲时路过这里，正好碰到当地的都督在滕王阁上大宴宾朋，并要求文人雅士撰文纪念。当时王勃只有27岁，是出席宴会的最小的文人，但他却写下了流传千古的《滕王阁序》，其中就有"物华天宝，龙光射牛斗之墟；人杰地灵，徐孺下陈蕃之榻"的名句，意思是说大地物产精美，有如天上的珠宝光芒在牛、斗二星之间照射；人间有俊杰灵气，徐孺就躺卧在陈蕃为他设置的床榻上。

就这样，王勃越写越精彩，直到全篇一气呵成，诸位客人连连称赞不已。这篇著名的《滕王阁序》就这样诞生了，以后，"人杰地灵"就用来指杰出的人才出生在此地，此地就成了不同凡响的名胜之地了。

3. 水天一色

这个成语也是出自初唐河东著名诗人王勃的《滕王阁序》。

在闻名中外的《滕王阁序》中有这么一句描写滕王阁秋日美丽迷人景色的诗句："虹销雨霁，彩彻云衢。落霞与孤鹜齐飞，秋水共长天一色。"这句话的意思是，雨过天晴以后，太阳照射大地，彩虹消退，云雾散去。太阳的余晖映照着彩霞伴随着水鸟一起飞舞，而碧绿的秋日江水则与天空相衔接，水和天连成一片，蔚蓝澄莹，形成一色。后来，经过文人的演绎，王勃的这句名诗就简化成了成语"水天一色"，形容天空和辽阔的水面相衔接，碧蓝澄莹，景色迷人。

4. 剜肉补疮

这句成语出自唐代河东著名诗人聂夷中的诗歌《咏田家》。

聂夷中是今天河东地区永济市人，自小家境贫寒。因为他经常参加农业劳动，所以对农村和农民群众有着很深的感情。虽然聂夷中后来中了进士，也做了官，但他了解农民的疾苦，生活历来十分简朴，所以他写作的许多诗歌都是描写农民和农村生活的，也对农民的贫苦生活十分同情。

在这首《咏田家》的诗歌里，他是这样写的："二月卖新丝，五月粜新谷。医得眼前疮，剜却心头肉。我愿君王心，化作光明烛。不照绮罗筵，只照逃亡屋。"

这句诗后来就演绎成了剜肉补疮这个成语，大意是说，一年到头辛辛苦苦劳作的农民为了眼前能够活命，不得不应对当下的困难，不顾后果地把新丝和新谷卖掉。比喻人们在生死攸关的时候只能顾得眼前，管不了日后的苦难和后果了。

5. 积羽沉舟

这句成语最早出自《战国策·魏策一》："积羽沉舟，群轻折轴。"后又见《史记·张仪传》："臣闻之，积羽沉舟，群轻折轴，众口铄金，积毁销骨。"

这句成语是战国时期河东著名外交家、纵横家张仪在劝说魏国君王采用连横政策与秦国结好时的用语。

张仪是今天河东地区万荣县王显乡张仪村人，自小跟随鬼谷子学习谋略术和兵法，学成后便一直游说各诸侯国，推行自己的连横策略，主张各弱小诸侯国联合秦国征服其他诸侯国。他在魏国担任相国的时候，一直劝说魏襄王与秦国结盟，联合攻打其他诸侯，但魏襄王认为秦国不讲信用且野心勃勃，所以坚决不同意与秦国结盟。魏襄王去世后，张仪又继续劝说继任的魏哀王联合秦国对付其他诸侯国，但同样遭到拒绝。万般无奈之下，张仪暗中让秦国出兵攻魏，斩首魏军八万余人，各诸侯国大为震惊，原本六国准备建立的合纵阵营也以失败告终。在这个关键时刻，张仪再次巧言善辩，以"积羽沉舟，群轻折轴"的道理说服魏王，魏王最终同意了张仪联合秦国共同对付其他诸侯国的连横主张。

后来"积羽沉舟"的意思就是指小小的坏事积累起来就会造成严重的后果。

6. 醇酒妇人

这句成语最早出自《史记·魏公子列传》："公子自知再以毁废，乃谢病不朝，与宾客为长夜饮，饮醇酒，多近妇女，日夜为乐饮者四岁，竟病酒而卒。"

这个成语的主人公是战国时期魏国著名的军事家、政治家魏无忌。

魏无忌虽然生活在魏国逐渐走向衰败的时期，但他有勇有谋，多次带兵打败强大的秦国，因此威震天下。在此情况下，秦国的连横策略和称霸计划一直得不到实现，于是秦国便使用反间计，用重金收买了魏国反对魏无忌的大臣，离间魏安釐王和魏无忌的关系，同时派人到魏国境内假装祝贺魏无忌登上王位。因此，安釐王更加怀疑魏无忌，于是派其他人代替他执掌魏国兵权。此后，魏无忌心灰意冷，借口有病不再上朝，每天与一些宾客饮酒作乐，沉湎于酒色之中，最终在四年后病死，从此魏国失去最后支撑的顶梁柱。十八年后，魏国被灭。

这句成语后来指人变得颓废，沉溺于酒色而不能自拔。

7. 唯利是图

这句成语最早出自于《左传·成公十三年》："余虽与晋出入，余唯利是视。"

故事的发生地在春秋时期的令狐，即今天的河东地区临猗县。当时晋国和秦国在令狐订立了和好的盟约，但是过了一段时间，秦国却又和楚国以及狄戎联合起来，准备攻打晋国。在这种情况下，晋国派了使臣吕相去和秦国绝交。在秦国的朝廷上，吕相与秦桓公不断争论，指责秦国背信弃义，并引用秦桓公本人曾经说过的话揭露秦国与晋国结盟的实质就是"除了唯利是图以外，没有别的目的"。后来人们用这个成语形容做人做事只为了贪财图利。

8. 撕衣成书

这个成语故事的主人公是唐代后期有名的书法家和政治家裴休。

裴休字公美，河东闻喜人，唐穆宗时的进士。历任兵部侍郎、中书侍郎、宣武节度使、荆南节度使等职，晚年官至吏部尚书、太子少师。任职期间曾主持改革漕运及茶税等积弊，颇有政绩。裴休博学多能，尤擅长书法。著名书法家米芾曾评论说:"裴休率意写碑,乃有真趣,不陷丑怪。"

一次他在考察途中到家乡的成化寺顺路拜访寺庙的方丈,方丈看到裴休荣归故里,便热情款待,并希望裴休能够在寺庙里题字留念,裴休盛情难却,就寻思怎么能够不落俗套,既能题字又能有些特色而有一定的纪念意义。于是他便仿效书法家王羲之小时候在墙壁上用扫帚沾上泥浆书写的独具风格,顺手撕下自己衣襟的一角蘸上墨汁即兴在刚粉刷不久的墙壁上写上了一首诗,方丈见此连连称奇,十分感谢。裴休回到家后,妻子见他衣襟破乱,就询问原因,裴休笑着说,我这是刚刚撕破了自己的衣襟给成化寺题写了诗壁啊!

这句成语后来多形容办事独具风格,具有创新精神。

9. 唇亡齿寒

这个成语故事发生在春秋时期的河东地区,具体地点位于今天的平陆县。历史记载可见《左传·僖公五年》:"晋侯复假道于虞以伐虢。宫之奇谏曰:'虢,虞之表也。虢亡,虞必从之。晋不可启,寇不可玩,一之谓甚,其可再乎?颜所谓辅车相依,唇亡齿寒者,其虞、虢之谓也。'"

春秋时期,周王朝分封的诸侯国数量还不在少数,其中山西南部到河南北部一带就有晋国、虞国、虢国等。诸侯国之间经常弱肉强食,大国占领兼并小国的现象时有发生。当时,晋国想出兵攻打和兼并虢国,但是要攻打虢国又要经过虞国境内。于是晋国国君晋献公就送给虞国国君虞公一些宝玉等贵重物品以便借道虞国去攻打虢国。虞国大臣宫之奇劝虞公说,虞国和虢国的关系就像是牙齿和嘴唇的关系一样,嘴唇没有了,牙齿还能生存吗?虢国就是虞国的依靠啊,晋国吞并了虢国后一定会接着攻打虞国的,所以一定不能借道给晋国啊!

但是虞公是一个喜好宝玉的人,并不听宫之奇的劝告,照样借道给晋国。看到这样,宫之奇知道虞国就要灭亡了,就只得带着全家老小逃离了虞国。果然,晋国在吞并了虢国后,在回来的路上顺便也把虞国也给消灭了,虞公由于目光短浅,最终成了晋国的阶下囚。

10. 汗牛充栋

这是一个关于唐代河东大文学家柳宗元的成语故事，最早出自于柳宗元著作《柳河东集》卷九"陆文通先生墓表"一文："其为书，处则充栋宇，出则汗牛马，或合而隐，或乖而显。"

唐朝时，有一位学者名叫陆质（谥号文通），曾任给事中、皇太子侍读，潜心研究孔子的《春秋》一书，著有《春秋集传辨疑》《春秋集注》《春秋微旨》等书，是支持柳宗元进行政治改革的人物。他曾讲学二十余年，对后世影响较大，开宋儒疑经风气。他去世后，柳宗元在写给悼念他的墓志中说道，自《春秋》问世一千多年来，多少学者为了研究它费尽心机，不断发表自己的见解和想法，所撰写的书籍如果堆放在屋子里可高达屋顶，如果用牛和马来运载，也会累得它们浑身流汗。接着，柳宗元又在其墓志中讲了一些赞扬陆质在《春秋》研究中的独到之处等内容。

后来这个成语用来比喻藏书数量非常多。

11. 超群绝伦

这个成语最早是用来形容关公的豪气非同一般。原文出自《三国志·蜀书·关羽传》："孟起（即马超）兼资文武，雄烈过人，一世之杰，黥、彭之徒，当与益德（即张飞）并驱争先……犹未及髯（即关羽）之绝伦逸群也。"

东汉末年，群雄竞起，刘备、关羽、张飞"桃园三结义"，并在诸葛亮的辅佐下，其势力在今四川、湖北一带逐渐强大起来。当诸葛亮在益州用计降服了西凉猛将马超后，关羽便写信向诸葛亮询问马超的才能，诸葛亮就在回信中说，马超是一代豪杰，文武兼备，可与汉高祖时期的黥布和彭越相比，能和张飞并驾齐驱，但即使这样，还是比不上你那样的超凡出众。虽然诸葛亮在信中有故意夸赞关羽的意思，但关羽看了还是非常高兴。

后来这个成语用来形容某人才能十分高超，远远强于同时代的其他人。

12. 贫贱骄人

这是发生在战国时期魏国都城安邑的一则故事。

成语最早出自《史记·魏世家》："子击因问曰：'富贵者骄人乎？且贫贱者骄人乎？'子方曰：'亦贫贱者骄人耳。'"

魏国建立后，魏文侯重用人才，大胆改革，国力逐渐强盛。当时一位叫田子方的贤士与李悝、段干木、子夏等同事于魏文侯，得到了魏文侯的优待和重用。一天，当太子击乘车刚出安邑城门时，碰到了田子方，太子便让田子方的车马先过城门，但田子方连正眼都不看一下太子，太子就质问他，到底是谁可以骄傲？是富贵的人还是贫贱的人？田子方就笑着说，自古以来只有贫贱的人才可以骄傲，富贵的人是骄傲不得的。君王一骄傲，国家就保不住了，士大夫一骄傲，家就保不住了，历史上这样的教训还少吗？而贫贱的人就不一样了，他虽然贫穷但不仰仗富贵之人，也不争权夺利。有明君请教他的话，他想说就说，不想说就拂袖而去。你说说到底是谁可以骄傲？太子听了这些话，只好向田子方行礼称是，恭恭敬敬地让田子方的车马过城门。

后来常用"贫贱傲人"比喻对权贵和富人的蔑视。

13. 吾争周耻

这个成语故事发生在今天河东地区的平陆县和芮城县。原文最早见于《史记》："虞芮之人，有狱不能决，乃如周。入界，耕者皆让畔，民俗皆让长，虞芮之人皆惭，相谓曰：'吾所争，周人所耻。向往，为只取辱耳。'遂还，俱让而去。"

这段话的意思是，虞国（今平陆县附近）和芮国（今芮城县附近）有人因一事争端解决不了，就一同到周国去寻求解决办法。当他们到了周国后，看到人们相互之间谦让耕地，整个国家的风俗都是尊敬长者，两人于是感到非常惭愧，再也不好意思为了一事争执让别人笑话，于是就互相谦让着回家了。

这个成语后来形容人和人交往应该互相仁爱谦让。

14. 玉山映人

这个成语故事的主人公是河东闻喜人裴楷。典出《晋书·裴楷传》："楷风神高迈，容仪俊爽，博涉群书，特精理义，时人谓之'玉人'，又称'见裴叔则如近玉山，映照人也'。"

裴楷生活在曹魏和西晋时代，父亲曾任曹魏时期的冀州刺史。一方面因为出生在官宦之家，仪表堂堂；另一方面又因聪明好学，所以裴楷年轻时便已经是声名远扬了，晋武帝在位时就被推荐为相国掾，后又升任尚书郎，在皇帝身边处理政务。由于裴楷才貌出众，英俊潇洒，看上去光彩照人，人们看到他就好似走到玉山旁一样，所以被时人称作"玉人"。后来这个成语用来形容品德、才貌都非常出众的人。

15. 河汾门下

成语的主人公是隋末儒学大家和教育家王通。王通是今天河东地区万荣县通化镇人，其弟便是初唐诗人王绩。《唐书·王绩传》记载："绩兄通，隋末大儒也，聚徒汾、河间，仿作《六经》，又为《中说》以拟《论语》。"注传曰："隋王通设教河、汾之间，受业者达千余人，人才盛出，时称'河汾门下'。"

王通才学出众，但是对于做官毫无兴趣，只想潜心研究儒学，并醉心于传教授业，因此他就在今天的黄河和汾河之间的地方设帐教学，并在长期的讲授知识过程中掌握了很多的教育方法。由于王通知识渊博、教育方法得当，所以他的学生大都非常出色，如著名的历史人物魏征、房玄龄、程元、李靖、温大雅、陈叔达等等，时人都说"河汾门下"的学生没有一个不出色的。后来这个成语就用来形容老师具有很高的学问和水平，教育出来的学生也是桃李满天下。

（二）典故

1. 八裴

典出《世说新语·品藻》："正始中，人士比论，以五荀方五陈……又以八裴方八王：裴徽方王祥，裴楷方王夷甫，裴康方王绥，裴绰方王澄，裴瓒方王敦，裴遐方王导，裴顾方王戎，裴邈方王玄。"

魏晋南北朝时期，门阀制度兴盛，有王家和裴家两大望族，其中的裴家正是我们河东地区闻喜县的大族，先后有多人在朝中担任重要职务。当时的人们将裴家的裴徽、裴楷等八人合称为"八裴"，与琅邪临沂王家的王祥等八个人相提并论，后人代指望族。

2. 谤书一箧

典出《战国策·秦策二》："魏文侯令乐羊将，攻中山，三年而拔之。乐羊返而语功，文侯示之谤书一箧。"

战国初年，都城位于今天河东地区的夏县禹王城的魏国在魏文侯的统治下，任用李悝为相，重用人才，不断改革，国力迅速崛起。公元前408年，魏文侯令乐羊为大将进攻中山国，其间经过了三年时间才得以攻克。在此期间，曾有很多大臣因嫉妒乐羊的功劳和地位不断上奏魏文侯毁谤乐羊，魏文侯也因为乐羊的儿子在中山国而怀疑过乐羊。等乐羊攻克了中山国凯旋而归的时候，魏文侯把一大箩筐毁谤乐羊的奏折展示给乐羊看。后来用此典故比喻受到的毁谤特别多。

3. 吹尘之梦

今天河东地区的芮城县南端有一古老的黄河渡口风陵渡，据传说就是黄帝的得力宰相风后的陵墓所在地，故名风陵渡。黄帝在得到风后的辅佐后部落强盛起来，最终在与蚩尤的作战中又发明了指南车而击败了蚩尤。黄帝最初能找到并获得风后的辅佐，历史上有一个"吹尘之梦"的典故传奇故事。

这个典故最早出自于《史记·五帝本纪》："黄帝梦大风吹天下之尘垢皆去……帝寤而叹曰：'风为号令，执政者也。垢去土，后在也。天下岂有姓风名后者哉？'……求之，得风后于海隅，登以为相。"这段话的大意是说，黄帝曾梦见大风吹去了天下的尘垢，这正是天下得以治理的好梦啊！醒来后便寻思天下哪里有姓风名后的人呢？最后在临海的地方找到了这个人，就任命他为相。后来以此典故比喻帝王得到了贤臣。

4. 粗服乱发

这一典故最早是形容西晋时期河东闻喜县人裴楷的。典出《世说新语·容止》："裴令公有俊容仪，脱冠冕，粗服乱发皆好。时人以为玉人。"

西晋时期河东闻喜人裴楷，字叔则，出身于著名河东望族裴氏家族。据史料记载，裴楷仪表俊美，不管是脱去帽子还是穿着粗布衣裳或是头发乱糟糟，都很好看，当时人们都称他为"玉人"。这一典故原本形容人不修边幅，后来人们也用它来比喻文章的风格朴素自然，不加雕琢。

5. 独立使君

这一典故最早是形容北周时期担任河北太守的河东解县人裴侠的廉洁奉公，后用于比喻廉政的官员。

典故最早见于《周书·裴侠传》："裴侠字嵩和，河东解人也……除河北郡守，侠躬履俭素，爱人如子，所食唯菽麦盐菜而已，吏人莫不怀之……去职之日，一无所取。人歌曰：'肥鲜不食，丁庸不取，裴公贞惠，为世规矩。'侠尝与诸牧守俱谒周文，周文命侠别立，谓诸牧守曰：'裴侠清慎奉公，为天下之最。令众中有如侠者，可与之俱立'。众皆默然，无敢应者。周文乃厚赐侠，朝野服焉，号为'独立使君'。"

正是因为裴侠清廉奉公，故太祖使之"独立"，以为表彰，号"独立使君"。后比喻为官清正奉公尽职之典。

6. 版筑

这是关于河东平陆县的我国古代第一位圣人傅说的典故。最早典出《孟子·告子下》："舜发于畎亩之中，傅说举于版筑之间。"后又有《史记·殷本纪》说："武丁夜梦得圣人，名曰说。以梦所见视群臣百吏，皆非也。于是乃使百工营求之野，得说于傅险中。是时说为胥靡，筑于傅险……举以为相，殷国大治。故遂以傅险姓之，号曰傅说。"这两段话的意思是商王武丁梦到了有位叫做"说"的圣人要辅佐他治理国家，而百官中并没有这样的人，最终派人在今天平陆县一个叫做傅险的地方找到了这个人，当时这个人还只是个奴隶，正在那里筑墙，于是就以这个地方为姓，称呼这个人为傅说。武丁任命傅说为相，果然商朝得以大治。

这个典故后来比喻帝王求贤或者圣贤得到重用而才华得以施展。

7. 多力丰筋

这个典故原本是形容河东著名书法家卫夫人（本名卫铄，字茂漪，今河东夏县人，晋代著名书法家）的书法风格。典出唐代河东著名书画家张彦远（今河东临猗县人）的著作《法书要录一·晋卫夫人笔阵图》："善笔力者多骨，不善笔力者多肉；多骨微肉者谓之筋书，多肉微骨者谓之墨猪；多力丰筋者圣，无力无筋者病。"

卫夫人师从书法大师钟繇，尤其长于工书和隶书。由于卫夫人与王羲之母亲为中表亲戚，因此卫夫人就成为了"书圣"王羲之的书法老师。她曾说过书法之精髓在于多力而丰筋。后来以多力丰筋比喻书法风格笔力矫健。

8. 腹稿

此典故最初是形容初唐河东著名诗人王勃的写作风格和高超的才学。

典故最早见于北宋欧阳修等所撰《新唐书·王勃传》："勃属文，初不精思，先磨墨数升，则酣饮，引被覆面卧，及寤，援笔成篇，不易一字，时人谓勃为腹稿。"意思是王勃撰写文章或诗词的时候，先是磨好墨，然后躺在床上，盖上被子，构思好自己的文章，等到想好以后便一跃而起，一气呵成，不再更改一个字。当时的人都说王勃善于写腹稿。

后来人们把已经想好但还没有写出来的稿子称作"腹稿"。

9. 羹墙见尧

这是关于舜帝的一个典故。

舜帝出生于河东永济诸冯村，是中华民族传统文化中德孝品行的典型代表。这个典故也是舜帝德孝品行的一个表现。

典出南朝范晔的《后汉书·李固传》："昔尧殂之后，舜仰慕三年，坐则见尧于墙，食则睹尧于羹，斯所谓聿追来孝，不失臣子之节者。"大体意思是说，尧帝去世以后，舜帝对尧帝的思慕之情愈加强烈，不管是坐着还是吃饭的时候，都能在墙上或者喝的粥里面看到尧帝的影子。后人用这个典故比喻敬慕和思念前辈或先贤。

10.郭璞阴阳诀

这是关于河东的闻喜县人郭璞的典故。郭璞（273—324），两晋时期的河东闻喜人，著名文学家、训诂学家、风水学者，善天文五行和占卜。典出《晋书·郭璞传》："郭璞字景纯，河东闻喜人也……璞好经术，博学有高才，而讷于言论，词赋为中兴之冠。好古文奇字，妙于阴阳算历。有郭公者，客居河东，精于卜筮，璞从之受业……由是遂洞五行、天文、卜筮之术。"后人把善于阴阳五行称作"郭璞阴阳诀"。

11.后稷教民稼穑

后稷生于稷山（即河东地区的稷山县），姓姬，名弃，被尊为稷王（也称作稷神）、农神、耕神、谷神。《史记·周本纪》记载："弃为儿时，屹如巨人之志。其游戏，好种树麻、菽，麻、菽美。及为成人，遂好耕农，相地之宜，宜谷者稼穑焉，民皆法则之。帝尧闻之，举弃为农师，天下得其利，有功……（帝舜）封弃于邰，号曰后稷，别姓姬氏。"从史料记载来看，后稷生于河东的稷山，尧帝时成为主管农业的官吏，舜帝时被分封到邰地。后稷主持划分土地事宜，教民务农稼穑，对于古代华夏民族的农业发展起到了巨大的推动作用。这一典故后来用于指农事。

12.还带

这是一则关于河东人裴度的典故。裴度（765—839），字中立，唐代中期河东闻喜人，杰出的政治家、文学家。典出五代时期王定保的《唐摭言·节操》："裴晋公（即裴度）质状渺小，相不如贵，既屡屈名场，颇亦自惑。会有相者在洛中，大为搢绅所神，公时造之问命，相者曰：'郎君形神稍异于人，不入相书，若不至贵，即当饿死。'"后偶游香山佛寺，拾得一妇人所遗失的玉带二条，犀带一条，价值千缗。度等人不见来寻，第二天又携带上这些东西到寺中，再次等待失主认领，此后就看见昨日妇人来，自言所失之物是为赎父罪而贿赂津要的。"度无然复细诘其物色，因而授之，妇人拜泣，请留其一，度不顾而去，寻诣相者，相者审度，颜色顿异，大言曰：'此必有阴德及物，此后前途万里，非某所知也。'再三诘之，度偶以此言之，相者曰：'只此便是阴功矣，他日无相忘。'度果位极人臣。"

这段话大意是说，裴度年轻时其貌不扬，算命先生说如果裴度不是大富大贵的话，就会饿死在沟渠旁。后裴度在寺庙中拾得一妇人的玉带，一直等到失主寻找过来他才放心地把东西交给失主。失主说这个玉带是父亲病重时为了赎罪而使用的，裴度问明情况后就把玉带归还给失主了。此后算命先生再次见到裴度，惊奇地说裴度已经积下了阴德，将来必定前途无量。后来裴度果然官运亨通，位极人臣，大富大贵。

这则典故后来指积德行善并有所报。

13. 捐金沉珠

这是关于舜帝的一则典故。

典出汉代陆贾《新语·术事》："珠玉无用而宝之于身，故舜弃黄金于崭岩之山，捐珠玉于五湖之川，以杜淫邪之欲，绝琪玮之情。"这段话的意思是说，黄金宝石对于一个人来说都是身外之物，所以舜帝把黄金抛弃到山上，把珠玉扔到了江河湖泊中，目的是为了杜绝自己内心中引起贪婪财宝的淫邪念头。这个典故后来被用来形容不为金银财宝所玷污心灵的高尚情怀和品格。

14. 看舞剑工书字

这则典故是形容晋代河东籍著名书法家卫夫人的书法心得。卫夫人，姓卫名铄，字茂猗，晋代河东安邑（今山西省夏县）人，人称卫夫人，因嫁于汝阴太守李矩为妻，故也称为李夫人。卫铄工隶书，为晋代著名书法家，曾学书于钟繇，王羲之少时曾拜她为师。宋代周越在《法书苑》中记载："卫夫人看舞剑回环击刺之状，大悟其诀，遂工于书。"这段话是说卫铄看人舞剑时回环击刺而受到启发，练习写字时便深有所悟，在书法上更加精进了。

这个典故后来比喻做事情有感觉、有灵感的意思。

15. 烂烂电目

这是有关西晋时期河东闻喜人裴楷的典故。裴楷（237—291），字叔则，别号令公、玉人，名士和大臣。

典出《世说新语·容止》："裴令公目王安丰，眼烂烂如岩下电。"意思是说，裴楷评价王安丰（即西晋的王戎，封安丰侯，故称王安丰），说他眼光炯炯有神，有如闪电。后人形容目光锐利，炯炯有神，或有洞察力。

16. 柳宗元窜三苗

这是一则关于柳宗元遭贬谪的典故。

典出五代时期后晋刘昫等的史书《旧唐书·柳宗元传》："柳宗元，字子厚，河东人……叔文欲大用之，会居位不久，叔文败，与同辈七人俱贬。宗元为邵州刺史，在道，再贬永州司马。既罹窜逐，涉履蛮瘴，蕴骚人之郁悼。"这段话记叙了柳宗元在王叔文领导的革新运动失败后被一再贬谪的经历。由于柳宗元所贬之地位于永州，永州一带被习惯上称作三苗之地，故有此典故。后来这个典故形容遭到贬谪。

17. 耐久朋

这是一则关于唐代时期河东地区闻喜人裴炎的典故。

裴炎（？—684），唐代绛州闻喜（今山西省闻喜县）人，武则天执政时曾官至宰相，后因主张武则天还政唐睿宗，被斩于洛阳都亭。景云年间，得以平反，获赠太尉、益州大都督，谥号为忠。

典出《新唐书·魏玄同传》："玄同与裴炎缔交，能保始终，故号耐久朋。"这句话的意思是，魏玄同与裴炎结交为友，两人的友情始终不渝，被人们称作"耐久朋"。后用这个典故比喻结交朋友始终不渝。

18. 南风解愠

这是一则有关舜帝的典故。

典出曹魏时期王肃注的《孔子家语·辩乐》:"舜作《五弦琴歌》曰:'南风之薰兮,可以解吾民之愠兮。南风之时兮,可以阜吾民之财兮。'"这句话的字面含义大致是说,南风和煦,因此可以解除人的怨怒,使人心情舒畅;南风正当其时地缓缓吹来,可以富庶天下百姓的财物。实际上,从深层次含义来理解,这段话是说,《南风》是舜帝所作并用于弹唱的诗歌,而舜帝是极其讲求孝道的,所以《南风》就是孝子的诗歌,是在歌颂人得到父母的养育,如同万事万物得到南风的养育一样。

后来这个典故用来形容歌颂恭孝。

19. 牛口之下

这是关于河东平陆人百里奚的典故。

百里奚,姜姓,百里氏,名奚,字子明,号五羖大夫,春秋虞国(今山西省平陆县)人,著名政治家、思想家,帮助秦国称霸西戎,使秦国成为春秋五霸之一,为秦国崛起和统一六国奠定了牢固基础。

典出《史记·商君列传》:"夫五羖大夫,荆之鄙人也。闻秦缪公之贤而愿望见,行而无资,自粥于秦客,被褐食牛。期年,缪公知之,举之牛口之下,而加之百姓之上。"大意是,百里奚听说秦缪公贤明,就想去求见,但苦于没有路费,便把自己卖给秦国人当奴隶从事喂牛的劳动,一年以后百里奚才被秦缪公发现并从牛口之下举为宰相。

后来人们以此典故形容出身和地位卑贱。

20. 霹雳手

这个是关于唐代河东人裴琰之的典故。

裴琰之,唐代文学家,绛州闻喜(今山西省闻喜县)人,唐代文学家、监察御史裴漼的父亲。唐高宗永徽年间,裴琰之为同州司户参军,断案精明,曾主断数百件积案,每下判词极其神速,深得刺史赞赏,称之为"霹雳手"。任永年令,亦有惠政。拜仓部郎中后以病辞官。他的儿子裴漼也以文章名世,并有作流传。

典出《旧唐书·裴漼传》:"(裴琰之)为同州司马参军,时年少,美容仪，刺史李崇义初甚轻之。先是，州中有积年旧案数百道，崇义促琰之使断之，琰之命书吏数人，连纸进笔，斯须剖断并毕，文翰俱美，且尽与夺之理。崇义大惊，谢曰：'公何忍藏锋以成鄙夫之过！'由是大知名，号曰'霹雳手'。"

此典故后指称断案迅速而果决的人。

21. 取青妃白

这是一则关于河东著名文学家柳宗元的著文写作态度和风格的典故。

典出柳宗元《柳先生集·读韩愈所著毛颖传后题》："世之模拟窜窃，取青妃白，肥皮厚肉，柔筋脆骨，而以为辞者之读之也，其大笑固宜。"在这段文字中，柳宗元主张写文章要博采众长，自成一体，反对模仿剽窃或者斟酌字句以使文句对偶工整。这里的"妃"字通"配"字，柳宗元在文中所提到的"取青妃白"的含义就是以取青色配白色比喻作文章时的东剽西窃，以卖弄文学技巧的下劣行为。"取青妃白"，又作"抽青妃白"或"取青媲白"。

此典故后来用以比喻剽窃抄袭。

22. 张仪舌

这是一则关于河东人张仪的典故。

张仪，魏国安邑（今山西省万荣县王显乡张仪村）人。魏国贵族后裔，出身贫寒，战国时期著名的纵横家、外交家和谋略家。张仪两次担任秦国丞相，以连横之术破合纵之策，为秦国统一六国作出了巨大贡献。

典出《史记·张仪列传》："张仪已学而游说诸侯。尝从楚相饮，已而楚相亡璧，门下意张仪，曰：'仪贫无行，必此盗相君之璧。'共持张仪，掠笞数百，不服。释之。其妻曰：'嘻！子毋读书游说，安得此辱乎？'张仪谓其妻曰：'视吾舌尚在不？'其妻笑曰：'舌在也。'仪曰：'足矣！'"这段话显示了张仪虽遭受鞭打耻辱，但是由于有坚强的意志和远大的抱负，最终靠智慧和能言善辩实现了自己的人生理想。

此典故后来形容虽然受挫但志向犹存。

23. 生裴秀

此典故是关于河东人裴秀的故事。

裴秀，字季彦，魏晋时期河东郡闻喜县（今山西省闻喜县）人，东汉尚书令裴茂之孙、曹魏光禄大夫裴潜之子。裴秀为魏晋著名大臣、地图学家，曾作《禹贡地域图》，开创了中国古代地图绘制学。

典出《晋书·裴秀传》："秀少好学，有风操，八岁能属文。叔父徽有盛名，宾客甚众。秀年十余岁，有诣徽者，出则过秀。然秀母贱，嫡母宣氏不之礼，尝使进馔于客，见着皆为之起。秀母曰：'微贱如此，当应为小儿故也。'"这段话的大意是，虽然裴秀的母亲出身微贱，但是由于儿子的聪明优秀，母亲的地位也跟着提高了。

这个典故后来比喻生养了优秀的儿子。

24. 轼庐

这是一则关于河东人段干木的典故。

段干木，姓李，名克，战国时期魏国安邑（今山西省运城市夏县）人，因封于段，为干木大夫，故称段干木。魏文侯在位50年，首霸中原，开创历史上最辉煌的时代，这与段干木雄才大略辅政安邦密不可分。

典出《吕氏春秋·期贤》："魏文侯过段干木之闾而轼之。其仆曰：'君胡为轼？'曰：'段干木盖贤者也，吾安敢不轼？……段干木富乎义，寡人富乎财。'"

魏文侯月夜登门拜请段干木，段干木遵从"不为臣不见诸侯"的古训，越墙逃避。此后，魏文侯因求贤若渴，每过段干木家门，扶轼致敬，以示其诚，终于感动了段干木，得以相见。期间，车夫问其故，文侯曰："我富于势，干木富于义。"

此典故后用来形容尊贤礼士。

25. 舜宾

这是一则关于舜帝的典故。典出《尚书·虞书·舜典》："宾于四门，四门穆穆。"另见《旧题汉·孔安国传》："四门，四方之门。舜流四凶族，四方诸侯来朝者，舜宾迎之，皆有美德，无凶人也。"这段话是说，舜帝时流放了四大恶人，各方诸侯都来朝拜舜帝，舜帝都以宾客之礼迎接他们。

这则典故后用于指帝王招贤纳士。

26. 舜禹让旒

这是一则关于舜帝和禹帝禅让帝位的典故。"旒"的本意是帝王王冠两边的玉串，在此指帝位。

典出《史记·五帝本纪》："舜子商均亦不肖，舜乃豫荐禹于天。十七年而崩。三年丧毕，禹亦乃让舜子，如舜让尧子。诸侯归之，然后禹践天子位。"意思是，舜即位前曾要让位给尧的儿子丹朱。禹即位前也要把帝位让给舜的儿子商均，但是丹朱和商均并不是贤能之辈，得不到诸侯们的拥戴，舜和禹才坐上帝位。

这一典故后来泛指逊让帝位。

27. 傅说星

这是河东人傅说的一则典故。

傅说，殷商时期卓越的政治家、军事家，辅佐商王武丁安邦治国，形成了历史上有名"武丁中兴"的辉煌盛世，被尊称为中国历史上的第一位圣人。

这则典故最早出自于《庄子·大宗师》："傅说得之，以相武丁，奄有天下，乘东维，骑箕尾，而比于列星。"后唐代陆德明在《经典释文》中又记载："崔云：'傅说死，其精神乘东维，托龙尾，乃列宿。今尾上有傅说星。'"这两段话的意思都是说贤相傅说去世后化作了星辰。

这一典故后来比喻贤相。

28. 陶猗之富、猗顿赀

这是关于中国最早的大富商陶朱公和猗顿以及河东地区猗氏县的典故。"陶猗"为富商陶朱公和猗顿的合称。

猗顿，原籍鲁国，战国初年由鲁国到猗氏（即今山西省临猗县）发家致富，去世后又埋葬在猗地，故称猗顿，是中国历史上著名的大商人。

典出裴骃《史记集解》："猗顿，鲁之穷士也。耕者常饥，桑则常寒。闻朱公富，往而问术焉。朱公告之曰：'子欲速富，当蓄五牸。'于是乃适西河，大蓄牛羊于猗氏之南，十年之间其息不可计。"

"陶猗之富"和"猗顿赀"两个典故后来都指富有。

29. 王郎佳句、王郎健笔

这个典故最早是用来形容唐代河东著名诗人王勃的。

王勃，字子安，绛州龙门县（今山西省运城市河津市）人，唐朝文学家，文中子王通之孙，与杨炯、卢照邻、骆宾王共称"初唐四杰"。王勃6岁能文，下笔流畅，被赞为"神童"。16岁时进士及第，曾任朝散郎、虢州参军等职。公元676年8月，王勃自交趾探望父亲返回时渡海溺水，惊悸而死。

此典故出自唐代王定保的《唐摭言》："勃自汾省亲……清风送帆，倏抵南昌……时勃年十四，坐于席末……勃初起云：'南昌故郡，洪都新府。'公笑曰：'老生常谈耳。'……至'落霞与孤鹜齐飞，秋水共长天一色'，不觉瞿然曰：'真天才也。'俄而文成，公大悦。"这就是文学史上的名篇佳作《滕王阁序》，后人便用"王郎佳句"代指王勃的《滕王阁序》，或以此典故咏赞词句优美。

30. 味外味

这个典故是关于唐代河东著名诗人和诗论家司空图作诗的体会和感受。

司空图（837—907），晚唐河中虞乡（今山西省运城市永济市）人，字表圣，自号知非子，又号耐辱居士，著名诗人、诗论家，《二十四诗品》为其不朽之作。

此典故最早出自司空图的《司空表圣文集·与李生论诗书》："而愚以为辨于味而后可以言诗也。"又云："倘复以全美为工，即知体外之旨也矣。"在这里，司空图以"味"指诗的"韵味"，也就是诗歌的情趣和意境。

他认为只有能够先辨出诗歌的味道才可以谈论诗歌，只有在追求外形的精美与内涵韵味之美结合以后，才可以真正体会到"味外之旨"。后来这个典故用来比喻能够品察到诗歌的醇美的味道。

31. 文畅俦

这是关于河东人柳恽的一个典故。

柳恽（465—517）字文畅，南朝梁河东郡解县（即今山西省运城市盐湖区）人，以多才多艺著称天下。他不仅是著名的诗人，还善于弈棋、弹琴、精通医术、通晓医学精妙之道、擅长占卜。梁武帝萧衍赞赏他说，"吾闻君子不可求备，至如柳恽可谓且美，分其才艺，足了十人。"从中可见柳恽的多才多艺。柳恽是齐梁时期很有成就的诗人，年轻时以擅长赋诗闻名，《江南春》正是他的代表作。诗中刻画了一位妇女得到丈夫音信、而又怀疑他另有新欢的半喜半忧的复杂心理，情景交融，颇为细致。特别是起句"汀洲采白苹，日落江南春"在后人的诗词中常化为典故使用。柳恽历任广州刺史、秘书监、右卫将军、吴兴太守等职。史书记载，他为政清静，人吏怀之，著有关于琴法的《清调论》，关于围棋的《棋品》，关于医术的《卜杖龟经》等。可惜他的这些著述均已散佚。

这个典故最早出自于《梁书·柳恽传》："柳恽字文畅，河东解人也。少有志行，好学，善尺牍……琅邪王元长见而嗟赏，因书斋壁。至是预曲宴，必被诏赋诗。尝奉和高祖《登景阳楼》中篇……深为高祖所美。当时咸共称传。"后来唐代皎然在《读张曲江集》又诗曰："逸荡子山匹，经奇文畅俦。"这里以柳文畅比拟张九龄（即张曲江），"俦"的含义是"同类""同辈"，以后就用这个典故来赞美人有文才。

32. 五羖大夫

这里"羖"的含义是公羊，"五羖大夫"特指春秋时期河东人百里奚。

百里奚早年贫穷困乏，流落不仕，在被晋国俘虏前，曾游历齐、周、虞、虢等国，这使得他对于各国的民俗风情、地理形势、山川险阻知之甚悉，为他后来给秦穆公筹划东进准备了必要条件。他早年颠沛流离的生活和坎坷的经历，使他尝尽了艰苦生活的滋味，也亲眼目睹了下层人民的悲惨处境，所以后来他任秦国大夫时，为官清正、以民为贵。

这个典故最早出自《史记·秦本纪》："缪公闻百里奚贤，欲重赎之，恐楚人不与，乃使人谓楚曰：'吾媵臣百里奚在焉，请以五羖羊皮赎之。'楚人遂许之……缪公大说，授之国政，号曰'五羖大夫'。"秦穆公用五张羊皮换取并释放他，与他共商国事，百里奚又向秦穆公推荐蹇叔、由余等贤能之人，使僻处一隅的秦国逐渐强大起来，共同辅佐秦穆公建立了霸业。

这个典故后来比喻为统治者礼贤下士。

33. 积羽沉舟、积毁销骨

这也是一则关于河东著名外交家张仪的典故。

这则典故最早出自于《史记·张仪列传》，张仪说秦王曰："臣闻之，积羽沉舟，群轻折轴，众口铄金，积毁销骨。"在这里，张仪以"积羽沉舟，积毁销骨"形容诽谤对人的伤害。

这个典故后来比喻积微成著、积小患成大祸。

34. 义纵攻剽

这是一则关于河东人义纵的典故。

典出《汉书》卷九十《酷吏传·义纵传》："义纵者，河东人也。为少年时，尝与张次公俱攻剽为群盗。纵有姊，以医幸王太后。王太后问：'有子兄弟为官者乎？'姊曰：'有弟无行，不可。'太后乃告上，拜义姁弟纵为中郎，补上党郡中令。治敢行，少蕴藉，县无逋事，举为第一。迁为长陵及长安令，直法行治，不避贵戚……而张次公亦为郎，以勇悍从军，敢深入，有功，为岸头侯。"

这段话的意思是，河东人义纵少年时曾与张次公一块结伙抢劫，后来他的姐姐义姁（盐湖区王范乡姚张村人，是我国历史上第一个有记载的女医生，被誉为巾帼医家第一人，因医术高超被召入宫，专为皇太后治病，是中国古代 4 位女名医之首），凭医术受到太后的宠幸。王太后问义姁说：

"你有儿子和兄弟当官吗？"义纵的姐姐说："有个弟弟，品行不好，不能当官。"太后就告诉皇上，任义姁的弟弟义纵为中郎，后又任上党郡的一个县令。义纵执法严酷，因此县里很少发生刑事案件，政绩名列前茅。张次公后来也当了郎官，因为作战敢于深入敌军，获得军功，封为岸头侯。

这个典故后来用于比喻人的好坏可以随着情况和环境的变化而改变的。

35. 瘗鹿

这个典故是关于河东人裴宽为官清廉的故事。

裴宽，唐朝河东闻喜（今山西省闻喜县）人。唐睿宗至唐玄宗时期的著名大臣。他生性通敏，工于骑射，尤擅文词，累官至礼部尚书。天宝十四年（755）去世，时年75岁，赠太子少傅。裴宽任职期间，为官清廉，两袖清风，传为美谈。

典出《渊鉴类函·施馈三》："唐景云中，韦诜休日登楼，见人有瘗鹿者，访诸吏曰：'参军裴宽居也。'吏与偕来，诜问状，曰：'宽居，义不以苞苴污其家。适有人以鹿饷，致而去，不敢自欺，故瘗之。'诜嗟异，乃引为判官。"另外，《新唐书·裴宽传》也有记载："宽不以苞苴污家，不敢自欺，故瘗之。"

这段话大意是，裴宽担任官吏时，曾有人送鹿肉给他，知道裴宽不收，悄悄放下肉就走。裴宽无处退礼，便把鹿肉埋在后花园里。刺史韦诜知道此事后，非常叹服，聘裴宽为按察判官。

这一典故后来形容为官清廉、义不私取。

36. 虞芮息讼

这是一则关于河东地区的平陆县和芮城县百姓的典故。

典出《诗经·毛苌传》："虞、芮之君相与争田，久而不平，乃相谓曰：'西伯仁人也，盍往质焉？'乃相与朝周。入其境，则耕者让畔，行者让路。入其邑，男女异路，班白不提挈。入其朝，士让为大夫，大夫让为卿。二国君感而相谓曰：'我等小人，不可以履君子之庭。'乃相让以其所争田为闲原。"后《史记·周本纪》也记载:"虞、芮之人有狱不能决,乃如周。入界,耕者皆让畔,民俗皆让长。虞、芮之人未见西伯,皆惭,相谓曰:'吾所争,周人所耻,何往为,祗取辱耳。'遂还,俱让而去。"

这两段史料记载的都是周初时期今天河东地区民间讼事的处理情况:虞国与芮国争田诉讼连年不决,后受西伯(即周文王)仁风的感化,自行息讼,互让其田。虞在今河东地区的平陆县附近,芮在今河东地区的芮城县附近。后来以此比喻用仁德感化息讼。

37.云长勇

这是一则和关羽有关的典故。

关羽(约160—220),字云长,小字长生,东汉末年河东郡解县(即今盐湖区解州镇)人,雅号"美髯公",三国时期著名将领。关羽一生忠义仁勇,去世后,民间尊其为"关公"。历代朝廷对关公多有褒封,至清朝雍正时期,被崇为"武圣",与"文圣"孔子地位等同。在小说《三国演义》中,名列"五虎上将"之首,清代文学评论家毛宗岗称关公为《三国演义》三绝中的"义绝"。

《三国志·蜀书·关羽等传赞》记载:"关羽、张飞皆称万人之敌,为世虎臣。羽报效曹公,飞义释严颜,并有国士之风。"典出唐代诗人杜牧的诗作《题永崇西平王宅太尉愬院六韵》:"矫矫云长勇,恂恂郤縠风。"关羽在曹营时,曾斩袁绍大将颜良,封汉寿亭侯。后拜前将军,威震华夏,称"万人敌"。后以此典故比喻战将的英勇无敌。

38.助清风

这仍然是关于初唐河东著名诗人王勃的典故。

典出五代时期王定保的《唐摭言》:"王勃,字子安,文中子之孙,早负俊声。其父福畤,官洪都。勃自汾省亲,舟次马当,阻风涛不得进,因泊庙下。登岸纵观,忽见一叟坐石矶上,须眉皓白,顾盼异常,遥谓勃曰:'少年子何来?明日重九,滕王阁有高会,若往会之,作为文词,足垂不朽矣。'勃笑曰:'此距洪都为程六七百里,岂一夕所能届耶!'叟曰:

'兹乃中元水府，是吾所司，子若决行，吾当助汝。'勃方拱谢，忽失叟所在。依其言发舟，清风送帆，倏抵南昌。次日入谒，果不爽期。"

这段话的意思是，王勃自汾水之滨出发到南昌去探望父亲，船行到马当却遇风涛受阻。就在这个时候他忽然在江边遇到一老头，助了他一帆清风，使他及时赶到南昌，出席了在南昌举行的嘉宾盛会，写出了千古名篇《滕王阁序》。

"助清风"后来用于比喻时来运转、办事得助。

39. 求媚受责

这个典故发生在唐代河东的蒲州。

赵元楷是隋朝旧臣，善巴结奉承和搜括民财。他在做历阳郡丞时，曾进献珍奇美味给江都的隋炀帝而升为江都郡丞。唐朝建立后，赵元楷又任蒲州刺史。当唐太宗到河东蒲州视察时，赵元楷征令老年人穿黄纱单衣，准备在路旁迎接拜见皇帝，并征用劳力大肆修饰官署的房屋以便讨好皇帝。同时，他又暗地饲养百多头羊、几千条鱼，准备送给皇亲贵戚。太宗知道后，召来他斥责道："我巡察黄河、洛水一带，经过几个州，凡所需东西，都是用官府的物资供应。你给我们饲养羊、鱼，雕饰庭院屋宇，这是已亡隋朝的坏风气啊。"后来赵元楷被贬为梫州刺史，他既惭愧又害怕，几天后就因不吃东西而死。后来这个成语就是比喻那些本想凭借溜须拍马升官发财的人，当面受到斥责，最后丑态百出，反而事与愿违。

第六章　转型时期的近代河东社会与发展

近代时期的河东社会和文化虽然相对来看没有古代时期那样灿烂辉煌，但在中华民族发展的历史长河中也同样作出了巨大贡献，只是由于古代河东的辉煌在一定程度上遮掩了近代河东在全国甚至世界的知名度。在河东文化的研究历程中，以往的主要研究范围大都囿于古代阶段，多是阐述和发挥河东社会灿烂辉煌的古代文化，而往往忽略了对近代时期河东区域社会发展和文化传承等话题的探讨和论述。在此，笔者基于近代河东社会的历史资料，试图阐明河东区域在近代阶段的社会发展状况和文化传承特点，并阐述本地区的近代重要人物，以便让读者也对近代的河东地区有个大致了解，使河东文化研究有一个趋于全貌的进展。

第一节　河东近代社会发展状况

从 1840 年鸦片战争到 1919 年五四运动，是中国社会动荡变化的 80 年。这一时期就是我们过去史学界所划分的近代时期。西方资本主义列强的入侵，造成了中国社会的大变动，改变了传统社会固有的格局。中国传统社会在此期间发生着新的变化，从政治局势、经济形态以至普通老百姓的衣食住行等，都或大或小、或明或暗、或快或慢在转型变迁。无论是李鸿章慨叹的"三千年一大变局"，还是曾纪泽所说的"五千年来未有之创局"，都反映了这种外来冲击对中国社会所造成的巨大震动。实际上，确切地讲，从老百姓的感受来看，较大、较快、较为明显的转型变迁是从甲午战争之后开始的。小小的弹丸之国日本击败了一向都不把日本放在眼里的清王朝，整个中国朝野震惊了，老百姓才从沉睡的梦中惊醒，中国人才心甘情愿地去改变一些旧事物，愿意接受一些新事物。因为过去五十年来一直是被动挨打，总是每打一次，才动一次，打得重一点，就改得大一点，疲于应付，从未主动过。所以说，不管是从外表上、物质上还是心理上，中国近代社会的转型变迁真正开始于甲午战争后。中国从传统农业社会向近代工业社会转变，从封闭、宗法、专制的传统社会缓慢向开放、民主、法治的现代社会转变。而且，与社会经济、政治变革同步，中国固有文化也发生了由旧向新、由古向今的转换，由传统步入了真正的近代时期。

总体来看，相对沿海沿江省份而言，包括河东地区在内的山西区域在近代以来发展步伐缓慢，各方面变化较小，但是在西方打开中国大门以后，河东和整个山西地区也在逐渐发生着变化，不过在传统文化气息更为浓厚的河东地区，对于传统社会的一些优秀元素则保留得更多，这是河东地区的近代文化特色。

一、近代河东的人口和性别比例结构

河东地区最早的人口记载起于汉平帝元始二年（2），当时辖境内有人口46万，共11.4万户。至隋初，社会安定，河东人口曾达到83万之多，后人口数量几经变迁，到元代至元元年（1264），辖境内只剩8.8万人。明代本区人口增长较快。到明代天顺五年（1461），人口达25万户，数量又达到83万人。此后，由于清朝初年采取奖励垦荒以及规定"滋生人丁，永不加赋"的政策，再加上后来清政府又实行了"摊丁入亩"的办法，废除了汉唐以来实行的人口税，河东人口数量急剧增加。到嘉庆二十五年（1820），河东人口达277万之巨。近代以后，到清光绪三年（1877），大旱持续一年多，寸草不生，"一家十余口，存命仅二三，一处十余家，绝嗣恒八九"（《丁丑大荒记》碑文）。到光绪十三年（1887），在大灾之后的十年间，河东人口为135万，仅为67年前（即嘉庆二十五年）的48.7%。清末民初，河东地区人口密度在全省还不算高。例如按每平方公里计算，万泉县为55.72人，荣河县为42.29人，猗氏县为38.96人，绛县仅为10.73人，而同一时期的文水县则有126.81人。[①] 辛亥革命以后，山西一隅相对较为安宁，阎锡山闭关自守，实行"六政三事"，推行"村政建设"，山西省各项事业得到一定程度的发展，再加上河东地区的地理位置优势（秦晋豫三省交界），河东曾一度成了吸引外人的好去处，因此到本地逃荒避难的人数增多。民国二十年（1931），全区人口158万，人口密度则为115人/平方公里，大大超过山西省其他地区的人口密度。[②]

在中国传统社会，尤其在近代时期，由于长期处于半封建半殖民地社会，人们重男轻女的封建思想十分严重，女性人口在婴幼时期就出现被遗弃、溺死的现象，另外，在成年阶段，受歧视、受虐待、劳累过度，也容易死亡，加之兵荒马乱，女性人口死亡率大大高于男性人口，造成了男女性别比例严重失调。据1912年至1922年统计，河东全区17个县的人口性别比在118—129之间，个别县男性多于女性高达36%。尤其是婴儿性别比例失调更为严重，这大概也是当时全国的基本情况。

二、近代河东农业经济发展概况

本区位于黄河中下游，地势平坦，土壤肥沃，光热资源丰富，发展农业生产有着得天独厚的自然条件。因此，河东地区是中国农业经济发展较早的地区之一。相传嫘祖养蚕于夏县，后稷教民稼穑于稷山，开创了中国农业文明的历史。

---

① 周宋康：《分省地志·山西》，中华书局1939年版，第62—70页。

② 运城地区地方志编委会：《运城地区志》，海潮出版社1999年版，第156页。

在以农为本的封建社会，河东作为山西乃至全国的主要产粮区和富庶农业区，长久不衰，一直享有盛誉。农作物种植起源很早。据考，谷物种植已有四五千年的历史，小麦种植距今也有三千多年。夏、商、周时，原始农业已具相当规模。至战国秦汉时，本区农业在全国居于先进水平。从耕作动力来讲，这里是中国牛耕的发源地之一，在平陆县枣园村的汉墓内，曾发现绘有牛、耧播的壁画。随着铁木农具的普遍使用和农作方法的改进，粮食产量有了大幅度提高。战国时期一般年景亩均产量一石半，汉代亩均产量增至二石半，为当时全国较高产量。隋、唐时期，曾在河津、新绛、闻喜、永济等县引黄、汾水"溉田良沃"，种植稻米，有的达到亩收十石。明、清时期，农业生产又有进一步发展，有些县当时粮食亩产量达到3—4石。

但是，鸦片战争后，河东各州、县大量种植棉花、蚕桑、麻类、花生等作物，粮食作物播种面积降幅较大，而且大多数人并没有粮食安全意识，丰年储存粮食的也很少，以致到光绪三年，河东大旱，粮食绝收，人口死亡过半，成了河东人历史上永远的痛。

从全省范围来看，"曾经富足的山西乡村在1949年之前就已经开始日渐贫困"。"外蒙古独立、俄国革命、国防重心和贸易中心由内陆转移到东南沿海——所有这些发展将山西从一个贸易主干道变为一个孤立的、交通不便的省份"。"20世纪初到80年代，山西中部的村落由繁荣的工商业中心变为贫困的、基本上是农业为主的地区。"①

另外，长期以来，农业生产以小农经济和小生产者的方式进行，以生产资料私有和个体劳动为基础，生产力水平十分低下，产量低且很不稳定。②例如，20世纪30年代，全省小麦产量最高的闻喜县常年小麦亩产

---

① ［英］沈艾娣：《梦醒子：一位华北乡居者的人生（1857—1942）》，北京大学出版社2013年版，第6页。

② 可参见张启耀：《南京国民政府前期山西农民生活水平分析》，《中国经济史研究》2009年第1期。

也只有1.03担。①这一数字约合现在的60公斤。再加上乡村社会贫富不均，两极分化，因此百姓生活还是十分艰难。到抗战爆发前，河东地区"已届农村渐破，商业凋敝，末路穷途之境地，实属无可讳言"。②"什么也不见得有起色，此也不景气，彼也不景气，一切的一切，都日趋于没落之途，真是危险到万分了"。③

有记载显示，至1949年，全区粮食总产量仅为43991万公斤，平均亩产53公斤，其中小麦总产33107万公斤，平均亩产52公斤；棉花总产1624.5万公斤，平均亩产16公斤；农业总产值29354万元，人均不过163元。④

三、清末民初的河东社会变迁状况

近代中国在西方科技、文化的冲击下，观念、学说乃至生活无不面临着革新，但传统小农经济仍以强大的生命力左右着农民的生活，将农民锢锁在乡土上，留在田园中。与这一时代多数地区乡村相似，河东地区依然没有走出传统社会的生活模式。

山西处在崇山峻岭之中，风气晚开，行动迟滞，对新潮流的接受常是比较的落后。鸦片战争后，河东社会逐渐发生着一些新的变化，但因深处内陆，河东社会各方面变化相对缓慢。有一个情况很能说明问题：清朝中期推行的"摊丁入亩"制度，直到光绪中后期才在全省范围内开始实施，之前还有许多州县实行田赋、丁税分征制，包括河东地区在内的整个山西社会发展的缓慢性由此可见一斑。甚至迟至民国初期，整个山西省的情况仍然是乡村户籍杂乱、人口不清，政府下达的各项政令、措施很难具体

---

① 周宋康：《分省地志·山西》，中华书局1939年版，第89页。

② 傅宗隆：《山西建设方略之连环性》，《山西建设》1935年第3期。

③ 徐作新：《山西农村现状及其改进方法》，《监政》1935年第105期。

④ 运城地区地方志编委会：《运城地区志》，第200、237、239页。

实施。

晚清至民国前期是中国社会变动较为显著的时期，但是河东区域地处黄土高原，除汾河河谷平原和运城盆地外，大多地方以丘陵、山区为主，交通不便，无论全区的大环境，还是各地的小环境均阻碍着村民对世界的认知。由于农业生产与土地之间的依存关系，近代河东乡村虽然也经历了从帝制到民国的社会重大变化，但村民的生活节律几乎没有因此而出现本质的改变。如山西省民政厅对稷山县的社会调查结论是："该县民俗勤俭，犹有古风，惟守旧成性，凡事习常蹈固，不愿改弦更张。"① 体现了晋南的河东地区传统习俗延续的顽固性。即使全省在辛亥革命"光复之后，在当道的指导之下，也曾努力过不少的建设工作，极盛时代，且获得模范省的美誉，嗣后，岁移时迁，不免陷于保守"。② 笔者曾在论文《"村政建设"与近代山西乡村社会变迁：兼论阎锡山"村政建设"失败原因》对这一问题有过比较详细的论证。③

近代河东社会虽然还相对守旧，但敦厚勤奋、诚实可信历来是河东社会的一张名片，即使在近代时期也是如此。有近代学者在考察了山西的民风后曾评论说"人民俭朴，忧深思远，有古贤圣之遗风"。④ 那么，文化品质优秀、具有辉煌历史的河东社会为什么到近代却落后了？学界对这一问题的深入研究并不多。笔者认为，有一个导致落后的原因应当注意，那就是，在古代各地交通条件同样不发达及社会交往同样较少的情况下，河东社会所具备的某些优势或者说传统文化特质能相对得以彰显，并在河东区域社会发展中起积极的作用。但随着近代西方科技的大规模输入，沿海

---

① 《山西省民政厅稷山县政治状况视察表》，山西省民政厅编：《山西政治视察报告汇刊》，山西省民政厅太原1931年版，第134页。

② 李畅生：《山西光复纪念之认识》，《监政》1934年第7卷第9—10期。

③ 张启耀：《"村政建设"与近代山西乡村社会变迁：兼论阎锡山"村政建设"失败原因》，《运城学院学报》2019年第6期。

④ 郭葆琳：《山西地方制度调查书》，山东公立农业专门学校农业调查会1925年版，序言。

及内地平原各省的交通状况及其他发展环境不断得以改善，当地人们的思想观念及行为也随之在潜移默化中发生着变化。而此时包括河东地区在内的整个山西则由于地理环境的限制，有助于社会发展的交通及其他环境基本没有大的改进，导致人们的思想仍然守旧，最终被挤出社会发展的快车道。[①] 也有学者分析说："生长于山西的人，长于思想及内部的精神活动，而短于接受外面刺激和印象的力量。他会深思远虑，而不善于顺应潮流。"[②]

总体而言，河东乡村社会在近代山西全省落后保守的大环境下没有也不可能独善其身，这不仅是其自身自然环境影响的结果，也是当地历届当政者闭关、保守的统治政策带来的长期负面影响。不过，在近代经济发展和社会变迁方面，虽然河东乡村整体相对较慢，但同时保留了很多传统社会的优良民风和美德，这也不失为一种颇有价值的社会资源。

第二节　河东近代重要人物和事件

虽然近代河东社会相对守旧，但由于河东地区民风较为醇厚，优秀传统文化还保留较多，所以，近代河东地区仍然英雄辈出，可歌可泣，重要人物有近代"戊戌六君子"之一的杨深秀，被誉为"山西二景"的辛亥革命志士景梅九、景耀月，辛亥英雄李岐山及其儿子即现代翻译家和作家李健吾等。同时，河东仁人志士在近代后期的新民主主义革命时期也做出过巨大贡献。1955—1965 年，我国第一次授衔，有 1614 位将领被授予将军衔，这些军人经历了长征、抗日战争和解放战争的洗礼，为共和国作出了巨大贡献，亦称之为开国将军。山西是革命老区，一共涌现出 47 位开国

---

① 张启耀、鞠振《近代山西社会与"晋学"研究》，《光明日报》(理论版)2009 年 12 月 24 日。
② 李畅生：《山西的前途》，《监政》1935 年第 105 期。

将军，其中 1 位元帅，2 位上将，一位中将，43 位少将或晋升少将，而在这 47 位将军中，河东地区就占据了 13 位，是山西开国将军最多的地域，这其中包括董其武上将、常乾坤中将和王兰麟、谷景生、车敏瞧等 11 位少将。

下面以部分近代河东重要人物和主要事件为例作进一步叙述。

（一）戊戌变法与河东志士杨深秀

清末戊戌变法运动震惊中外，留名千古，运动中流血献身的六位志士史称"戊戌六君子"，而在这六人中，有一位就是我们河东闻喜人杨深秀。

杨深秀（1849—1898），字漪邨，本名毓秀，号奫奫子。杨深秀自幼聪慧，青年时期即考取了秀才和举人，1889 年，即光绪十五年又再中进士，后授刑部主事，累迁郎中，1897 年再授山东道监察御史。

每每看到深重的民族危机和政治腐败，杨深秀便立志"以澄清天下为己任"。他在任职以后，正逢俄罗斯要求中国割让旅顺及大连湾，杨深秀随即上疏请求联合英国、日本拒俄，时人都知杨深秀国学根底深厚，却不知他也明了世界局势，因此均感惊服。1898 年 3 月，伴随着康有为、梁启超领导的戊戌变法运动的不断开展，杨深秀和御史宋伯鲁发起关学会，大力支持和呼应"戊戌变法"。同年 4 月，他又列名于康有为组织的保国会，并与康有为过从甚密，其中的不少奏疏都是他和康有为商量后写成，或为康有为代拟，为变法的开展作出了巨大贡献。

1898 年，以慈禧太后、荣禄等为首的保守派发动政变，镇压戊戌变法，杨深秀在政变中被捕，并与谭嗣同等五人被杀害于北京菜市口。遗著有《雪虚声堂诗钞》《杨漪邨侍御奏稿》《闻喜县新志》。

除了在"戊戌变法"中的历史贡献，杨深秀还在中举和任职之后，积极为河东地方社会服务，深得乡民的拥戴。

1877—1878 年（光绪三至四年），河东地区发生世所罕见的"丁戊奇荒"，杨深秀回到家乡探视家人，并加入赈灾行列，尽到了自己的一份责任。1878 年春，杨深秀毅然抛弃科举考试，请假回乡，团结官绅，组织赈灾，兴利除弊。此外他还续修了《闻喜县志》，并在光绪《山西通志》的修纂中付出了辛劳。

此外，杨深秀还是为官清正廉洁的典范。他在朝中担任御史时家里仍然很穷，衣食有时都供应不上，只有靠诗文自给。虽然生活清贫艰苦，杨深秀却不曾稍改其志。他对自己要求很严，在京城住了 20 年，恶衣恶食破车老马，高尚的气节无与伦比，有古君子的风范，令人肃然起敬。

在杨深秀的故乡山西省闻喜县流传着一则美丽的故事。杨深秀才思敏捷，出口成章，且胸怀报国大志。传说杨深秀上京赶考途中逢一流浪女子在路旁哭泣，原来是女子父亲身亡而无力安葬。杨深秀十分同情，但由于囊中盘费不宽，只得卖了自己赶考之马，将银两赠予女子帮其葬父，而他则雇一独轮小车推上行李步行进京，最后误了考试时间而未能进入考场。就在他焦急不已时，主考大人问明缘由，深受感动，见他人品端正，索性场外面试，以定其才。主考大人当即对杨深秀出联曰：八抬大轿如船，前后左右四对人忙碌，主考官守时早到；深秀当即对曰：独轮小车非马，南北东西两千里奔波，应试者行义迟来。主考官没表态，又出一联曰：为朝廷选才去石留玉；语音刚落，杨深秀即对曰：替社稷补天蹈火赴汤。主考官大喜，但还想考一考他的智慧，随即撕下二指宽的纸条，让他写万言宏文。杨深秀闻之暗笑，接过纸条挥笔写下"一而十，十而百，百而千，千而万"十二个字呈上。主考官曰："你的十二个字怎能抵万言？"杨深秀答曰："大人二指宽的纸条怎能容万言宏论。"杨深秀对得好，答得巧，态度不卑不亢，有礼有节，主考官万分欣喜，心知此才不凡，遂奏皇上，破格录为进士。

杨深秀和谭嗣同一样，在戊戌变法的百日维新过程中骨头最硬，变法的态度最坚决，最后不惜以牺牲生命唤醒国人。康有为称赞他"虽惨柴市刑，能褫权奸魄"（见康有为《六哀诗》，《新民丛报》第 17 号）。为促进变法，杨深秀共上奏折 17 件之多。1898 年 9 月 21 日（农历八月初六），慈禧太后发动政变，光绪帝被囚禁，康梁逃亡，变法失败。此时，杨深秀不顾个人安危，打算前往南苑，说服董福祥军反正，"动以忠义，俾救主上，反正，则新政大行"。可惜抓捕他的人已到，他从容就捕。据说当年杨深秀本来完全可以逃过此劫，但在前五位下狱后，杨深秀即为他们向慈禧求情，并劝她归政光绪帝，这才因此断送了性命。1898 年 9 月 28 日（农历八月十三），离中秋节只有两天，却是个血腥的日子，谭嗣同、康广仁、刘光第、林旭、杨锐、杨深秀等六位维新志士头断菜市口。他们以天下为己任，舍生取义，临大节而不辱，以满腔热血，甘愿为国家民族捐躯。

戊戌维新运动被镇压后，杨深秀的长子在山西同乡的帮助下为父亲收尸并运回老家河东闻喜仪张村草草安葬。今天，在仪张村村南 50 米处，静静地长眠着这位为变法而献身的英杰。杨深秀墓是一座用石块围砌的土坟，矗立着一通最普通不过的"万古流芳"碑，上书"戊戌志士杨深秀之墓"，是山西省文物局和闻喜县文保部门于 1990 年所立。墓地简朴而凄凉肃穆的氛围与旁边公路上车水马龙、熙熙攘攘的环境形成了极大的反差，不禁令人感慨万分。站在杨深秀的墓前，笔者就以这位维新志士的狱中诗作为对他的再一次纪念：

> 久拼生死一毛轻，臣罪偏由积毁成。
>
> 自晓龙逢非俊物，何尝虎会敢徒行。
>
> 圣人岂有胸中气，下士空思身后名。
>
> 缧绁到头真不怨，未知谁复请长缨。[①]

---

① 杨深秀相关资料参见《三晋史话》（运城卷），山西出版传媒集团 2016 年版；王崇仁：《杨深秀诗集笺注》，中国书籍出版社 2019 年版；等等。

（二）晚清名臣阎敬铭 ①

进入运城永济市王官别墅景区，正面是一座照壁，"不气歌"几个大字映入眼帘："他人气我我不气，我本无心他来气；倘若生病中他计，气下病来无人替；请来医生把病治，反说气病治非易；倘若不消气中气，诚恐因病将命弃；我今尝过气中味，不气不气真不气。"这首耳熟能详的"不气歌"的作者正是清末东阁大学士、军机大臣兼户部尚书阎敬铭，而王官别墅就是晚清慈禧太后执政时期阎敬铭的故居。

"不气歌"是阎敬铭因得罪慈禧太后被革职留用以后，目睹晚清官场的腐败和黑暗，而又回天无术的慨叹，是自我宽心的话，被后世传为劝世、养生的真言。

阎敬铭性格刚直不阿，去世后，光绪皇帝赐其谥号"文介"。而王官别墅景区就是当年的王官庄园，是阎敬铭辞官归里后日与土地、农民为伴，颐养天年的田园。

阎敬铭（1817—1892），字丹初，本是陕西朝邑（今大荔）人，1867年任山东巡抚期间因病回乡，由于家乡遭水灾而侨居河东永济虞乡屯里村。他看到当地许多"生童"无学可上，便一边调养身体，一边设馆教学。1877—1878年，山西遭灾，他奉命就地稽查山西赈务，筹款调粮，力查贪污赈灾大案，奏请裁减差徭，灾民额手称庆"阎青天"。其间他大力提倡栽桑养蚕，戒种罂粟，扫除积弊；用赈务脚资余款兴建"王官书院"，又捐银四千余两以添经费，亲自刻版印刷了司马温公的《资治通鉴》以及《涑水纪闻》诸书，教化民众。1883年，阎敬铭调任户部尚书，1884年出任军机处大臣，其间整顿户部事务，查处云南军费贪污案，受到惩处的官员上至军机大臣，下至户部侍郎、兵部侍郎、云贵总督等数十名，是中国近代史上一桩惩腐大案。1885年阎敬铭被授东阁大学士仍兼管户部，同

---

① 该部分相关资料参见阎悌律编：《晚清重臣阎敬铭遗事》，陕西新华出版传媒集团2016年版；党旺旺：《阎敬铭与"丁戊奇荒"：兼论晚清社会防灾救荒体系与机制》，《渭南师范学院学报（综合版）》2019年第3期；等等。

年因谏阻挪用海军军费修筑颐和园而触怒了慈禧，受到"革职留用"处分。1887 年官复原职。1889 年因看不惯晚清腐败的朝政，苦叹回天无术，奏请辞职归里，先侨居虞乡屯里村，后移居王官别墅，1892 年二月初九逝世，享年 75 岁。

阎敬铭的一生有几件事值得称道。

阎敬铭善于理财，有"救时宰相"之称。由于在传统中国社会，清朝的官员走的都是科举路，念的都是圣贤书，不要说经济管理，连四则运算掌握的不熟，所以他这样的人才在当时实在是凤毛麟角。他当户部主事的时候就因做事一丝不苟、井井有条小有名气。1859 年，阎敬铭出任湖北粮台并经办营务，为湖北巡抚胡林翼筹措军饷，"为任艰巨，删节浮费，综核名实，岁可省钱十余万"，使胡林翼惊呼他为"公正廉明，实心任事，为湖北通省仅见之才"。胡林翼死后，其继任者严树森对阎敬铭也极为赏识，上任当年即上疏朝廷："敬铭守堪历俗，才可救时。其于刑律则准情酌理，于粮台则弊绝风清。"在胡、严二人的极力推荐下，阎敬铭"三年七擢"，由六品湖北粮台升任湖北按察使、湖北布政使，于 1863 年 5 月再次受命署理山东巡抚，并赏二品顶戴，跻身封疆大吏行列。期间曾不畏强权，严惩湖广总督官文的副将，为民除害。

1877 年山西发生饥荒，史称"丁丑大饥"，阎敬铭奉旨在山西稽办赈务，查贪官救民于水火。在山西虞乡病休期间，躬耕于中条山下，日与农民为伍，历久情深，体恤民苦，感念虞乡县令强宜庵为百姓减免差徭，借题发挥，言志抒怀而作《虞乡县强宜庵免减差徭记》功德碑文。碑文一开始，作者寄慨遥深，脱口而出："天下有苦无复之，而仍忠于事上者，其农民哉！不知其忠，遂不知其苦，不仁之甚者也。孟子言王政，首以不夺农时，宽其徭役，使天下知农之利，农之乐，而世于以治。"一个封建时代的官员撰写碑文，全然抛开固有的套式，力避窠臼，从心底迸出"天下有苦无复之"如此深沉的慨叹，足见作者爱农悯农、体恤民间疾苦的炽热情怀。

在阎敬铭故居厅堂的迎面是一副木雕的岁寒三友图，上面的"岁岁平安"匾是慈禧太后于光绪八年亲笔题写。时年阎敬铭 66 岁，钦命户部尚书，慈禧太后与阎敬铭诚勉谈话时，阎敬铭力陈户部时弊，颇得太后欣赏，亲笔题写"岁岁平安"，含祝平安之意，鼓励阎敬铭大刀阔斧对户部进行整顿。可惜好景不长，仅仅四年光景，光绪十二年，当阎敬铭坚持原则，拒绝挪用海军军费为慈禧太后修建颐和园时，立即被她以"不能仰体朝廷裕国便民之意，饰词廷宕"为罪，把阎敬铭"交部严议"，给予"革职留用"的处罚，中断了阎敬铭的政治生涯。虽说次年即光绪十三年恢复了阎敬铭的职务，但经过这一次的打击，阎敬铭对晚清官场的黑暗、腐败彻底看透了，于光绪十五年"四疏乞休"，得到批准，又回到了山西虞乡屯里村，后移居王官别墅，日与山水作伴，卒于光绪十八年。空留下"岁岁平安"匾在这里，向我们诉说着布衣廉相的故事。

（三）河东籍的"辛亥三元勋"

在中国近代轰轰烈烈的辛亥革命运动中，有三位河东籍的著名革命元勋——姚以价、王用宾及张士秀。

姚以价（1881—1947），字维藩，号龙门，山西河津县西毋庄人。他出身寒微，七岁时父母双亡，幸赖叔父抚养成人。河津县为唐朝名将薛仁贵的故里，薛仁贵成了姚以价十分崇敬的偶象和立身处世的楷模。清政府腐败无能，列强弱肉强食的社会现实，更坚定了他从军报国、浴血疆场的志向。

光绪二十八年（1902），停办两年之久的山西武备学堂于夏天复办，在全省招生。血气方刚的姚以价毅然投笔从戎，与阎锡山、温寿泉、黄国梁、荣炳等同期考入山西武备学堂。光绪三十年（1904），山西巡抚张曾敫奏准清廷，选派 50 名学生赴日留学，姚以价因品学兼优，考列上等，与阎锡山、张维清三人享受公费留学的特殊待遇。

旅日期间，姚以价先后结识了温寿泉、李烈钧、唐继尧等激进青年，受到反清革命思想的影响和熏陶，并曾参与李烈钧等推翻清廷的秘密活动。

1911年武昌起义爆发，山西新军中的革命党人密谋响应。当时，姚以价虽然不是同盟会会员，但一向同情革命，思想激进，在新军中职务较高，声望素著，因而被杨彭龄、张煌等推为义军司令。10月29日凌晨，起义正式发动。参加起义的八十五标一、二一营官兵在狄村广场聚众誓师。姚以价声泪俱下，众官兵齐声道："愿拚死，愿服从大人命令。"姚以价随即下达了"攻打抚署"的作战命令，起义部队即兵分三路向省城进发，驱散了抚署的亲军卫队，将巡抚陆钟琦，协统谭振德乱枪击毙，太原起义宣告成功，姚以价为山西辛亥革命立下了不可磨灭的功勋。

太原光复后，姚以价受阎锡山排挤，不久之后到北京任晋威将军，后赴赣李烈钧部任参谋总长。李在赣发动二次革命，姚以价衔命北上，计划策应，被袁侦知，姚以价遂辗转赴滇，参与蔡锷发动的护国战争。1927年1月，姚作为冯玉祥的高级代表，赴陕游说杨虎城参加国民革命。后客居山东，成了韩复榘的高参。抗日战争爆发后，姚以价不满韩复榘媚日行径，毅然捐尽家资离开山东，只身赴陕西邠县旅居，走前命其长子姚鸣第从军鲁北，坚决抗日，后姚鸣第在山东聊城战役中为国捐躯。

在旅居陕西期间，姚以价对中共"捐弃前嫌，团结御侮"的主张亟表赞同，因而受到国民党右派势力的疑忌，于1941年6月被免去军事参议院参议之职。1945年9月抗战胜利后，始授陆军中将之衔。为避蒋介石特务的迫害，于1946年又迁往兰州，寄居于名士水楚琴的花园。1947年，姚以价病逝于西安，终年66岁。①

第二位河东籍辛亥革命元勋是王用宾。

王用宾（1881—1944），字太蕤，曾用名利臣、理成、君实等，别号

---

① 姚以价相关参考资料有姚以价遗稿《辛亥山西革命军记录》，《山西文史资料》编辑部编：《山西文史资料全编》第一卷第1辑，第53页；《人物简志》，《山西文史资料全编》第一卷第1辑，第55页。

鹤村，室名半隐园，1881年6月15日生于山西省临猗县黄斗景村。10岁起在本村上私塾，因家贫常常中断学习帮人打零工。18岁入县学，补为廪膳生员。19岁在村设塾，教书以补家用。1901年，入太原府办学堂，1902年调入山西大学堂中斋学习。1904年以官费生被保送到日本，先入日本盐仓铁道专科学校攻读铁道工程，后考入法政大学法律科。

1905年10月，王用宾在日本加入中国同盟会，成为首批会员之一，不久即任同盟会山西分会负责人。1906年，同盟会山西支部成立，他被推为支部长。当年，因清廷屈从帝国主义压力，将山西平、盂、潞、泽等地的采矿权出卖，留日学生闻讯大哗，山西学生有以蹈海自杀抗议者。北方同学组织大规模追悼会，并派代表护送死者遗体回太原以示抗议，王用宾是组织者之一。为在省内宣传革命，他在东京与景梅九、景耀月、刘绵训诸同志创办《第一晋话报》，向国内发行，并积极参加争矿运动。因言论激烈，被晋当局禁止发行，加之同盟会员意见分歧，遂停刊。随后，他和景梅九又创办了宣传革命的《晋乘》杂志，因经济拮据只出了三期。1907年，王用宾在太原集资创办《晋阳公报》，被推为总编辑，该报是山西的第一家民办日报。

辛亥革命前夕，王用宾回到北京，秘密进行革命活动。当时，清廷第六镇统吴禄贞与阎锡山密组燕晋联军，袭取北京，他即欲赴石家庄会见吴禄贞。后因吴禄贞在石家庄被袁世凯派人暗杀。便绕道河南到达晋南，被山西军政府任命为河东兵马节度使，组织河东军政府。1912年，应山西都督阎锡山之邀赴太原组织临时省议会，被选为副议长。1917年，随孙中山南下护法，先后任大元帅府参议、大本营参议及国民党本部参议员等职。1921年，出席广州非常国会两院联席会议，再次揭起护法旗帜，被任命为总统府咨议，后又任北方特派员。第二年又任国民党山西支部筹备处长。1924年，出席国民党第一次全国代表大会后，被任命为北方特派员兼军事委员，策动成立"国民军"。1925年到河南任胡景翼省政府的秘书长并代理省长。1928年，任国民党北平政治分会秘书长，多次赴东北，对张学良"易帜"起了一定作用。1928 年 11 月当选国民政府第一届立法委员，为国民政府起草过许多法规。1934 年任国民政府司法行政部长。1937 年 8 月，他积多年的体验，已看清蒋介石政权的腐败与独裁，一面慨叹"宦情冷似炉中烬，鬓色繁于瓦上霜"，一面晓谕子女不要从政，要子女攻读工科，为中华民族做些实际贡献。1944 年因心脏病发逝世于重庆北碚高台邱寓所，终年 63 岁。

与那个时代许多文人一样，王用宾还是一位造诣甚高的旧体诗人，是临猗县近代以来诗词成就最高的一位民主革命家兼诗人。他以诗言志，一生都与诗词结下不解之缘，有"陆游式的爱国诗人"之誉。原山西省政协副主席、山西大学姚奠中教授认为，在王用宾"现存的一千多首诗词中，忧国忧民思想是贯穿着全部作品的一根红线"。王用宾一生著述、诗词流传不少，但均未得以搜集整理。仅在他逝世前的四五年间，诗词作品即有近千首，并有遗著《中国历代法制史》（与邵修文合著）、《辛亥革命前后山西起义纪实》《半隐园侨蜀诗草》《半隐园词草》等。①

第三位河东籍辛亥革命元勋是张士秀。

张士秀，字实生，河东临晋县南营村（今属运城永济市开张镇）人。1870 年生于一个普通农家。他幼时便聪明好学，"性倜傥果毅，喜交游而恶豪强"②。12 岁时因其伯父霸占田产，乃到县衙击鼓告状。在公堂上张士秀侃侃而谈，以口算田亩钱粮胜过了县太爷的珠算速度，打赢了官司，博得了"铜嘴铁舌"的绰号。18 岁时他父亲病逝，家道中落，遂辍学归家从事农业并兼营商业。光绪二十六年（1900）因县中差徭事务紊乱，经人推荐担任了县差徭局长，不逾月余，将差徭事务治理得井井有条。1905 年，张士秀到运城，经营进步组织"回澜公司"，任总经理。翌年东渡日

---

① 王用宾相关参考资料包括《山西文史资料》编辑部编：《山西文史资料全编》第一卷第 1 辑内部资料，1998 年版，第 60 页；于波主编：《三晋史话》（运城卷），第 243—245 页。

② 《山西文史资料全编》第一卷第 2 辑，第 98 页。

本游学，与景梅九、章太炎、张溥泉诸人讨论反满救国大计，1906 年在日本加入中国同盟会，进行革命活动。回国后于 1909 年被选为山西省咨议局常驻议员。

1910 年，清政府山西巡抚丁宝铨为了邀功，9 月派兵在交城、文水二县查禁种植大烟，酿成官府枪杀百姓三四十个人之惨案。张士秀到出事地点调查了解并将惨案真相公诸于世。因张士秀直言不讳揭露山西巡抚残杀无辜，而遭丁宝铨拘捕，被其判处徒刑两年，解回原籍临晋监狱执行。在狱中张士秀以琴书歌自娱，自弹自唱，充满了乐观，从不因身陷囹圄而戚容愁颜，因而被当时的县令和狱卒们视为"怪人"。张士秀常说："革命事业终成，吾何忧伤？"并在狱门上题联一副曰："困极必大亨，死地而后生"，以表明对革命胜利的信心。①

辛亥年间，张士秀对运城光复，推翻清政府在运城的统治，作出了巨大贡献。当时，在河东一带声望最高的同盟会员张士秀，因为文交惨案被诬入狱。1911 年春，同盟会领袖之一黄兴致函运城同志，嘱咐将张士秀营救出狱。10 月 10 日武昌起义，11 月陕西响应。陕西与临晋一河之隔，县令惧怕，将张士秀释放出狱。张出狱后，连家也未回，就径直渡河抵陕西搬兵。张士秀先后两次赴陕求援，终于说动秦军，并签订秦晋互动条约。适时清军攻潼关甚急，陕西一时不便分兵，张遂返回蒲州，与蒲州六县革命党人王利臣、韩拱北、张福堂等商议策划组建民团。知府赖庆荣比较开明，倾向革命，又与张士秀等党人有旧交，乃囊助其事。民团名为保卫地方治安，实则训练革命武装，公举张士秀为蒲属六县民团总团长、总司令。随后，潼关失守，娘子关战败。故人心惶恐，反动势力甚为嚣张。张士秀仍镇定自若，岿然不动，继续练兵。后，潼关复得，陕西民军陈树藩、井勿幕、闫飞龙等履约东渡，一举光复运城。张士秀等组织了河东军政分府，并被推举为河东民军总司令，总理地方军政事宜；王用宾为民政

---

① 《山西文史资料全编》第一卷第 2 辑，第 98 页。

长；李岐山（又名李鸣凤）为讨伐司令官。①

1920 年，张士秀作为中间人传话给李岐山，促成了陕西军阀陈树藩与李岐山会面。但随后因阎锡山挑唆，陈树藩派人在西安郊外暗杀了李岐山。此后，张士秀被李岐山部下误解为参与了暗杀李岐山。当张士秀取道河南回山西时，被李岐山的部属武士敏捕获并解往郑州，在李岐山的灵前被砍头活祭，一代辛亥英雄人物就这样蒙冤去世。

《山西辛亥革命史》记载："山西的辛亥革命，以太原的姚以价（实际是运城人）、晋南的张士秀和李岐山（鸣凤）、晋北的续桐溪、弓富魁以及大同的宋世杰、李国华所做的贡献较大，但是，这些人后来不是死于阎锡山的屠刀之下，就是被迫流亡在外"，"对辛亥革命有贡献的人士被阎锡山杀害的有数百人之多。山西辛亥革命胜利成果被阎锡山篡夺了"。② 阎锡山为了保住自己的都督头衔，拥袁称帝，背叛革命，使得山西辛亥革命在全国的影响也黯然失色，山西的辛亥革命斗士流血流泪，扼腕蒙羞。

现在，在张士秀故里南营村方圆数十里，虽经历了数十年，老辈人每念及他，开口必称"张大人"，崇敬之情，溢于言表。

（四）近代河东的"名人父子"

在近代河东的名人谱上，有一对父子相继续写了近代河东社会灿烂耀眼的美丽华章，他们就是今运城市盐湖区西曲马村人李岐山与李健吾。

李岐山（1879—1920），又名鸣凤，以字行，清末秀才。盐湖区西曲马村李氏家族原籍河南汤阴县，与南宋抗金名将岳飞颇有些渊源。同时，由于李岐山出生于关公故里，又就读于该村关帝庙中的小学，深受岳飞与关公两位历史名人的熏陶，因此自幼胸怀大志，喜读兵法。青年时受民族革命思潮影响，成为辛亥革命山西的骨干人物，可以说，李岐山是辛亥革

---

① 参见刘存善：《晋省风雷——辛亥革命在山西》第二、三章，山西人民出版社 2011年版。

② 参见刘存善：《山西辛亥革命史》，山西人民出版社 1991 年版。

命中从河东大地走出的志士名将。

李岐山从事革命活动也与他父亲的态度密切相关。李岐山之父李文章是当地很有名望的人士,在清末官吏大肆捕杀革命者,李家几次陷入巨大危机的时刻,李父丝毫没有畏惧退缩,甚至大张旗鼓,秣马厉兵,坚定地站在了儿子的大后方。正是父亲的深明大义,让李岐山得以毫无顾虑地参加革命运动,带领全家人都投入到革命的浪潮中。

早在 1907 年,李岐山就加入了孙中山成立的同盟会,并于次年赶赴陕西联络革命人士,积极筹划武装起义。秦、晋两省自古即往来频繁,而辛亥革命前后,许多热血志士的交往尤为密切,尤以山西运城的李岐山、景梅九等人最为明显。

1911 年武昌起义爆发后,李岐山即赶赴陕西关中地区,联络同志以响应起义,曾于同年十月率军与清军激战于娘子关附近的雪花山。同年12 月,直抵河津,一路上奋勇冲锋,带兵有方,得到了民军将士们的交口称赞。1912 年年初,革命军进入运城后,河东军政分府成立,李岐山被任命主管军事,为旅长(之前,他曾被推为民军总司令),随后带兵攻克绛州。袁世凯死后,李岐山到北京领少将衔,并担任陆军部咨议。1920年,陕西兴起靖国军,陕督陈树藩急电李岐山入秦调解,但靖国军首领于右任、胡笠僧等人对李岐山表示欢迎,并嘱其相机行事,以达到革命目的,而且此时靖国军内部也有很多人愿受李岐山指挥。如此一来,李岐山便领兵驻扎在西安郊外的遇济屯,颇有左右陕局之势。对于这样的形势,原本诚心邀他来陕的陈树藩便嫉恨于李岐山,决定设计杀害李岐山。

1920 年中秋节前夕,陈树藩假借要与靖国军议和,托李岐山好友,也是儿女亲家的张士秀,邀李岐山来西安城内商议。中秋节这天,陈设宴热情招待,还答应赠给李部许多枪械。李不知是计,三天后,就在回防地的路上,经过西安郊外的十里铺时,被陈树藩的伏兵暗杀。这一天是农历八月十八日,公历 9 月 11 日。

据史书记载,李岐山的女儿原来许配给张士秀的儿子,李岐山死后,两家也就解除了婚约。凡李家保存的书信文件中，有张士秀之名者，均用墨笔涂去，足见结怨之深。1926 年，国民二军打下河南后，张士秀取道河南回山西，在新乡的一家旅店里留宿。适逢史可轩驻军河南，其部属武士敏将张士秀捕获解往郑州，在李岐山的灵前砍头活祭，为李岐山报仇雪恨。

除了革命活动外，李岐山对于家乡的教育事业和农业发展，也有着突出的贡献。在驻军鸣条岗期间，他主持拆毁附近几个村庄的庙宇，兴建起平民学校，鼓励百姓学习知识，惠及乡里。后又在其原址上建起舜帝庙二中，他本人也曾在羊驮寺、河东书院、省立第二师范、太原铁路学校等任职。对运城农业的发展，李岐山也有不小的功劳。由于运城盐池周围土地盐碱程度十分严重，再加上光绪丁戊年间大灾之后，人口减少，田地荒芜，李岐山便有意在此垦殖庄稼、开设牧场，无奈当时为劣绅阻挠，未能成功。此后，李岐山又令其弟李九皋屯田垦殖，使原来满目荒芜的土地田连阡陌，树木蔚然。《安邑县志》记载："咸曰李烈士之力也。"今天，盐湖区博物馆尚存当年鸣条屯田碑。

李健吾是李岐山之子，生于 1906 年，是我国近现代著名作家、戏剧家、翻译家和文学批评家，也是一位为东西方架设文化交流桥梁的和平使者。

自父亲被军阀杀害后，李健吾便从小随母亲漂泊异乡。他 10 岁起在北京求学，1920 年考入北京师大附中。1925 年考入清华大学西洋文学系，并在此期间创作和发表了多篇中长篇小说。1931 年，在父亲生前好友杨虎城将军与山西省主席商震的资助下，李健吾与老师朱自清、赴英留学的清华同学徐士瑚一起抵达法国首都巴黎。他先在一所学校补习法文，后入巴黎大学文学院学习。日军侵占东三省后，他写出爱国诗词《出征歌》，用文艺作品宣传抗击日军的思想。1933 年回国后到上海国立暨南大学任教。他认真研究巴金、曹禺等作家的作品，并发表评论。他立论公正，见解宏达，文笔华美，时人把他与北京大学的朱光潜、南开大学的梁宗岱并称为文学评论界的学院派"三剑客"。有人预言说：李健吾是"我们雄厚的作家群中最有前途的一位"。著名作家司马长风评价，20世纪30年代，文学评论家中李健吾的成就最高。

新中国成立后，他先后担任北京大学文学研究所、中国科学院文学研究所、外国文学研究所研究员，还曾担任国务院学位委员会评议组成员、中国外国文学学会理事、中国戏剧家协会理事、法国文学研究会名誉会长等职。

李健吾相继出版过《咀华集》《咀华二集》《戏剧新天》等评论集，并撰写《莫里哀戏剧集》《人间喜剧的革命辩证法》《巴尔扎克的世界观问题》等专著；还编撰了《外国古典文艺理论译丛》《论巴尔扎克》《巴尔扎克论文学》《福楼拜评传》《司汤达研究》等巨著。他在小说领域也颇有建树。鲁迅先生曾评论他的《中条山的传说》"是绚烂了，虽在十年后的今日，还可以看见那藏在用口碑织就的华服里面的身体和灵魂。"可见李健吾小说特色之一斑。

话剧也是他一生着力较多的领域。他曾创作了《这不过是春天》《青春》等近10部戏剧。新中国成立后，《青春》被改编为评剧《小女婿》，获得第一届中国戏剧汇演一等奖。他改编了许多外国剧本，如反内战的《和平颂》《山河怨》等，受到叶圣陶、郭沫若的赞誉。他创作了《战争贩子》《伪君子》及《钢铁是怎样炼成的》等多部剧本。

新中国成立后，他先后翻译了巴尔扎克的《司汤达研究》《高尔基戏剧集》7册、《契诃夫独幕剧集》1册、《莫里哀戏剧集》27册、《托尔斯泰戏剧集》4册、《屠格涅夫戏剧集》4册等，还翻译了雨果的《宝剑》、埃斯基拉斯的《浦罗米修斯被绑》、克鲁托夫斯基的《罗森堡夫妇》《巴尔扎克论文集》等。①

---

① 以上内容相关参考资料主要有刘存善：《山西辛亥革命史》，山西人民出版社1991年版；《山西文史资料全编》第一卷第1辑，第56—57页；定南：《李岐山被害的一些情节》，《山西文史资料全编》第一卷第3辑；于波主编：《三晋史话》（运城卷），第246—248页；等等。

（五）辛亥革命中的"山西二景"①

在孙中山领导的辛亥革命中，山西河东地区出了两位著名的革命斗士——景耀月和景梅九，时人尊称他们两人为"山西二景"。

辛亥革命的重要功绩之一，就是制定了《中华民国临时约法》。这部法令是中国历史上第一部资产阶级性质的法典，而这部法典的主要起草人之一就是我们河东芮城县人景耀月。

景耀月（1881—1944），字太招，别署大招、帝召、瑞星、秋绿、秋陆，出生于芮城县陌南镇小寺前村。幼年家境困窘，他与父亲靠租种土地和编制竹器为生。少年师从芮城名儒刘渭渔，因学业优秀被选入太原令德堂学习（后该学堂并入山西大学堂）。1903年秦晋合闱，他中副榜。清光绪三十年（1904）秋，山西巡抚张曾敭派50名学生赴日本留学，景耀月有幸被选中，成为山西第二批官费留日学生，进入早稻田大学攻读法律。期间结识孙中山、胡汉民等，加入中国同盟会，担任组织干事，还被留日同学推举为中国留日同学会主席。他还与景定成、谷思慎、赵世钰等人在东京创办《晋乘》和《夏声》杂志，宣传革命思想，并与于右任等发起晋豫陇学会。1909年毕业回国后，曾在上海与于右任办《民呼日报》，宣传抵制日货思想，揭露日本侵华阴谋。

1911年，武昌起义后，景耀月以山西省代表资格，被举为临时政府各省代表会议主席、参议院议员。当时，百废待兴，无章可循，他日理万机，夜不成眠，妥善处理不少事务，如参与起草《中华民国临时约法》和《临时政府组织法》，对于建立民主体制的立法工作，他贡献甚多；在马上要举行总统宣誓就职仪式、而就职宣言还未准备妥当之时，他进入一旁室，执笔急书，一挥而就《临时大总统就职宣言》。1912年，他被孙中山

---

① 这部分参考资料主要有李正清遗稿《光复运城前后》，《山西文史资料全编》第一卷第1辑；赵擎寰藏稿《河东革命记》，《山西文史资料全编》第一卷第2辑；刘存善：《山西辛亥革命史》，山西人民出版社1991年版；于波主编：《三晋史话》（运城卷），第248—252页；等等。

任命为南京临时政府教育次长（代总长）兼南京政法大学校长。其间，他主持拟订了全国第一部民主教育法规，法规中主张男女都有平等受教育的权利，主张废止祀孔读经，从而为我国近代的民主教育奠定了基础。在主持教育部工作期间，他主持制定了《师范教育令》《国民教育令》，规定了幼儿义务教育的"壬子癸丑学制"，出台了《普通教育暂行办法》《普通教育暂行课程标准》《学校系统令》等一系列教育法规。这些教育法规对学校名称、教育内容、课程设置、教学要求、课程标准、教育宗旨等都做了明确规定。

袁世凯恢复帝制后，景耀月因谴责北洋政府的倒行逆施而被扣押在总统府怀仁堂十数天。袁世凯为达到恢复帝制之目的，曾花重金收买景耀月，但他严词拒绝，不在赞附帝制文约上签字，并把贿金悉数交还总统府财务处。

袁世凯去世后，他曾在山西、河南组织靖国讨逆军，反对"辫子军"张勋复辟，被推任为总司令。1922 年，第二次恢复国会时，景耀月仍任众议院议员。在东北军阀张作霖逮捕中国共产党的领袖李大钊等人时，他写信给张，劝阻他不要杀害文化界的爱国人士。此后还写信给张学良，营救共产党员李经国出狱。

1931 年，景耀月惊闻"九一八事变"后伏案痛哭，三日卧床不食。早年在《民吁日报》被查封时，给他送信使他躲开一劫的郑孝胥，就任溥仪伪满洲国的总理。虽然他们私交很厚，但激于民族大义，他写信给郑，斥责他："背叛祖国，甘效吴三桂、洪承畴，认贼作父。"1935 年"华北事变"后，日本支持军阀吴佩孚"出山"筹备"华北自治"，他面见吴予以劝阻。1937 年"七七事变"后，日伪政府对他硬逼软诱，希望他能主持华北教育总署的工作，景以"我是文人，无心政治"予以拒绝。此后他暗中与学人创立夏学会，进行抗日活动。他常说："我不能为文文山（文天祥），亦当效史可法！现在是民族兴亡大事，不同于国内争端，未可丝毫苟且！"日本人知道他不会屈服，也知道他支持抗日救国活动，于是将其子景炎以抗日罪名逮捕并关押在日本宪兵队，严刑逼问。又以同样罪名，通缉其另一子景柔。其夫人死于日寇扫荡之中，其故居也被日本士兵所焚毁。日伪军士兵又多次搜查景耀月的住所，撕毁其藏书，对他多次进行殴打、辱骂。1944年，日寇乘其病情严重时，以帮助治疗为名，用车强行将其接到日伪同仁医院谎称系患膀胱瘤症，用手术刀在膀胱内割下约3寸长之刀口，不予治疗及缝合，造成其大量尿血，并在风寒中敞开门窗，使伤口恶化、感染、致使病人腰背又发生多处脓肿，又在腰背切开刀口六七处，使其呻吟病榻，每日出血盈盆。临终前，景耀月已预见到日寇的阴谋，叮嘱家人坚决拒绝日本人为其治丧："万不得已时，就是把一切卖光、去要饭、饿死，也不准给日本人做事！"1944年4月28日，景耀月在北京逝世，终年62岁。

由于景耀月在创建中华民国中的不朽功勋以及抗战期间以身殉国的大忠大义行为，重庆国民党政府为他召开了隆重的追悼会，并宣读了褒扬抚恤令。中国共产党人也在《新华日报》上报道了他逝世的消息。

景耀月既是革命斗士，又是优秀学者。他国学根基深厚，著有《清诗存》《新雅诵》《解除国局书》《复古篇》《教育史》《芮城金石志》《庄经发微》《共和国卅年史》等，可谓著作等身，因此，他与国学大师章太炎齐名，文坛素有"南章北景"之说。此外，他在古典诗上造诣较深，曾写出两三万首古诗，实为我国近代诗坛上的一位不可多得的名家，时人便又将他与著名学者黄侃并称"南黄北景"，鲁迅在北大教书时也曾称赞景是"当代古典文学的最佳作者"，可见其文学成就非同一般。

与景耀月并称"山西二景"的景梅九也是河东人，是辛亥革命时期的同盟会元老和民主革命斗士。

景梅九（1882—1961），名定成，字梅九，笔名老梅、灭奴又一人，晚号无碍居士。1882年，景梅九出生在安邑县（今运城市盐湖区）一户耕读之家。7岁入私塾，10岁通"五经"。这个大眼睛的男孩子一路求学。1897年，他来到太原，就读于晋阳书院、山西大学堂西斋。1901年，清廷令山西优选五名学子入刚成立的京师大学堂，景梅九名列其中。21 岁时，他考取了清政府首批 36 名赴日留学名额，入帝国大学预科，享受"官费"待遇。与众多到日本的留学生一样，景梅九很快就成为武装反清的坚定拥护者。不久，他与灵石留日生何澄分别写信给山西各界，劝说大家来留学。90 名山西学生很快前往留日，这其中就有阎锡山。1906 年 3 月，景梅九在山西同盟会主盟人谷思慎的介绍下加入同盟会并担任山西分会评议部部长。1908 回国后，他先是到达西安，在陕西高等学堂任教，后又于 1911 年到北京，编辑出版了《国风日报》。太原光复后，受山西同盟会敦请，由京返晋，参与戎机，任山西军政府政事部部长。

1915 年，袁世凯解散国会，曾下令缉捕景梅九。他先回山西，因晋督阎锡山已倒向袁世凯，又潜避陕西三原，旋与李岐山、邓宝珊、续范亭等组织西北护国军，和孙中山、蔡锷、李烈钧等南北呼应，共图讨袁。1916 年曾草拟《讨袁世凯檄文》，义正词严，铁笔诛心，国人争诵，被推为"讨袁檄中第一文字"。他也曾因此被捕，押解北京，直到袁世凯死去方才出狱。

1923 年，他在广州参加了中国国民党改组会议，坚决拥护联俄、联共、扶助农工的三大政策。之后，他参与冯玉祥、胡景翼在河南反对直系军阀吴佩孚的斗争。"四一二"政变时，景梅九避难庐山，旋回太原，策动反蒋。1930 年，他拒绝了国民政府高官厚禄的诱惑，回归家园，潜心纂修《安邑县志》。1932 年迁居西安。1934 年在西安任教育部长，宣传抗日救国。1938 年 7 月，朱德总司令从太行山抗日前线回延安，8 月中旬途经西安，杨明轩在莲湖公园设宴犒劳，请林伯渠、景梅九诸人作陪。景即席作《赠朱德将军》诗四首，其中写道："百战归来意态闲，当筵说笑露欢颜。迂回周转八千里，于羽而今驻历山。"他继而和韩望尘、刘文伯等七人为延安捐赠图书五马车。毛泽东异常喜悦，称景梅九等为"长安八大家"，指示有关方面每月与之联系一次。

1947 年夏，景在山西民众推戴下，率请愿团赴南京要求撤换阎锡山。

当他到南京知道蒋、阎沆瀣一气之后，毅然与蒋决裂，赴上海，参加李济深、蔡廷锴等发起成立的中国国民党革命委员会，当选为首届民革中央监委。

中华人民共和国成立前夕，林伯渠、董必武、李济深联名邀景梅九赴京共商国是，景梅九因病未往，后被选为西安市人民代表、政协陕西省第一届委员会委员，还受聘担任西北历史文物研究委员会委员和陕西省文史研究馆馆员。1951 年 11 月 8 日，景梅九以 70 岁高龄去天水参加土改，并写有《参加天水土改纪行俚句》25 首，对土改运动进行了热情歌颂。以后的十年，积极参加了陕西的革命和建设工作。1961 年逝世，终年 79 岁。

景梅九先生平易近人，不拘小节。在西安时，三教九流人物他都乐于与之交往。据说，有的人跑到他家里，见他吃饭，也就坐下来吃，他也不感到你无礼，吃三天，他也不问来人的姓名。如客人到他家感觉热了，把上衣脱下挂在他家墙上，他花钱时，不管是谁的衣服，就去口袋里摸钱；你要花钱时，看见他的衣服挂在墙上，伸手去掏口袋，他也毫不在意。他常说："我景梅九就是景梅九，别人可千万不能学我景梅九。"

有一天晚上，他在梁家牌楼"晋风社"看罢王秀兰的演出走出剧院，叫一辆洋车，要回学巷 13 号寓所。那个车夫是个生手，不认识景老先生，竟和他讨价还价起来。双方正在相持之际，有一位过路人对车夫说："你真是有眼不识泰山，他就是有名的景梅九景老先生，还不拉上快走！"车夫一听赶快道歉说："我眼瞎了，请不要见怪！快上车，送您回家，分文不要。"车夫把他拉到家门口，他下车后，把口袋里所有的钱都掏给车夫。当车夫在门灯下点清，要还给他多余的钱时，他已经走进去把门关上了。

景梅九和阎锡山是水火不相容的。抗日战争期间，他在西安经常写文章痛骂阎锡山。因为他的文章论据确凿，笔锋锐利，字字刺痛了阎锡山的神经。想报复吧，陕西并非山西，不是阎家的天下；想撰文反驳，又找不到与之抗衡的大手笔。于是，只好采取"收买"政策，派个狗腿子到西安，给景梅九送去一千块现大洋。来人只怕吃了闭门羹，谁料景梅九一听说是来给他送钱的，便"热情接待"，款项照数收下，还给老阎写了回信，封好并盖上骑缝章。这个狗腿子心想，不用说是景梅九，就是景梅十，景梅百也是见钱眼开。庆幸这次西安之行"不辱君命"，说不定回去后会官升三级。谁知回去将信呈给阎锡山，他拆开一看，气得一张脸变成了猴屁股。大骂狗腿子是"草包，草包!"

原来回信是这样写的：

> 惠款照收。"有功者"是应该食禄。往日，吾乃白尽义务，未免有些怠工；今后，沽酒有资，当趁兴挥笔，加倍"奉敬"，绝不食言自肥也。

除了一生从事革命活动之外，景梅九还是当代著名的学者、诗人、文学家、书法家。所著辛亥革命回忆录《罪案》一书，1924 年由京津印书局出版后，曾风靡一时；他的《〈石头记〉真谛》与蔡元培的《〈石头记〉索隐》、胡适的《〈红楼梦〉考证》、俞平伯的《〈红楼梦〉辨》，历来被推为开中国红学研究先河的专著。他精通日文、英文及世界语，是中国研究世界语的先驱，并曾翻译过但丁的长诗《神曲》、托尔斯泰的剧本《救赎》和泰戈尔的小说《家庭与世界》。

景梅九多才多艺，对戏剧艺术有独特的看法和卓越的见解，对晋剧、蒲剧、秦腔等戏曲贡献颇多，在戏曲艺术破旧立新方面，更立下了不可磨灭的功勋。

最后以运城学院马重阳教授发表在《运城日报》的一首诗歌作为本文的结尾：

> 河东自古出圣贤，沧桑几度话"梅园"。
> "岂有文章惊海内，拟将足迹遍瀛寰"。
> 东渡留学法博士，反清斥帝抨立宪。
> 早年投身同盟会，追慕元勋孙逸仙。
> 三民主义大旗张，《国风日报》砥柱坚。

讨袁檄文惊当世，反蒋利刃《霹雳》篇。

抗日御寇晤恩来，爱国忧民斗凶残。

荆天棘地寄蜉蝣，脚踏风云笔如椽。

奔走呼号为民生，左冲右突争人权。

辗转飘零海宇内，敢把热血荐轩辕。

丹青留名映日月，高山仰止在人间。

（六）河东近代教育家解荣辂①

解荣辂，字子仁或芷纫，号菊村，1875 年出生于山西省万泉县（今山西省万荣县）解店镇北牛池村一个大地主之家。虽然解荣辂是封建时代进士出身，又曾是清朝政治人物，但民国时期却成为了民主革命人士和知名教育改革的先驱。

解荣辂的父亲仰慕读书人，并长于刀笔，对儿子从小就灌输"万般皆下品，惟有读书高"的思想。解荣辂兄弟五人，他是老三，从小聪颖，生情温良，读书也用功，据说父亲一年只给他放一天半的假。清光绪二十九年（1903），他考中癸卯科三甲进士，同年改翰林院庶吉士，授翰林院检讨，因此万荣人民称他为"翰林院"。1904 年，他被派往日本留学，并在那里参加了孙中山先生领导的同盟会，接受了革命思想。1906 年 8 月，他在回国后担任山西大学堂监督，成为山西大学的第一任校长，后又任山西省教育司司长、民国教育司司长、榆林道尹等职务。

解荣辂讲求民主，思想进步，他在担任山西大学堂监督期间，于1907 年便公派西斋学生 22 名留学英国，同时从天津购回发电机一台，专供两斋照明之用。此外，他与梁善济等三百余人联名上书，痛陈丧失矿权的严重性，要求废除与福公司签订的合同。山西大学堂和武备、师范、商

---

① 参见赵一白等：《万荣县北牛池"翰林院"》，《山西文史资料全编》第一卷第 12 辑；《解荣辂：万荣近现代人物专题》，http://ren.bytravel.cn/history/9/jierong.html；于波主编：《三晋史话》（运城卷），第 252—254 页。

矿、警务等学堂学生共千余人联名具禀，声明山西主权属于山西人民所有，福公司采矿合同未经山西人民同意，不能发生效力，并主张筹款赎回矿权。最终，英国福公司被迫签订了"赎回开矿、制铁、转运"合同，山西人民的争矿运动获得最后的胜利。解荣辂的革命思想在近代山西人民的争夺利权运动中画上了浓墨重彩的一笔。

清末民初，解荣辂还成为了我省的一位知名教育改革家。虽然他性格较为温和，书生气十足，人称"好好先生"，但在教育改革方面，却不怕困难，可谓勇士。解荣辂在其故里北牛池建立的正则初等公小学的办学经验，曾受到南京国民政府教育部次长景耀月的称道，并在河东各县推广。此外，他利用课余时间考察日本国富强的原因，他发现日本国不论学界、商界，皆与我国不同。特别令他羡慕的是，日本的商人、工人，乃至"走卒贱婢"，无一不读书识字。由此，他认定只有兴办学堂，普及国民教育，提高国民科学文化水平，才能振兴中华，强国富民。他认为普及小学教育不光是为了日后培养高等人才，而且是将来为工为农为商为艺或从事一切职业的基础。尤其是他到东南各省考察后，发现那里的小学建设是官办、私办两条腿走路，城乡并举，同时注重兴办师范，培养师资。而当时的山西，仍是沿袭私塾之教学方法。因此，1905 年，他参照日本国经验，结合本乡情况，拟定了《北牛池正则初等公小学堂章程》。该章程共分宗旨、教授之部、管理之部、训练之部，补充规则共 5 章 32 节，内容有招生条件、学班、学年、入学学期、资格、假期、教授日程、教课规程等，极为详细、具体。其宗旨是：以德育为基础，启迪儿童智力，教育儿童生活知识，培育儿童活泼的性格，使儿童有一个健康强壮的身体，将来做一个合格的国民。同时，他经过再三思考并和大家商议后，提出联合办学，即把各村的私立蒙小联合起来，教师按蒙学教师所长，专科担任，课本按新出版的课本，学费仍按蒙学所交学费，这样，教育改革中面临的困难都一一迎刃而解。

1905 年，朝廷下诏改各地书院为学堂，万泉县把方山书院改为方山高等学堂，荣河县把汾阴书院改为汾阴高等学堂。解荣辂乘风使舵，支持在北牛池村建起正则初等公小学校，延请教师，招生 50 名，分级编班，照章上课。所设课程为修身、国文、算学、历史、地理、习字、图画、体育、读经，绝大部分为新时代内容。学校规定每年正月入学，腊月放假，五年期满为止，它为农村初级小学树立了楷模。

辛亥革命后，除了曾任山西教育司长、陕西榆林道尹之外，他还曾担任北洋政府参议和冯玉祥国民军参议等职。民国九年（1920）逝世，享年45 岁。

（七）中共历史上最年轻的临时省委书记——王鸿钧 ①

在中国共产党早期发展历史中，有一位颇有名气的共产党人，他就是山西河东地区的早期建党活动家——王鸿钧。

王鸿钧（1909—1929），又名王宏汉，字秀民，号百举，河东临猗县楚侯村人。1909 年 2 月 12 日出生，1920 年考入临猗第四高小，接受了无神论思想。1924 年，他在太原由高君宇介绍加入社会主义青年团，同年 8 月任太原团地委书记。10 月由团转党，成为中国共产党早期的一名光荣而坚定的党员。第一次国共合作时期，他曾于 1925 年以个人名义加入国民党，并担任国民党山西省党部执行委员及农民部长。1925 年 11 月，中共北方区委决定将中共太原支部改为特别支部。12 月，中共北方区委决定撤销中共太原特别支部，成立中共太原地方执行委员会，崔锄人任书记，王鸿钧任组织部长。1926 年 1 月，王鸿钧赴北京参加中共北方区委党校培训。同年 6 月，他兼任中共太原地委农民运动委员会书记，参与榆次晋华纱厂、临汾、霍州、祁县、平定、汾阳、运城、夏县等地中共地方

---

① 该部分主要参考资料有王振川等：《运城博物馆展览文稿》（革命专题部分），2014 年内部资料；景惠西：《山西党组织早期的领导者王鸿钧》，《运城学院学报》1991 年第 2 期；运城市委党史研究室：《山西红色故事：运城党组织的诞生》，参见"晋绥网"，网址 http://www.jinsuiw.com/index.php？c_id=118&id=1272&lanmu=40&p=news_show。

党组织的创建或指导工作。1927 年 5 月,中共山西省委成立,王鸿钧任宣传部长。中共山西省委下辖太原、汾阳、榆次、临汾、晋城 5 个地方执行委员会。此时,全省 30 多个县建立了党组织,党员人数发展到 1000 余人。中共山西省委成立后不久,全省的革命形势急剧恶化,轰轰烈烈的大革命失败,阎锡山当局和国民党山西清党委员会在全省大肆实行白色恐怖,血腥镇压共产党人,山西党组织进入了极端困难的时期。山西省委遭破坏后,王鸿钧与崔锄人、周玉麟等在祁县乔家堡重建党的组织,继续领导全省党的工作。之后,中共北方局来员决定,由王鸿钧代理山西省委书记,薄一波等为临时省委委员。在担任山西省委代书记时,王鸿钧年仅 18 岁,是中国共产党历史上最年轻的临时省委书记。在中国革命血雨腥风的年代,王鸿钧以年轻革命者的身份勇敢地承担起这一重担,令人敬佩不已。1928 年 2 月,在新成立的中共山西省委中,他被选为省委组织部长(也有一说是宣传部长)并出席党的第六次全国代表大会;同年 5 月,他与赴中央请示工作的汪铭同行到河南时,惊闻山西省委秘书长关广荃叛变,省委已遭到破坏。之后,经与河南省委研究决定,他立即返回山西,通过基层选举,重新恢复了山西省委,他被选为执委委员兼组织部长。

除了领导和直接参加革命活动外,王鸿钧也极为关注河东地区的革命运动。他经常给家乡的同学亲友寄送《新青年》《中国青年》《独秀文集》《向导》等进步刊物,并于 1925 年秋在运城组建了河东学生旅运青年社和"读书会",以研究社会科学为名,宣传马列主义。他还向学生教唱青年团歌和由李大钊编写的《黄海歌》,鼓励广大青年"不怕死,不爱钱","洪水纵滔天,只手挽狂澜"。通过有组织地游行示威、查封日货、反对牧师传教和读书学习等革命活动,许多进步学生逐步认识到社会发展的客观规律,思想上初步确立了资本主义必然灭亡、共产主义必然实现的信念,并为河东地区建立党的基层组织奠定了基础。

在家乡期间,王鸿钧还为各地党团组织的建立做了大量的工作。1925

年冬，王鸿钧响应中共山西省委"到工厂去、到农村去积极发展党员"的号召，利用春节假期，首先在运城省立二中，介绍学生中的先进分子祁金兰、冯彦俊、王月春、乔子甲等 4 人加入中国共产党。次年春，又和崔锄人在该校建立了运城地区的第一个党组织——中共运城支部（后该为中共省立二中支部）。1926 年 7 月，他再次来到运城，在运城省立二师介绍学生卫文兴等人入党，并建立了中共省立二师支部。为了协调中共运城支部和中共省立二师支部工作，王鸿钧和崔锄人又主持建立了运城地区的第一个党的统一组织——中共河东支部干事会，由祁金兰任支部书记。同时，他们还在夏县裴介镇四辛庄建立了中共夏县支部，在闻喜中学建立了闻喜党团混合支部。同年，王鸿钧又和乔子甲一起，在猗氏特别县西张岳村和安邑县东张岳、北相镇一带，开展党的活动，发展了 6 名党员，建立了运城地区的第一个农村党组织——中共安邑县北相支部（后该为北相农民支部）。不久，又建立了中共安邑支部。1927 年 7 月，在王鸿钧与河东特派员郭巨才指导下，在安邑城关建立了运城地区的第一个中共县委——中共安邑县委。同年深秋，王鸿钧又和邓国栋、郭巨才等同志，在夏县下留村小学组织召开了河东南部 13 县党的活动分子会议，传达了党的八七会议精神，确定了河东党组织的工作方针：把党的工作重点转向农村，在农村建立党的基层组织，进一步发动农民运动。从 1925 年到 1927 年两年间，在王鸿钧、邓国栋和郭巨才等同志的指导下，河东地区已建立起河东支部干事会、省立二中支部、省立二师支部、盐池支部、北相农民支部、安邑支部、闻喜支部、河津支部、夏县支部、芮城支部、猗氏支部、新绛支部、万泉支部等 13 个中共支部，1 个中共县委，发展党员 92 人。1927 年，河东著名革命志士嘉康杰正是经王鸿钧等人的介绍而加入了中国共产党。

在各级党组织建立的同时，各级共青团、农民协会、工会、学生联合会等群众团体也先后成立，有的还公开挂牌办公，河东地区的革命斗争如火如荼地开展起来：中共安邑县委发动了驱赶贪官污吏、安邑县长郑毓孚的斗争；猗氏县党组织发动了"八一农暴"，沉重打击了土豪劣绅的嚣张气焰；夏县农民协会从劣绅手中夺回了沪案后援会募捐的 800 块银元，寄给了省城沪案后援会，还发动群众开展了反对"征粮滞纳罚金"运动；闻喜党团混合支部组织学生和农民开展抗缴地亩捐活动，取得了胜利；猗氏学联提出了反帝反封建反贪官污吏的政治纲领；盐池工人和新绛大益成沙厂工人为增加工资举行了声势浩大的罢工斗争。

1928 年 2 月，时任代理省委书记的王鸿钧在河东地区建立中共河东特委。在成立大会上，被选为中共山西省委组织部长的王鸿钧和省委交通员汪铭来到河东布置工作。6 月，冯天祥等人按照省委霍州扩大会议精神和王鸿钧布置，在夏县堆云洞召开了有夏县、解县、安邑、闻喜等县及河东党的积极分子参加的河东地区党代会，选举产生了河东地区的第一个地级党组织——中共河东特委。特委建立后，先后领导了河东省立二师学生驱赶反动校长冯大轰、农民抗缴粮捐、解县饥民反对盐警禁止下池捞盐等斗争。

1928 年 6 月，王鸿钧调中央工作，中央派他到莫斯科参加党的"六大"会议，但在苏联却不幸因"托洛茨基嫌疑"问题被捕，在狱中去世，时年仅 19 岁。

（八）河东"群众领袖"嘉康杰 ①

在近代中国的新民主主义革命时期，河东大地上诞生了一位流芳千古的革命英雄——嘉康杰。

嘉康杰 1890 年出生于山西运城夏县胡张乡其毋村，是新民主主义革命时期河东著名的革命活动家、教育家。他原名寄尘，辛亥革命爆发后，

---

① 该部分主要参考资料有王振川等《运城博物馆展览文稿》（革命专题部分），2014年内部资料；《河东"群众领袖"：嘉康杰》，http：//www.xinhuanet.com/2018-11/27/c_1123772666.htm，新华网，2018 年 11 月 27 日；樊子珺：《嘉康杰同志传略》，《山西师院学报（社科版）》1981 年第 2 期。

投笔从戎。清王朝被推翻后返乡就学。1912 年，考入太原农业专科学校。1914 年，因参加领导驱赶反动学监斗争，受军阀当局通缉。不久，赴日留学。1915 年回国，在北京大学就学，参加了反对丧权辱国"二十一条"的倒袁运动。1919 年参加"五四"运动，写下了"卖国求荣，早知曹瞒遗种碑无字；倾心媚外，不期章惇余孽死有头"的对联。同年，大学毕业，再度赴日留学。1920 年，阎锡山向日本出卖山西煤矿权益，他作为留日学生代表回到北京，号召山西学界起来斗争，使阎锡山的阴谋破产。年轻时代的嘉康杰已经显露出超凡的革命斗争热情和本领。

1921 年至 1926 年夏，嘉康杰曾拒绝军阀当局所委职务，先后在夏县、运城、临汾、太原等地，创办了以太小学、夏县平民中学、河东中学、运城中山中学、太原中山中学等学校，积极宣传新思想、新文化，培养出一批具有新思想、新道德观念的进步学生和革命骨干。其间他还发动群众开展反征收房产税、反向贫民摊派"富户捐"等斗争，遭反动当局忌恨。1926 年秋，被捕入狱，迫于北伐战争节节胜利的革命形势，山西当局于1927 年 5 月将其释放。出狱后，嘉康杰被中共山西省委吸收入党，完成了其由反专制的无政府主义到接受共产主义思想的伟大转变。

就在嘉康杰加入中国共产党后不久，大革命遭遇失败，晋南地区党组织同样遭到严重破坏。1929 年，面对严重的白色恐怖，嘉康杰临危受命，先后担任中共河东中心县委书记、河东特委组织部长等职，致力于重建和恢复党组织的工作。他不畏艰险，深入基层，奔走于各地，到 1933 年，在晋南 36 个县中的 32 个县建立了党的领导机关，在农民中发展了 400 多名党员，把党的组织由青年学生发展到社会各阶层，特别是占人数众多的贫苦农民中。

这一时期，在嘉康杰的一系列活动中，夏县城西 25 公里的稷王山水头镇下牛村土岗上的堆云洞是他从事革命活动最重要的场所之一。1922 年，嘉康杰从日本留学回国后，拒绝了阎锡山高官厚禄的收买而回到故乡夏县，当他看到堆云洞建筑奇特，格外恬静，于是便和几位同仁志士将堆云洞整饰一新，办起了平民中学，并亲自在道院门前栽了一棵合欢树，表明要为革命培养人才的信心和决心。嘉康杰在堆云洞与敌人斗智斗勇的故事也广为流传。三孔一门两窗的窑洞叫三拐窑，它里面都是相互连通的，当年嘉康杰就是在这里的窑洞内秘密印发文件和传单的。院中有一口普通的水井，里面却暗藏机关，在这个水井中间有一个暗道，它就是当年嘉康杰烈士与敌人周旋的脱身密道。据上牛村洞沟的老乡说，当年嘉康杰留着一把长胡须，手里时常握着一管长烟杆儿，貌似老道，如果迎面碰上搜捕他的敌人，质问嘉康杰在什么地方，他会不慌不忙、漫不经心地用长烟杆随便指一个地方把敌人骗走，然后从地洞中巧妙脱身。在后来的多次革命活动中，堆云洞仍是重要的活动地点。1929 年 4 月，面对严重的白色恐怖，中共山西省委书记汪铭同志在此宣布成立了以嘉康杰为领导的中共河东特委。

伴随着日本帝国主义侵华步伐的加快和西安事变的爆发，国共两党开始走向合作抗日的道路。在中国工农红军东渡黄河奔赴山西时，嘉康杰响应红军的行动，在夏县策动了中条农民武装暴动，建立了红军游击队，担任总指挥。1937 年 11 月，中共河东特委委托他在闻（喜）夏（县）一带为八路军扩兵，他在不到一个月时间里，组织了 1200 人的"侯马团"并送到一二〇师，使河东党组织圆满完成了中央军委交给山西省委的扩兵任务，受到八路军办事处彭雪枫处长的赞扬。同年 12 月，中共北方局在临汾召开山西党的活动分子会议，刘少奇称嘉康杰是河东"群众领袖"，给予了高度赞扬。

1938 年 1 月，嘉康杰赴延安"抗大"学习，5 月受组织派遣回河东从事敌后游击战争。先后担任中共晋豫特委（后改为晋豫地委）委员、军事部长、晋豫边游击支队供给部长等职，率领游击队战斗在中条山区，配合主力部队多次挫败日军的进犯。1939 年 9 月，在中共晋冀豫区党委第一次代表会议上，当选中共晋冀豫区党委委员，并被选为出席中共七大的候补代表。会后，他担任了中条地委委员、民运部长。同年 11 月 18 日，嘉康杰在夏县韩家岭动身赴延安，途经夏县中条山武家坪时，被国民党特务李玉安派人暗杀，不幸牺牲，时年49岁。《新华日报》于1940年1月17日发表《悼念嘉康杰同志》的文章，高度赞扬了嘉康杰为革命奋斗的精神和做出的贡献。毛泽东主席也于1952年10月14日在《革命军人牺牲家属纪念证》上题写："嘉康杰同志在革命中光荣牺牲，丰功伟绩，永垂不朽。"后来，中共夏县中心县委警卫部队被命名为"八路军康杰支队"。1952年5月1日，为了纪念嘉康杰烈士这名晋南地区最早的共产党人，山西省人民政府将"山西省运城中学"命名为"山西省康杰中学"。2006年4月23日，中央一台黄金时间在"永恒的丰碑"栏目里对嘉康杰事迹作了较翔实的介绍，展现了这位河东"群众领袖"的英雄风采。

（九）八路军东渡黄河过河东 ①

国共合作抗日局面形成后，中国共产党领导的八路军开赴前线对日作战。为保证八路军主力部队顺利渡过黄河北上抗日，1937年9月间，河东地区的荣河县和陕西韩城县共组织木船400余只，船工1000多人，采取换班吃饭休息，人歇船不停的办法历经40天共运送八路军4.6万人，使全军官兵顺利进入山西。

八路军路过我们河东荣河县时，受到沿途群众热烈欢迎。在今天的荣河镇一带，一些老人常常给年轻人讲起抗战时期，朱德总司令和任弼时、邓小平、左权等率八路军东渡黄河，在当地驻扎时，与人民群众亲如一家的动人故事。

那是1937年9月15日夜晚，八路军在朱德总司令的带领下，从陕西芝川东渡黄河北上抗日。河东岸的荣河、宝鼎一带的船工1000余人，集中了400多只木船，昼夜运送八路军战士渡河。由于蒋介石、阎锡山的黑

---

① 主要参考资料有李英才、李甲成：《八路军东渡黄河到晋南》，《山西老年》2011年第5期；于波主编：《三晋史话》（运城卷），山西出版传媒集团2016年版；王振川等：《运城博物馆展览文稿》（革命专题部分），2014年内部资料。

暗统治，加上连年黄河泛滥，老百姓处于水深火热之中，生活十分困难。村里没有骡马，只有几头驴子。村民们从下午6点一直等到深夜，终于等来了渡河部队。大家热情高涨，人抬肩扛，冒雨运送军需物资。战士们渡河后，村民们又忙着把备好的柴火点着，让战士们烘烤湿衣，暖和身子。据皇甫文保老人回忆，当年八路军部队过河后，沿张仪古道前进，在荣河和宝鼎驻扎了三天。八路军战士在城中沿街墙刷写标语宣传抗日，且军纪严明，秋毫无犯，对老百姓态度非常和蔼。他们见了年纪大点的男女就亲切地叫"大爷""大娘"。借用群众的东西，有借有还，损失的照价赔偿，当面给钱。部队临走时，还要把住房打扫得干干净净，所用的家具物品摆放得整整齐齐。皇甫老人还清楚地记得，当时朱总司令身着灰军装，脚穿麻鞋，夜宿宝鼎城南门里潘秉玺家中，与房东拉家常话，嘘寒问暖，平易近人，并在院子里下棋。一天晚上，村里12岁的孩子狗娃见朱总司令面带笑容，态度和蔼，立刻就像见了亲人一样。朱总司令也很喜欢这个聪明伶俐的娃子，那晚给狗娃讲了好多部队的战斗故事，还让狗娃和自己住了一宿。第二天部队要出发了，狗娃非要跟着这位像父亲一样和蔼可亲的人走。朱总司令就给狗娃说："你现在还小，不符合参军要求，等下次八路军再来时一定带你走。"还送给狗娃一顶军帽留作纪念。等部队走后，经人辨认，才看到帽子里写着"朱德"二字。

在朱总司令率领的八路军北上抗日刚走不久，1937年9月下旬和10月间，八路军129师在刘伯承师长的率领下，也从陕西渡河来到荣河县周王村。刘伯承师长向欢迎群众作了简短讲话，号召人民群众团结起来，抗击日本侵略者，极大地鼓舞了群众的抗日热情。

1938年8月13日，朱德总司令由115师344旅旅长徐海东带一个警卫连护送，从垣曲县同善镇北垛18兵站出发，于下午来到垣曲莘庄第二战区副司令长官兼前敌总指挥部，和卫立煌会晤，两人整整谈了两天，主要是讨论如何利用中条山这个战略要地同日军开展持久游击战争，同时坚定国民党军队的抗日决心。

八路军东渡黄河经过河东地区后，很快便投身到抗击日军的最前线，先后在山西取得平型关大捷、阳明堡大捷等胜利，沉重打击了日本侵略者的嚣张气焰，打破了日军不可战胜的神话，大大鼓舞了全国人民的抗日斗志，也为国民党正面战场对日军的阻击起到了重要作用。

（十）重建河东抗日根据地 ①

由于国民党军队在抗战初期采取了错误的对日作战战略，导致国民党正面战场节节败退，中国的大片领土被日本侵略者占领。

太原失陷后，日军在山西境内继续南下，相继占领临汾、运城，目标直指黄河以南的中原地区。中条山是山西南部运城盆地南缘的一座小山，东西走向，横亘300余里，南北最窄处可能还不到20里。中条山战役是抗日战争期间发生在河东地区最大最壮烈的一次大战役，中条山上山下各县几乎全域卷入战火之中。本来，河东地区有很好的抗日群众基础，中条山根据地是能很好与敌周旋的战场，可是国民党的反共摩擦政策与特务、敌伪活动，使共产党组织及活动被迫逐渐转移到太行山、太岳区，几乎退出了中条山地区。面对来势汹汹的日本侵略者，国民党政府不仅临阵换将、军无斗志，而且还不断地和中共力量搞摩擦，致使国民党军队在战役中一败涂地，而日军于1941年5月27日占领中条山。据日方统计，中国军队被俘3.5万人，遗弃尸体4.2万具；日军仅战死673人，负伤2292人。

由于中条山是屏障中原、西北和西南大后方的前沿阵地，地理位置特殊，成为整个抗日力量抗击日军进攻的重要阵地，因此，重建中条山抗日根据地具有不同一般的战略意义。而日本侵略者为了加强统治，达到长期控制中条山地区的目的，便不断增加军事据点，并派汉奸和伪军严密监控

① 本部分主要参考资料有王志超：《万古常青中条山，千秋留名是吾乡》，《运城日报》2021年3月11日；于波主编：《三晋史话》（运城卷），山西出版传媒集团2016年版，第265—267页；王振川等：《运城博物馆展览文稿》（革命专题部分），2014年内部资料。

各处民众、残酷镇压人民反抗。此外，国民党逃兵中的部分人员也成群结伙到处打劫，甚至烧杀抢掠，人民生活陷入水深火热之中。在这样的情况下，当地民众不断派人到八路军抗日根据地，以求尽快解救他们出火海。在分析了当时的情况后，中共北方局决定再次派出干部和军队，成功地运用了敌占区的工作方针，重新建立了河东中条山抗日根据地。而在中条山抗日根据地的建立过程中，中共党组织和革命群众付出了艰辛努力，同时实施了一系列的巩固措施，其中的条西地区是根据地恢复和发展中最具有代表性的地区。

第一次反共高潮期间，中共在中条山地区领导的抗日武装和大部分干部被迫转移到太岳地区，只有少数党员留下来坚持工作。中条山战役后，夏县、芮城等县的中共地下党组织发动群众建立了小型的游击武装，同日伪展开斗争。1941年6月，中共晋豫特委撤销了中共中条地委，成立了中共条东、条西地委。杨蔚屏任中共条东地委书记，柴泽民任中共条西地委书记。在抗战艰难时刻，条东和条西地委以发展武装为中心，先后组建了绛县抗日游击大队、垣曲东山抗日游击队和康俊仁抗日游击支队、中条抗日九支队及十支队、五支队、稷麓县抗日游击支队等抗日武装，恢复和整顿了党的组织，进一步推动了条西抗日游击武装的发展。柴泽民等带领队伍巧妙地袭击日伪军，大大鼓舞了士气，部队也得到了扩大发展。他所率领的自卫队后来改编为闻喜人民抗日游击队。条西地区的康俊仁抗日游击支队、中条山抗日游击队第九支队、中条山抗日挺进纵队第十支队、中条山抗日挺进纵队第五支队、稷麓县抗日游击支队、张凯支队等建立后，人数达到3000多人，并争取、团结了夏县的冯虎林抗日游击支队和平陆县爱国人士吴仲六领导的"中条山抗日挺进纵队第四支队"。

以上新建的抗日游击武装的领导人和骨干力量，基本上都是中条山地区的农民党员和知识分子党员，如条西地区康俊仁抗日支队支队长康俊仁，抗日游击队第九支队支队长宋振山，他们原来分别是夏县周村和泊头村的党支部书记。中条山抗日挺进纵队第十支队支队长杨德山,中条山抗日挺进纵队第五支队的领导人景秋岳、杜伯实、薛勤、陈青林、张鸿博、陈克难、杨波等,他们构成中条山抗日游击武装的骨干力量,为中条山抗日游击战争的开展和根据地的建立立下汗马功劳。例如,在重建中条山抗日根据地过程中,康俊仁带领游击队在条西地区击毙匪首,收编匪卒,伏击扫荡日军运输队,获辎重无数。1942年5月,"康俊仁抗日游击支队"摧毁楼底村警备队,生俘多人。同年7月,游击队获悉日军从太岳扫荡回来时要路过周村,康俊仁便率一、二中队百余名战士,设伏在公路两旁和黄洛渠沿岸,当日军运输队进入埋伏圈后,战斗打响。经过半小时激战,日军狼狈逃窜,我游击队缴获步枪五支、掷弹筒一枚、骡四十九匹及其他军需物资和食品。康大队成立仅两个月就发展成为一支有八百多人的强大武装力量,他们除汉奸,杀日军,灭恶霸,深受群众拥护,沉重打击了日本侵略者。

1942年2月,太岳军分区任命孙定国为五分区司令员,王墉为副司令员,带领25团、54团进入条西地区。经过几个月的战斗,使太岳四、五分区连成一片。5月24日,五分区部队发动条西战役,到6月10日,条西战役结束,这次战役攻克祁夏公路西侧的祁家河、杨家窑、下涧、黑虎庙等敌伪据点30余处,收复土地两千多平方公里,解放人口三万余,使祁夏公路以西地区与太岳五分区中心闻夏解放区连成了一片。1942年,随着中条局面的打开,晋豫区党委派遣干部,先后建立起绛县、曲沃、翼城、垣曲等七个抗日民主县政府,并在此基础上,成立了晋豫边区人民抗日行政联合办事处(简称晋豫联办)。随着条西的开辟,太岳五地委先后领导成立了稷麓、垣南、闻喜等抗日民主县政府和十支队安邑办事处。1944年2月,太岳行署在此基础上设立了条西办事处。之后,随着军事斗争的胜利,条西地区先后建立了垣南、稷麓、闻喜、平陆、夏县、安邑、新绛、稷山、荣河、万荣、猗临等12个县政府和汾南办事处。至此,中条山地区的抗日民主政权全部建立。

以条西地区为代表的中条山抗日根据地的恢复和发展具有重要的意义。根据地恢复和发展的大体时间处于中国共产党敌后抗战最困难的1941年和1942年，并在敌后抗战的再发展和反攻阶段获得进一步巩固和发展。它为1944年八路军太行、太岳部队挺进豫西、开辟豫西抗日根据地和王震率南进支队挺进豫鄂湘粤敌后，架起一座桥梁。同时又为夺取抗日战争的最后胜利，收复晋南地区创造了有利的条件。它更为抗战胜利后阻挡国民党军队北进抢夺华北抗战胜利果实筑成一道屏障，并有利支持了晋南地区的解放战争。

从整个历史发展的进程来看，河东地区抗日根据地的重新建立，不仅加快了抗日战争的胜利步伐，而且对抗战结束后我党在华北和中原地区的革命活动起到了巨大的推动作用，为整个新民主主义革命的最后胜利起到了重要作用。

（十一）共和国上将董其武 ①

董其武（1899—1989），山西河津（今山西省运城市河津市樊村镇固镇村）人，1955年被授予上将军衔，1981当选为全国政协副主席。

董其武出生在山西省河津县一个贫苦农民家庭，早年受资产阶级民主革命思想的影响，立志救国救民。后考入太原学兵团，1924年加入国民革命军，开始了戎马生涯，历任国民军排长、连长、营长、旅部副官长，国民革命军侦察队队长、先遣总队支队长，国民党军天津警备司令部参谋、干部政治训练所队长、第73师436团团长、第35军218旅旅长、第65军101师师长，陆军暂编第4军、骑兵第4军、陆军第35军和暂编第3军军长，第十二战区政治部主任兼晋陕绥边区副总司令，国民党绥远省政府主席兼保安司令、西北军政长官公署副长官等职。先后参加了北伐战

---

① 该条内容主要参考资料有：《董其武：毛泽东不同意他降为中将，邓小平批准他入党》，http：//www.yidianzixun.com/article/0KQohLiL，抗日战争纪念网2018年11月5日；廉晓红：《董其武将军入党记》，《党史博览》2017年第2期；等等。

争、中原大战、长城抗战、绥远抗战、忻口战役、太原战役、包头战役、绥西战役、五原战役，绥远和平解放。中华人民共和国成立后，历任绥远军政委员会副主席、绥远省人民政府主席、中国人民解放军绥远军区副司令员、第 23 兵团司令员，中国人民志愿军第 23 兵团司令员，第 69 军军长等职。参加了抗美援朝战争，组织部队完成朝鲜境内机场修建等军事工程任务，为抗美援朝、保家卫国作出了贡献。1955 年被授予上将军衔。1989 年 3 月 3 日在北京逝世，享年 90 岁。

1949 年 9 月 19 日，全国大陆解放前夕，董其武将军在绥远率部起义，胜利实现了毛泽东同志提出的"绥远方式"。这是他对中国解放事业作出的一大贡献。

绥远国民党军是华北"剿总"管辖的部队，有 1 个军部、8 个师、8 个旅，董其武为华北"剿总"驻归绥指挥所主任，也是绥远省主席、绥远省保安司令。2 月 23 日，毛泽东同志在西柏坡接见傅作义、邓宝珊两将军时，提出了"绥远方式"，即两军划一分界线，维持现状，让董其武将军做好内部工作，待条件成熟时起义。3 月 23 日，毛泽东同志在中国共产党七届二中全会报告中，进一步阐述了"绥远方式"，就是有意保留一部分国民党军队，作暂时的让步，在相当长的一段时间以后，再去按照人民解放军的制度，将这部分军队改编为人民解放军。董其武当时在归绥主持军政工作，谈判的情况不断由傅作义将军派人与他通报。协议签订后，董其武将军为贯彻协议，实现和平解放，采取了许多具体措施。在当时复杂的情况下，他妥善解决许多矛盾，稳住了局势。蒋介石、阎锡山极力阻挠破坏，派军令部长徐永昌等到归绥、包头强令部队西撤，还用封官许愿等办法制造分裂。董其武将军团结各界、各族知名人士，粉碎了蒋、阎的破坏。当时华北全境已解放，许多特务、土匪分子，窜到绥远来，活动十分猖獗。7 月 24 日，发生了杀害华北人民政府派驻归绥联络处工作人员王世鑫事件，董其武将军惩办了凶手，对特务、土匪进行了打击。后来，受毛泽东、周恩来同志委托，傅作义、邓宝珊将军赴绥远促成起义早日实现。经过多方努力，排除种种困难，终于在董其武、孙兰峰将军的率领下，胜利举行了"九一九"起义。

朝鲜战争爆发后，1951 年 9 月 3 日，董其武率领中国人民志愿军第23 兵团入朝作战，担任了修建泰川、院里、南市三个机场及后勤警戒任务。从 9 月 20 日至 11 月 4 日，第 23 兵团干部战士在朝鲜人民的支援下，冒着敌机日夜轰炸，克服运输、器材等种种困难，胜利完成了修建机场任务。10 月 22 日，泰川、南市机场遭到美 B-29 重型轰炸机的轰炸，后又有成批飞机轮番向三个机场轰炸。据不完全统计，共投下炸弹 4925 枚，定时炸弹 1925 枚。广大指战员冒着生命危险，日夜不停地排除定时炸弹，抢修筑机场。董其武将军亲自到机场指挥，与战士们一起排除定时炸弹。第 23 兵团完成修筑三个机场任务后，向志愿军司令部、华北军区写了一份报告，并转报给朝鲜人民政府。中央军委发来贺电，朝鲜最高人民会议常任委员长也发来贺信，说："你们在抗美援朝打击侵略者的斗争中，建立了伟大的功勋。这一功勋，朝鲜人民永志不忘；全世界爱好和平的人民，也莫不表示崇高的敬意。"同时，授予董其武、高克林等六位同志各一枚"自由独立二级勋章"。

1955 年共和国首次授衔时，军区拟定给董其武上将军衔。鉴于当时正兵团职可授上将或中将，而董其武自己在国民党部队军衔只是中将，董其武便马上找杨成武说，杨司令有功应授上将，我过去有罪不该授上将。杨成武向中央汇报此事，毛泽东让他立即转告董其武说：杨成武是共产党员，授不授上将没关系，董其武一定要授上将。在当时全军范围内军长及起义将领授衔上，对他的待遇都可说开了特例。董其武当时深感不应要党特殊照顾，而要用共产党员的标准要求自己，在授衔翌年便第一次递交了入党申请书。"文化大革命"风暴卷起后，董其武主动要求离职。1968 年，毛泽东批示：把董其武接回休息，把他的小汽车也调来，一切生活待遇不变。1980 年，董其武已年过八十，却再次递交入党申请书。1982 年 12 月23 日，总政治部批准他为党员，党龄从两年前算起。

（十二）"战士式学者"杜任之 ①

杜任之（1905—1988），出生于清末一个地主家庭，原名杜勤职，又名杜力、力夫，是中国民主革命时期著名的战士式学者，哲学家，万泉县解店镇七庄村（今万荣县城关镇七庄村）人。

中学时代，杜任之先后就读于太原一中、北师大附中，后进入上海复旦大学土木工程系。1927 年 11 月革命低潮时他加入中国共产党，并于次年受党的委派到国民党军队中进行"兵运和兵暴"工作。党中央给他的指示是："长期潜伏在敌人阵营里做革命工作，除非生命危险，不能擅自离开。"广州起义之后，他在《太阳月刊》发表长诗《血与火》，歌颂起义者。鲁迅曾当面对他说："你的诗作已走出'象牙之路'越过'十字街头'，方向似乎是对的，努力前进吧！"鲁迅先生的鼓励为他后来走上文学和哲学道路起到了重要作用。

1928 年杜任之赴德国留学，先后在柏林大学、法兰克福大学攻读化学、哲学和社会学，并参加了反帝国主义同盟。1933 年回到上海后，即被上海反帝同盟总部派到山西策动抗日工作。1936 年 9 月 18 日，杜任之和山西一些进步人士在太原发起组织了牺盟会（全称为山西牺牲救国同盟会），杜任之被选为临时执委会委员。牺盟会实际上是山西地方国民党政权与共产党合作的产物，阎锡山最初任会长，但最终其控制权被中共获得。牺盟会的发起人正是隐蔽在阎锡山政府机关和各社会团体中的共产党员和进步人士杜任之等。他们随后成立了山西新军的第一支部队——山西青年抗敌决死队。牺盟会和山西新军迅速发展壮大，在山西以至华北的抗日斗争中创造了光荣的业绩。1940 年初，牺盟会完成了它的使命，决死队也列入了八路军的战斗序列，在抗日战争胜利后正式归入中国人民解放

① 该条内容主要参考以下资料林曙朝：《秘密党员杜任之的潜伏生涯》，《文史月刊》2016 年第 6 期；余振：《纪念杜任之先生逝世十周年专栏——缅怀杜任之先生》，《山西文史资料》1998 年第 6 期；李蓼源：《爱国民主战士杜任之》，《山西文史资料》2000 年第 1 期；于波主编：《三晋史话》（运城卷），山西出版传媒集团 2016 年版，第 267—269 页。

军的建制。

在领导牺盟会开展对日斗争期间，杜任之曾受命到临汾参与组建抗日民族统一战线性质的"民族革命大学"，并担任教务主任，边教学边宣传抗日，培养了大批抗日骨干。后因有人向阎锡山告密，说杜任之"瓦解军队""企图组织兵变"等，被软禁了十个月。软禁解除后，杜任之担任山西大学法学院院长，讲授社会发展史和唯物史观。1948 年，杜任之转到北平，担任华北学院教授兼政治系主任。1949 年 2 月，杜任之以"山西留平人士"名义对山西的国民党军队发出声讨，阎锡山看到通电大为吃惊和恼火，对左右说："你们看，杜任之是共产党吧！"并气急败坏地骂梁化之："那年在克难坡，我叫你把杜任之扣押了，最后是你担保把他放了的。"在解放北平期间，杜任之利用与傅作义的私交，积极斡旋，为北平的最终和平解放做了大量工作。

新中国成立后，杜任之历任山西省人民政府委员，山西大学财经学院院长，山西省财委秘书长。1953 年任山西省商业厅厅长。1956 年杜任之调任北京中国科学院编译出版委员会副主任兼党组书记。1958 年到中国科学院哲学研究所任研究员，创办并主编了《哲学译丛》。"四人帮"被粉碎后，杜任之不顾年迈体衰，担任社会学研究会副会长、政治学研究会副会长和中国现代外国哲学研究会会长，继续为中国的文化建设事业服务。

在十年社会主义建设和"文化大革命"时期，杜任之始终坚持真理、敢说真话。1958 年，当人们高喊"三面红旗万岁"的时候，他却指出"人民公社""大跃进"违背经济规律。其间，他下乡调查，发现农村干部虚夸假报，以致农民吃不饱、饿肚子，有些地方还有饿死人的现象。为此，他提出要按客观规律办事的观点，被扣上"右倾分子"的帽子，遭到撤职处分。在"文化大革命"中，他被迫害坐牢 6 年多。在狱中他以一个共产党员的气节，据理驳斥了强加给他的一切不实之词，始终保持了一位真正革命者和学者的本色。

杜任之一生著述丰硕，代表作有《孔子论语新体系》《孔子思想精华体系》《当代英美哲学》《现代西方哲学的基本特点》《论主观能动性》《全面开展社会学研究，为社会主义服务》《关于现代西方哲学研究和批判方法论问题》等，他还主编了两卷本《现代西方著名哲学家述评》等，编译了《分析的时代》等著作。

1988 年 11 月 27 日，杜任之因病在北京逝世，终年 83 岁，党和国家领导人彭真、薄一波、习仲勋等与诸多知名学者为他送了挽联、挽幛和花圈，其中一幅挽联内容是：是战士、是学者，受命病危，龙潭虎穴建功勋；为祖国、为人民，毕生尽瘁，奋斗终生存晚节。这副对联正是对杜任之一生的最好总结。

（十三）"野有遗贤"薛笃弼

民国时期，我们河东地区诞生了一位著名的政务家和社会活动家，他就是在新中国成立后被毛泽东主席亲切地称为"野有遗贤"的薛笃弼。

薛笃弼（1890—1973），字子良，运城市盐湖区车盘办事处车盘村人，早年毕业于太原的山西法政学校。辛亥革命发生之际，薛笃弼还正在学校就读。当革命军收复太原时，遇有乱兵焚烧藩库、钱庄、银号和一些殷实商号并抢劫财物。山西军政府便于第二天派兵镇压，又组织学生军彻夜站岗巡逻，维持秩序。薛笃弼和同学们就一起到军械库领取枪械，站了五天的岗。太原秩序恢复后，薛笃弼到山西革命机关报《并州日报》任编辑。在报馆，薛笃弼结识了当时的山西革命人士景定成、孔庚、何遂等。此后，他与其他众多的革命党人来到运城，担任河东军政分府主办的《河东日报》社长，随后任河津县地方审判庭审判长、临汾地方审判厅厅长等职。之后曾任陆军第十六混成旅（冯玉祥旅）秘书长兼军法处处长，深得冯玉祥赏识。他随冯玉祥将军转战南北，与河北鹿钟麟并称为冯将军的"左右手"。后又先后担任北洋政府司法部次长、国民党政府甘肃省省长、民政部部长、内政部部长、水利部部长等职。

薛笃弼虽历官无数，但一生为官清廉，为人正派，刚正不阿。据他的女儿薛淑俭回忆，当蒋冯合作时，薛笃弼在南京政府中担任部长，但他没有官架子，一向与部下同甘共苦，不搞特殊化，用餐时，与下属职员们同样饭菜、同桌吃饭，没有什么小灶伙食。在担任河东军政分府地方审判厅推事并兼任革命机关报《河东日报》社长的时候，薛笃弼积极宣传革命、提倡民主、反对君主专政，揭露与批评新政权的众多弊端。他还公开批评河东民政长张士秀让女儿去学校时乘坐轿车，带一名荷枪卫士的腐化行为，揭露过张士秀同为革命党人的旧友芮城县知事郭朗清的贪污行为。当时郭朗清见报大怒，带上卫兵持枪大闹报馆，打伤编辑数人。薛笃弼在暴力面前没有丝毫退让，亲自找到张士秀要求严惩其不法行为，在社会舆论的支持下，郭朗清只好到报馆公开赔礼道歉，为受伤编辑疗伤。

青年时代的薛笃弼虽然是个文弱书生，但他不畏强权，疾恶如仇，敢斗敢拼的精神是被人们所称道的，车盘村上了岁数的人都说，他是属虎的，年轻时，真有那么一股子虎劲。

1948年，他辞去国民党政府职务，到上海当律师。1949年3月，李宗仁曾专程来沪看望他，拟邀其出任行政院副院长，但薛以厌倦政务为由婉辞。不久，人民解放军解放了南京，上海告急，国民党政府官员纷纷撤离。当时，陈诚曾亲自来薛家邀请薛笃弼全家去台湾，薛又以要奉养年老体弱的双亲为由婉言拒绝。

新中国成立前后，薛笃弼打算不再参与政治和抛头露面了，但1955年又是薛笃弼新的政治生命的开端，这年他参加了民革并担任民革上海市委副主委，5月又担任上海市政协常委。1956年1月，政协第二届全国委员会第二次会议在京召开，薛笃弼作为特邀委员参加。开幕式毕聚餐时薛被安排与毛泽东同席，同桌的还有周恩来、张治中、卫立煌和著名中医施今墨。言谈中，薛谈及他在国民政府中历任要职，不胜愧疚。毛泽东亲切地说："你是冯玉祥将军郑重推荐给蒋介石的，是国民党政府里难得的清官廉吏，真是野有遗贤啊！"薛激动得连声感谢知遇之恩，表示愿为国事竭尽绵薄之力。此后，他历任上海市政协常委、第二、三、四届全国政协委员会委员、上海法学会理事、上海律师协会副主任、民革中央委员兼上海市委员会常务委员等职，为新中国的各项建设竭尽全力。

薛笃弼晚年常说他大半生在国民党旧中国，后半生在共产党新中国，看到新中国新气象，他由衷地拥护中国共产党的领导，希望国家日益富强。他在家中贴上"听毛主席的话，跟共产党走"条幅，并以此教育后辈。他积极参加各项政治活动，每会必到，到会必言，坦陈己见。他还积极参加促进祖国统一的大业，无论是拍摄影视，还是录音放广播，都认真准备，一丝不苟。他经常写文章，通过对台广播寄语迁台军政界故旧，介绍祖国大陆建设成就，宣传爱国一家，爱国不分先后等内容，直到生命的最后时刻。1973 年 7 月 9 日，薛笃弼因病在上海逝世，终年 84 岁。①

（十四）北平和平解放的两位河东功臣——傅作义与刘厚同

1949 年，北平得以和平解放，而河东大地走出去的傅作义将军和刘厚同老人正是促成这一重大事件发生的主人公。

傅作义（1895—1974），字宜生，河东地区荣河县南赵乡安昌村（今临猗县孙吉镇安昌村）人。傅家世代务农，父亲年轻时在黄河边摆渡维持生计，后贩运煤炭，又设立若干商号，渐成荣河县有名的富户。傅作义九岁时上了安昌村以北三公里的白马庙小学，后入荣河县立小学堂。据说他的数学计算列式快、步骤清、答案准。他的作文每次都被教师当作范文让全班同学传阅，影响全校。1908 年入运城河东中学堂，1910 年入太原陆

---

① 薛笃弼的相关参考资料主要有马鹤天：《〈河东日报〉和〈共和白话报〉》，《山西文史资料全编》第 4 辑；《薛笃弼：太原光复后站岗巡逻的学生》，团结网 2016 年 1 月 25 日，见 http://www.tuanjiebao.com/tjej/2016-01/25/content_46288.htm；李国权等：《野有遗贤：薛笃弼先生留在湟源的匾文》，《党的生活》2013 年第 2 期；刘刚：《薛笃弼和南京国民政府内政部》，《档案与建设》2010 年第 6 期；等等。

军小学。

辛亥革命爆发后，傅作义在太原参加反清起义，任起义学生军排长。1915 年入保定军校步兵科学习。1924 年后，任晋军第四旅第八团团长，第四师师长，曾参加北伐战争。1930 年曾参加阎、冯反蒋战争，任津浦线总指挥。1931 年任晋绥军第 35 军军长、绥远省政府主席等职。九一八事变后，日军又入侵平津地区。1932 年 3 月，热河全境沦陷，日军进抵长城一线。傅作义统帅的第 59 军守独石口、怀柔一线，以掩护长城一线中国军队北翼，后又在怀柔阻击日军。1936 年，他反对日本主张的内蒙自治，并于 11 月率部抵抗关东军指使的王英"大汉义军"和德王、李守信所部的西犯，夺回百灵庙、锡拉木楞庙等多处战略要地，挫败了日军入侵绥远并妄图建立"蒙古帝国"的阴谋，大大鼓舞了全国人民的爱国抗日热情。绥远抗战胜利后，中共领袖毛泽东给傅作义写了亲笔信，称赞其在"日寇西侵，国难日亟"之际，统帅部队"捍卫边疆……跃然民族英雄之抱负，四万万人闻之，神为之王，气为之壮"。

抗日战争期间，傅作义还历任第七集团军总司令，第八、第十二战区副司令长官、司令长官兼绥远省、察哈尔省政府主席，曾先后率部参加忻口会战、包头战役、绥西战役、五原战役，给日本侵略者以沉重打击。

1946 年国共内战正式开始后，傅作义率绥远部众连克集宁（今乌兰察布市）、大同、张家口等多座重镇。之后，他接连发布《行政人员守则》《组织人民办法条例》，甚至效法共产党，在北平近郊进行土地改革和"二五减租"，号召部下"为人民服务"。对军队的整治取得了一定成效，此后，他担任了华北剿匪总司令部总司令。在"平津战役"中，傅作义最终同意北平和平解放，使古老的文化故都及其全部珍贵历史建筑完好地得到保存，200 万市民的生命和财产免遭兵燹。毛泽东曾对傅作义说："北平问题的和平解决，贵将军与有劳绩"，并笑着称赞道，"你是北京的大功臣，应该奖你一枚天坛一样大的奖章"。

傅作义将军在北平和平起义后，决定变卖财产捐赠给国家，以作为建设基金。傅作义所捐财产数额十分巨大，合计为旧币 8000 亿，即新人民币 8000 万元。毛泽东批示，酌留一部，余者存入银行，仍由将军处理和使用。

1949 年 9 月，傅作义当选为一届全国政协委员、中央人民政府委员。后历任政协第二、三届全国委员会常务委员，政协第四届全国委员会副主席，第一、二、三届全国人大代表、国防委员会副主席等职。此后，他担任水利部部长长达 25 年之久，为新中国水利事业的发展作出了重要贡献。其间在回老家探望乡亲的时候，总是在很远的地方便下车步行回村，从来不摆官架子，在离开时还给村里的贫困户送上一些的慰问金，同时为家乡建设捐款，造福桑梓。

1974 年 4 月 19 日傅作义在北京病逝，享年 80 岁，走完了他传奇的一生。

在北平和平解放的过程中，还有一位河东籍的人物在此不得不提，他就是促成北平和平解放的功臣之一，人称"和平老人"的刘厚同。

刘厚同（1882—1961），名文厚，字厚同，别号半醉老农，运城市盐湖区郊斜村人。光绪二十一年（1903）考入甘肃省武备学堂，毕业后被保送到湖北省武备师范学堂深造，并在那里参加了资产阶级革命团体兴中会。武昌起义爆发后，刘厚同于 1912 年 1 月组织和领导了甘肃秦州（今甘肃省天水市）的反清起义，任甘肃军政府陆军部长兼总招讨使，之后返回故里，任山西学生军总教练、军士学校校长。次年担任北洋政府京畿卫司令部高级参谋。1916 年黎元洪继任大总统时，他是黎元洪的一等侍卫武官。抗日战争期间，日本侵略军请刘厚同出任热河省主席，他坚辞不就，避居天津，以卖字为生。同时，刘厚同多次上书蒋介石，反对不抵抗政策，他针对蒋的"攘外必先安内"的口号，提出"攘外便可安内"，主张与日军打"持久消耗战"，并提出了具体的攻守之策。抗日战争胜利后，刘厚同任傅作义的上将衔顾问，但未到职视事。

刘厚同是傅作义将军的密友、智囊。1948 年 2 月，傅作义曾到天津拜访刘厚同，询问刘对时局的看法。刘对傅说："军事为政治服务，政治为军事之本。自古没有政治不修明而军事能胜利者。蒋介石今政无不弊，官无不贪，我看其政权不会有一年半的寿命了。"傅对刘的看法表示赞同。

1948 年 10 月，在北平和平解放之前，刘厚同接受中共地下党的委请，来到北平做傅作义的投诚工作。刘厚同劝傅作义步吴化文后尘进行起义（吴化文曾任国民政府第五路军司令，促成济南和平解放），并向傅作义申明大义，陈清利害，请珍惜他自己爱国抗日的光荣历史，和平解放北平，保护文化古都人民生命财产，为中国人民再立一功。

这样，从 1948 年 10 月 30 日到 1949 年 1 月 22 日，在 85 天的时间里，刘厚同会晤傅作义达 34 次之多，最长的会面达 10 小时之久，正式致傅作义的信函也有 11 封。11 月中旬，傅作义最终下了与解放军和平谈判的决心。12 月 23 日，傅作义鼓起了勇气给中共主席毛泽东发了一电报。1949 年 1 月 7 日和 16 日，傅作义又两次派代表与解放军平津前线领导人谈判，终于达成了和平解放北平的协议。31 日，解放军首批警卫部队入城，北平宣告和平解放。

但北平和平解放后，刘厚同却"悄然身退，飘然返津"。因长时间的操劳、思虑和焦急，刘厚同的右眼失明。北平和平解放后，他被人们赞誉为"和平老人"。

新中国成立后，刘厚同被选为天津市第一至第四届人大代表，市第一至第二届政协委员、常委。市政府安排他为文史馆馆员，后又任房管局局长。

1961 年，刘厚同病逝于天津，享年 79 岁。①

---

① 傅作义和刘厚同的相关内容可参见以下资料：王天源：《傅作义懿行拾遗》，《山西老年》2021 年第 1 期；韩春阳：《从举棋不定到弃暗投明——傅作义与北平的和平解放》，《军事史林》2019 年第 11 期；吕传彬：《三人促使傅作义北平起义》，《文史月刊》2014年第 5 期；吴麦黄、杨洪杰：《策动傅作义和平起义的三位河东同乡》，《党史文汇》1997 年第 10 期；于波主编：《三晋史话》（运城卷），山西出版传媒集团 2016 年版，第271—273 页。

（十五）河东"无冕大将"程子华

程子华是中国共产党优秀党员、无产阶级革命家、我军卓越的指挥员和政治工作者，也是新中国成立后我国经济战线的杰出领导者。在中国民主革命斗争历程中和社会主义建设道路上，程子华凭借着对国家和人民的卓越贡献成为河东历史名人中的佼佼者。

程子华是一位征战半生的著名将领，在长期的革命战争中立下了不朽的功勋，开国上将宋任穷曾称赞他是我军一位屡建战功的著名高级将领。不过，新中国成立伊始，他就较早离开军队从事经济和地方等工作，成为经济战线领导人。由于程子华是我军16个兵团司令里唯一一个没有授军衔的，无缘于四野十虎将的评选，因此成为一位"无冕大将"。

1905年6月20日，程子华出生在山西省解县一户苏姓人家。由于父亲的姨家没有孩子，他自幼就被过继给了姨家，从此改姓程，取名世杰。他7岁开始读私塾，12岁进入模范国民小学，1922年考入太原国民师范，开始接受了共产主义思想，1926年6月加入中国共产党，参加了革命，并于同年12月受党组织派遣，考取黄埔军校武汉分校，从此走上了为中国人民解放事业而斗争的戎马生涯。

程子华的一生可以说是中国近代革命史的一个缩影。1927年蒋介石叛变革命以后，程子华同志积极参加了讨伐叛军夏斗寅的战斗，随后参加了广州起义。广州起义失败后，他参加了保卫海陆丰苏维埃政权的斗争。1929年后，他到国民党军队岳维峻部做兵运工作，成功地发动了大冶兵暴，壮大了鄂东南革命根据地的力量。1931年4月，他到中央苏区工作，历任红35军307团团长、独立三师师长、红五军四十师师长、四十一师师长兼政委、十四师师长、二十二师师长、粤赣军区代参谋长等职，参加了第二到第五次反围剿斗争。在反围剿斗争中，他运用毛泽东同志的战略战术，深入发动群众，诱敌深入，消灭敌人的有生力量，表现了卓越的军事指挥才能，被中华苏维埃政权授予二等红星奖章。在红军长征中，他率部于1935年初到达陕南，开辟了鄂豫陕革命根据地，后担任鄂豫陕省委代理书记、红 25 军政委。1935 年 7 月，红 25 军西出甘肃，钳制敌军兵力，有力地配合了中央红军北上。长征结束后，他任红十五军团政委，参与指挥了劳山战役、榆林桥战斗，巩固、扩大了陕北革命根据地。

西安事变以后，党中央任命程子华为第二战区民族革命战争战地总动员委员会党团书记兼人民武装部长、中共中央北方局委员。期间，他积极发动群众，扩大抗日武装，同阎锡山的反共政策进行了有理有力的斗争。毛泽东和刘少奇曾致电程子华说："动委会工作已获得很大成绩，望在各方面进行巩固。"并对他带病工作表示慰问，还说要补贴他 100 元钱看病，但程子华觉得中央经济上很困难，没有要这 100 元钱。1939 年 1 月，他深入敌后到冀中军区工作，任冀中军区政委，后兼冀中区党委书记。在极艰苦的情况下，他和吕正操同志领导军队的整顿工作，同时发动、组织和武装群众，领导冀中军民粉碎了日寇的"五一"大扫荡，巩固了冀中抗日根据地。他总结了在平原地区建设根据地和进行游击战争的经验，编写了《冀中平原上的民兵斗争》，倡导了地道战，沉重打击了日本侵略者。

解放战争时期，程子华在 1947—1948 年的秋、冬、夏季攻势中，消灭了华北敌军大量的有生力量，指挥了隆化战役，解放了热河全省。在此期间，程子华的部队中还涌现了董存瑞这样的英雄形象。

1948 年 5 月 25 日下午 4 点多，隆化战役胜利结束后，程子华来到隆化城视察战果，当走到隆化中学前面时，只见一个班的战士在那里恸哭，他便上前询问："为什么打了胜仗反而哭呢？"战士呜咽着告诉他："我们的班长董存瑞为掩护全连冲锋，只身托住一包黄色炸药炸掉了一个横跨在旱河上的桥形碉堡壮烈牺牲了。"战士还说，他们在战场上找了半天，最后只找到了一只鞋子，像是班长董存瑞的，现在大家正对着这只鞋哀悼他们的好班长。程子华听后十分震撼，他让秘书连夜到董存瑞所在的部队里去，搜集有关董存瑞的事迹，并亲自写下《董存瑞同志永垂不朽》一文，表彰他的英雄事迹，要求《群众日报》头版头条刊登，还要写一篇社论颂扬，董存瑞从此被树立为全军学习的榜样。

1948年9月，程子华参加了辽沈战役，组织指挥了著名的塔山阻击战，成功地阻击了敌人从葫芦岛和锦西增援锦州的部队，对我军取得锦州战役的胜利、确保对东北敌军形成关门打狗之势，起了重要作用。1948年10月，他任东北军区第二兵团司令员。11月初，奉命先遣入关，协同兄弟部队，重创了敌军的主力，对北平形成了包围态势。北平解放后，任北平警备司令员兼政委。

新中国成立伊始，中央即任命程子华同志为山西省委书记、省政府主席、省军区司令员兼政委。他从此结束了长达22年的戎马生涯，投身于新中国的建设事业。

在山西工作期间，程子华重点抓人民政权建设和经济建设工作，并把军队的协同作战和思想政治工作经验运用到各部门的工作中去。1950年10月以后，他调任全国合作社联合总社副主任、主任、党组书记，领导了全国供销合作社系统的创建，提出并经中央批准在全国推广了对手工业社会主义改造的3种形式和对农村私营商业的社会主义改造的3种形式，完成对手工业和农村私营商业的社会主义改造。1956年任国务院财贸办公室副主任。1958年任商业部长、党组书记，其中在1950年至1954年还担任过中华全国合作社联合总社干部学校校长。

1960年，程子华又担任国家建委副主任、党组副书记。1961年任国家计委常务副主任、党组副书记。在国家计委工作期间，正值国民经济困难时期，他认真贯彻中央关于"调整、巩固、充实、提高"的八字方针，有效地缩短了基本建设战线，促进了工农业生产的恢复和发展。1964年后任中共中央西南局书记处书记兼西南三线建委常务副主任，在极端困难的情况下，艰苦创业，建设了一批以攀枝花钢铁基地为重点的厂矿和军工企业，并写出了长达万言的《关于西南三线建设的情况总结》。这是一份珍贵史料，周恩来同志曾给予高度评价。

"文革"以后，他又再次大改行，担当了民政部长的重任，为恢复社会秩序、安定人民生活和保障社会主义建设事业作出了新的贡献。1983年6月，他当选为第六届全国政协副主席。

1991年3月30日，程子华同志因病医治无效于北京逝世，终年86岁。①

（十六）新中国空军奠基人常乾坤

他是从河东的汤王都城垣曲县走出去的共产党将领，也是赫赫有名的飞将军，他创办了我国第一所航空学校——东北老航校；他曾担任军委航空局局长，开国大典上他领导的空军在天安门实弹受阅飞行，这在世界上是创举；抗美援朝中，他指挥、训练的人民空军部队打落美军的"王牌""双料王牌"飞行员，取得了击落击伤敌机425架的成绩，就连美空军参谋长范登堡都惊呼：中国一夜之间变成了世界主要空军强国之一。他，就是开国将领常乾坤。

常乾坤于1904年出生在垣曲县王屋山下的下亳村一户农民家里。虽然家境贫寒，但外祖父对自幼丧母的常乾坤格外疼爱，供他去念私塾，一心想让他将来做个教书先生。常乾坤聪明好学，成绩优异，两年后以全县第五名的成绩考入县高级小学，在那里他受到五四时期新文化、新思想的影响。17岁那年，常乾坤背着干粮，带着父辈们的众望踏上征程。这是一段艰难的路程。常乾坤走过垣曲的沟沟壑壑，走出河东，一个月后，他风尘仆仆地出现在太原街头。没有钱念中学和师范，他只好报考免费的晋军学兵团（也叫斌业中学），这所学校实际上是阎锡山的一个初级军官学

---

① 程子华的相关内容参见以下资料：于波主编：《三晋史话》（运城卷），山西出版传媒集团2016年版，第273—276页；黄勋会、王振川编：《运城六大文化掇英》，山西出版传媒集团2019年版，第128—131页；程海燕：《心香一瓣寄思情——回忆我的父亲程子华》，《党史博览》2021年第3期；林爽爽、刘畅：《父亲将董存瑞树为典型——女儿记忆中的程子华》，《文史博览》2018年第6期。

校。在学校，他接受了民主革命的影响，考入黄埔军校第三期。1925 年 7 月，常乾坤在黄埔军校受到中共党组织的重视和培养，由范洪亮、曹汝谦介绍加入中国共产党。1926 年考入广州航空学校，后又作为学校的代表，由当时的国民政府派往苏联学习飞行。

在黄埔军校学习期间，常乾坤成绩名列前茅。当时国共合作，孙中山先生创办的广东航空学校开始招生。由于常乾坤感觉学习飞行是非常高深莫测的事情，而且要花一大笔学费，因此他是不敢奢望的。当时一位有钱但成绩不好的同学拉他去替考，结果那人以"优异"成绩被录取，但后来又听说学飞行危险性很大，就不想去了。周恩来同志知道了这个情况，找常乾坤谈话，问他："你愿不愿意学航空啊？"常乾坤表示非常想学，但没钱念书。周恩来便告诉他："组织上帮助你。"就这样，常乾坤带着党的嘱托迈进了学习航空知识的大门。

在苏联，常乾坤主要是学习航空理论，尤其是空中领航学和空中射击学等专业知识。1930 年 1 月，常乾坤进入苏联空军独立航空队，开始认真地对待每一次飞行，一直保持了优异的训练成绩，成为中国共产党几个最早的飞行员之一。

抗战爆发后，为了赶赴国内参加抗战，常乾坤没有等到茹考夫斯基航空工程学院的毕业典礼，就匆匆告别了年轻的苏联籍妻子和孩子回到了祖国，任迪化（今乌鲁木齐）新兵营航空理论教员、八路军航空工程学校教务主任、中国人民抗日军政大学第三分校大队长、延安军事学院大队长、军委俄文学校编辑处处长、军委总参谋部高级参谋。1941 年 2 月，常乾坤等向中共中央提出在延安成立航空学校的建议。中央军委根据常乾坤等的建议和当时延安的条件，作出成立第 18 集团军工程学校的决定，校址在陕北安塞，并指定常乾坤等负责建校筹备工作。

解放战争时期，在常乾坤等人的奔走努力之下，东北民主联军航空学校于 1946 年 3 月 1 日在通化正式成立。这是中国共产党、中国人民解放军历史上的第一所航空学校，习称东北老航校。按航校成立的日期上报了个代号为"三一部队"。在开学典礼上，通化军区司令员何长工代表中共中央、中央东北局讲话，并宣布了航校领导班干部的任职命令，通化军区后方司令员朱瑞兼任校长，常乾坤为副校长、军委航空局局长。当时，老航校留用的日本航空技术人员有 300 多。常乾坤等校领导对这些人以诚相待，鼓励他们发挥自己的航空技术专长，并启发教育他们认清过去的历史，将功赎罪。日本航空技术人员，在东北老航校和后建的空军第 7 航空学校工作 10 多年之久，为航校建设作出了应有的贡献。寺村邦三等 16 位先生因积劳成疾在中国逝世，安葬在被他们称为第二故乡的牡丹江。

1949 年初，辽沈、平津、淮海三大战役先后结束，国民党军队的主力大部分被解放军歼灭。为了使党中央、中央军委具体了解东北航校的建设情况，常乾坤、王弼于 3 月上旬从北平乘汽车到西柏坡向中央首长汇报。其间毛主席兴致很浓，听得入神，即便他有事要出去，暂时离开一下，也要让常乾坤休息一下，等他回来再讲。当常乾坤汇报到航校已经培养出空、地勤人员 500 多名时，毛主席高兴地连声称赞说："了不起！了不起！"周恩来副主席则高兴地说：我们的学生很不错嘛！为党争了气，立了功（常乾坤在黄埔军校学习时，曾是周恩来的学生）。

新中国成立后，常乾坤先后任人民空军副司令员兼训练部部长、中国人民志愿军空军副司令员、空军工程学院院长和政治委员、空军军事科研部部长。1955 年被授予中将军衔。曾获得一级解放勋章和二级独立自由章。

常乾坤为新中国空军事业的创建和发展奋斗了一生。1973 年 5 月 20 日，常乾坤在北京逝世，终年 69 岁。①

① 相关参考资料有刘维杰：《常乾坤：人民空军的重要奠基人》，《学习时报》2020 年 11 月 23 日；渝文：《常乾坤和王弼：人民空军的奠基人》，《军事文摘》2019 年第 21 期；黄勋会、王振川编：《运城六大文化掇英》，山西出版传媒集团 2019 年版，第 132—134 页。

（十七）"三打运城"——揭开河东历史新篇章

透过历史厚重的帷幕，60 多年前发生在运城的一场歼灭战，似乎又把我们拉回到战争年代的炮火硝烟中。

1947 年，人民解放战争迎来了一个新的阶段。

国民党军对解放区的全面进攻严重受挫后，不得不改为重点进攻。在晋南运城地区，胡宗南加紧设防，囤积物资，以此作为策应西北和中原战场的重要据点。因此，我军在晋南地区发动攻势，占其要点，歼敌有生力量，就能威胁胡宗南的后脊，配合陕北我军作战。同时，攻打运城也是我军完成战略展开任务的重要一步。党中央计划在完成对国民党军队的重点进攻之后，由刘伯承、邓小平同志率晋冀鲁豫野战军主力突破黄河天险、千里跃进大别山；由陈毅同志率华东野战军主力挺进豫皖苏地区；由陈赓、谢富治率西路兵团自晋南强渡黄河，挺进豫西。因此，攻打运城能有力地支持下一步反攻战略任务的开展。

综合以上情况，为了歼灭内线敌人，策应外线作战，完成战略展开的任务，我军于 1947 年 5 月至 12 月，曾三次攻打运城。可以说，运城战役是解放战争由战略防御转入战略进攻后，在山西内线进行的第一个战役。

1947 年，在我解放区军民打击下，晋南残敌纷纷猬集运城，有敌正规军一万余人，土杂武装数千人，还有阎锡山政权机构的三个专署，16 个县政府。守敌以永久性、半永久性工事结合，明碉与暗堡结合，还设有副防御工事，火力配备也较强。

第一次攻打运城是在 1947 年 5 月。根据军委命令，我军在晋南发动的攻势作战中，至 4 月 25 日，先后解放了除运城、安邑、夏县以外的 19 座县城以及广大地区，并控制了风陵渡和禹门渡口，歼敌 16400 余人。4 月 26 日，中央军委和毛泽东同志指示晋南我军：应乘胜相机夺取运城，彻底解放晋南三角地带，并以一部向吕梁山地区扩张战果，协同吕梁部队解放吕梁南部广大地区，继续威胁陕北敌之侧翼。根据这一指示，我军首先以第十旅攻占羊驮寺飞机场，歼灭守备机场之敌军，吸引运城守敌出援，并歼敌于野外。

5月3日4时，第十旅部队开始向飞机场守敌发起攻击。当日中午占领机场，守军大部被歼，运城随即处于被包围状态。但敌人只顾孤守，不敢出援。我军决定夺关作战。经过连续四天的反复争夺战斗，歼敌千余人，击落敌机一架。至10日，我外围攻关作战的各部队，占领了运城的西、北两关，并将东、南方向的攻击要点全部控制。这时由于全国战局需要，陈赓同志奉命率四纵队南渡黄河，挺进豫西，执行战略反攻任务。我军主力遂于12日主动撤离，暂时停止对运城的围攻。

7月，刘邓、陈谢两路大军先后横渡黄河，挺进鲁西南和豫西，转入外线作战，迫使敌人由战略进攻转入战略防御。为了更有力地配合外线我军作战，肃清内线敌之残留据点，我军决定第二次围攻运城。晋冀鲁豫军区副司令员徐向前整合当时晋冀鲁豫军区、太岳军区部队，由王新亭担任第8纵队司令从东、西、北三面包围运城进行攻坚战。

当时，守卫运城的敌军当时共计一万余人。敌人的城防工事较强，外围以高碉、低碉、野战工事，组成交叉火网，以十二三米高的砖石结构的坚固城墙，深宽各八米的护城外壕，加上城墙上、城墙中、城墙外筑有大量明暗火力点，构成护城火力网。故敌人把运城的设防称之为现代化城防工事。

10月8日，我军遵照中央军委和晋冀鲁豫军区首长徐向前的指示，以第八纵队之二十三、二十四两旅、吕梁军区独三旅、太岳军区第三军分区基干团等部队，从东、西、北三面包围了运城。开始了第二次攻打运城的作战。主要目的是通过攻打运城，锻炼部队的攻坚能力，为尔后继续攻克临汾、太原等具有坚固设防的城市积累作战经验。

虽然当时我们部队的技术装备很差，只有三门旧山炮，但是部队打得非常顽强，在外围作战中，各部队连续向敌人发动攻击，经过激战，很快攻下了运城外围七个据点碉堡。但正当我们扫清登城障碍，准备发起攻城之机，敌情突然变化，胡宗南部将原拟向南调去陇海路增援的钟松第三十六师四个旅撤回，调头向北渡黄河，增援运城。据此，经请示晋冀鲁豫大军区和军委批准，我军又主动撤离运城，集中兵力至平陆的杜马原迎击援敌。援敌 3700 余人被歼灭后，残部窜进运城与守敌会合，再加上运城守敌破坏了我军原来的攻城阵地，给我军第三次攻打运城制造了困难。11 月 22 日，毛泽东、军委发来电报指示："攻运未克，打援又未全歼，在指战员中一时引起情绪不好，是很自然的。但我军精神很好，一、二次打不好并不要紧，只要你们虚心研究经验，许多胜仗就在后头，望将此意向指战员解释。"攻城部队因此而深受鼓舞，士气很旺盛，积极请战，要求"三打运城"，得到上级的同意。

三打运城前，守城敌军情况是：胡宗南派钟松部前来增援解围运城，经我阻击消耗，只把二五零团的一个营和土匪头子雷文清残部送进运城，加上原在城内的敌人，运城共有胡宗南两个团一个营，阎锡山部三个团和其他土顽部队，共计 1.3 万余人，各种火炮近百门，轻、重机枪 340 余挺，火力配备严密，工事较前加强，但敌人士气低落，而我八纵队有二纵队的并肩作战，攻下运城信心很大。

徐向前亲自指挥部队进行第三次运城战役，毛泽东特意指示要严防黄河南岸的胡宗南部北上。根据敌情地形，我军决定以西、北两面为主攻方向，东、南面为助攻方向，实行四面围攻，并派太岳军区三个团于茅津、太阳、沙窝、风陵、吴王等渡口，担任阻援任务。

第三次攻打运城于 12 月 16 日晚开始行动，具体战斗行动计划是：第二纵队两个旅，由运城西关至马家窑段攻击突破；第八纵队两个旅，独三旅两个团，由老北门攻击突破。但是，外围攻击战是曲折复杂的，起初并不顺利。22 日晚，纪念塔以北的方形碉堡和敌人的两处阵地同时被攻占，守敌全部被歼。23 日，独三旅攻占纪念塔，八纵队二十三、二十四旅爆炸护城碉，二纵四旅攻占运城西关。至此，敌人在运城西、北两面的登城障碍全部被扫除。

我军原定 25 日攻城，但 23 日接到情报：在黄河南岸的胡宗南的四个旅，准备北渡黄河，向运城增援。为了避免重蹈前次攻打运城的覆辙，使部队再受重大挫折，我军决定赶在援敌到来之前将城攻破，把守敌歼灭。兵贵神速，事不宜迟，二纵队、八纵队于24日提前分别从城西，城北发起总攻，以城北为主攻。两个方向的突击部队都采用云梯和跳板登城的办法向守城敌人猛攻，但由于攻击提前，准备仓促，两次攻击均未成功。我军决定向城根底下进行坑道作业，以便爆破。当时，胡宗南四个旅援兵的先头部队已经渡过了茅津渡，离我军越来越近了，因此，必须在一天的时间内完成坑道爆破城墙的任务。刘明生等十位战士乘着晚上风雪交加的有利时机带着作业工具和同指挥所联系的绳子，分作三个战斗小组行动。第一战斗小组和第二战斗小组都在火力掩护下跃进时失去了联系，第三战斗小组提出："不用火力掩护，免得暴露目标；也不再背门板和湿被子防弹，身子也灵便些。"团里同意了这个建议。第三小组便悄悄地向外壕方向爬去了，果然出敌意外，顺利地摸进了外壕，同先前进到外壕内的其他战士会合了。战士们在刺骨寒风和冰冷泥浆中迅速挖掘坑道，敌人还不时地往外壕扔一阵手榴弹和手雷。进到外壕里挖坑道的同志大部分负了伤，个别同志牺牲了，剩下的同志艰难地而不停地进行坑道作业的战斗，携带的工具施展不开，就用双手刨，最终，战士们经过彻夜的努力，终于在拂晓前挖成了5.5公尺长的坑道和可容纳3000公斤炸药的药室。27日黄昏，爆破队仅用40分钟就完成了3000公斤炸药的传递和装填，并按预定时间发起了总攻。此时，一声巨响，震天动地，城墙被炸开20多公尺宽的斜坡，二十三旅和二十四旅勇猛攻进城去，随后二纵队的一部分部队也从西门绕到北门攻入城内，同时留在西门的二纵队主力也搭云梯从西门进城。几支部队攻入城内后，经过激烈巷战，当夜将守敌1.3万余人全部歼灭，解放了晋南重镇运城。

对于运城战役的意义，新华社当时发表的社论指出："此次战役，有力地配合了刘邓、陈粟、陈谢三路大军对平汉、陇海两路的突击战，同时也证明我大军打到外线后，我内线兵力还很强大。不但能拉住它，而且能反攻并消灭它。"徐向前也曾具体指出：运城战役"可以说是攻坚战的典型歼灭战"，"在精神上摧毁了敌人防守这种城市和固守据点的信心，这个作用是非常大的"。①

---

① 这一部分主要参考以下资料：林可行编著：《决战运城》，吉林文艺出版社 2006 年版；政协运城市盐湖区委员会编：《运城文史》2007 年第 1 期；王振川等：《运城博物馆展览文稿》（革命专题部分），2014 年内部资料；黄勋会、王振川编：《运城六大文化掇英》，山西出版传媒集团 2019 年版，第 135—142 页；王连昌：《运城战役在解放战争中的军事地位》，《运城师专学报》1988 年第 2 期；张振华、王志英、杨望久：《三打运城》，《中国老区建设》2004 年第 7 期。

第七章　河东文化的精神符号

　　文化是一个民族的精神记忆和精神家园，是民族特征的最好表现方式。中国是一个具有五千年文明的国家，文化底蕴极其深厚，而在中国文化的发展历史上，运城具有着重要的地位，人们向来就有"五千年文明看运城"的说法。运城古称"河东"，这里民风淳朴，人杰地灵，是华夏文明的主要发源地，正是在这片土地上孕育出了源远流长、博大精深的河东文化，而河东文化作为中华民族传统文化的一个缩影，在探讨华夏文明起源和发展的历史进程中占据重要的地位。其中，河东文化里舜帝的德孝天下、忠义仁勇的关公精神、李氏家族的善文化等优秀传统文化已经深深植根于人们的心中。由于优秀的传统文化有着激励人们奋进、向善等的精神作用，因此，我们应该进一步发挥河东文化在地域上的精神优势，充分利用其符号中所蕴含的教化资源，使其潜移默化地影响着人们的价值取向和道德观念。

　　探讨河东文化的符号表达并分析其对当代社会的影响具有重要的学术价值和实用价值。虽然目前河东文化的研究成果较为丰硕，已经取得了一定的成绩，但相关研究仍然存在着不足之处，整体上呈现碎片化、边缘化的现象，很多研究只是简单论述河东文化其中的某一个方面，并未对其进行系统的总结和概括。笔者在阅读和分析了大量相关资料之后，深感应该系统地对河东文化所包含的具体符号进行研究，探索性地展开一个整体观上的河东文化研究体系。同时，近年来，国家和政府一直注重强调地方文化的传承和弘扬，力求将文化所蕴藏的深厚内涵应用到社会中的方方面面。因此本书的撰写在做到积极响应国家层面的号召以及落实运城市政府决策的同时，也可以使读者对河东文化有更深层次的理解，增加对河东区域文化的自豪感，并且可以起到继承传统文化和弘扬文化精神的作用，达到教育人们、服务和稳定社会的目的。

河东文化作为中华民族传统文化的缩影，它所包含的具体的精神符号十分丰富，笔者在这一章节中打算从虞舜的德孝文化、关公精神、河东晋商诚信道德、李家善文化等几个方面来对河东文化的符号表达进行研究。史学界关于这几个方面的研究状况具体如下。

德孝文化方面，德孝文化源远流长，最早可追溯到虞舜时期，舜被称为"德圣""孝祖"。关于虞舜德孝文化的著作有：吕步震先生主编的《史坛耕耘名中华》系列丛书，其中有《中华孝道》《德自舜明》《德孝传世》等，这套丛书通过深入挖掘虞舜以孝治家、以德治国的感人事迹，论述德孝文化所蕴含的丰富内涵，以此来弘扬德孝文化，传承德孝精神。秦建华的《德孝天下——虞舜文化说略》针对史料记载中的虞舜和民间传说里的虞舜故事，深入探讨虞舜文化的内涵、特质及对现代的价值。康学伟的《先秦孝道研究》、肖群忠的《孝与中国文化》等从多方面、多角度地阐述了孝的积极作用和消极作用。相关的论文多是论述德孝文化的内涵、发展、作用，或将德孝文化与其他方面结合在一起展开讨论，例如与思想政治教育、高校德育、城市建设等方面的结合。主要有：王振宁《试论思想政治教育与德孝文化的有效结合》，主要阐述了德孝文化和思想政治教育的发展历程，分析了二者在有效结合过程中遇到的问题及解决措施。相关的论文此外还有李琳、冷鸿涛的《弘扬中华传统文化加强德孝文化教育》、钟纯的《论中华传统之德孝文化》等。

关公精神方面，目前学术界关于关公文化的研究已相当成熟，研究成果也颇丰，主要集中于考察关公的形象、关公信仰、关公文化等。著作有宋洁的《关公形象演变研究》，对历史上的、小说中的、戏曲中的、信仰世界中的关公形象进行了细致地论述，加深了我们对于关羽的认识和对关公文化形成的了解。研究关公信仰的专著是郑土有的《关公信仰》，书中指出人们信仰关公，主要是信仰关公英勇作战、重情重义、诚实守信的精神。秦建华的《信义炳世——关公文化概略》，上篇主要分析关公的形象变迁，下篇主要阐释关公文化的具体内涵、特征和现代意义。论文有：赵冰的《关公文化及其当代价值研究》，探讨了关公文化的内容、特点及历史演变，分析了关公文化的当代价值。任义国的《关公故里的关公信仰研究》，以关公故里现存的关帝庙为研究的空间线索，以当地关公信仰的历史演变为研究的时间线索，对关公故里的关公信仰进行较为全面的解读。此外，还有很多期刊也有关于关公文化的文章，多将关公文化与高校思想政治工作、晋商精神联系在一起。例如宁小燕的《传承关公文化在高校思想政治工作中的作用》、李利芬的《浅论关公信仰对晋商精神的影响》等。

河东晋商诚信方面，很多学者热衷于研究晋商，且研究多集中在商业、金融以及晋商的家庭、慈善、婚姻、诚信等方面。关于晋商诚信方面的著作有：张正明的《经商与经营文化》，该书认为晋商商业道德的核心是坚守诚信为本的价值理念。葛贤慧在《商业漫漫五百年——晋商与传统文化》中认为晋商们诚实可信、吃苦耐劳的敬业精神是晋商精神的核心。孔祥毅在《晋商学》中认为晋商的成功得益于晋商诚信商业道德的建立，诚信使晋商取得成功的同时也使社会变得更加诚信，二者之间相互促进，共同促进社会的发展，他们建立起来的诚信比什么都重要。不论是哪一方面的研究，较少有关于晋南商人的成果，特别是河东晋商诚信方面的。关于晋南商人的著作主要有：刘泽民的《晋商史料全览·运城卷》，本书列举了大量的河东晋商人物、家族、行业、字号记事、商家宅院、商镇、文献碑刻、庙会等，弥补了河东晋商研究的空缺。研究晋南商人的论文也寥寥可数。有师冰洁的《明代晋商与乡村社会变迁——以晋南地区为中心的考察》、阮莉的《明清时期运城盐业盐商与当地社会》、练燕的《清代晋南商人家族研究——以曲沃行家为例》等。由此，可以看出目前学术界对河东晋商的诚信道德研究还涉足不多。

李家善文化方面，山西人民出版社出版的《慈善世家——李家大院文化丛书》，其中包含《慈善世家——李家大院史料汇编》《李家大院讲解词》《李家大院楹联匾额诠释》《河东巨商李子用传奇》，这套丛书对李家大院的发家史、经商代表人物、善行善举等进行了详细的描写。论文方面有：孙玮的《论晋商李家的慈善伦理及其当代意义》，指出李家经商期间所体现的慈善伦理的特点、核心、价值等，从历史地理因素、传统文化影响、家庭教育的作用以及善行善举的物质基础四个方面对晋商李家慈善伦理的形成基础进行了分析。此外还有几篇论文主要论述李家大院的建筑风格，例如徐倩的《山西阎景村李家大院建筑装饰纹样研究》、吴炯的《晋南乡土建筑的空间组织特点与技术处理分析——以李家大院为例》、李叶昉的《传统"善"文化影响下建筑装饰的教育意义研究——以山西万荣李家大院为例》。

从以上对河东文化以及河东文化所包含的具体的精神符号的研究状态来看，目前关于河东文化的研究，整体上呈现碎片化，未形成一个完整的研究体系，同时没有很好地体现出河东文化的地域优势，本书的撰写旨在尝试解决这一问题，努力通过阐释河东文化中的几个代表性的符号，展示历史帷幕掩盖下的河东旧事，揭开过往河东地域和社会发展进程中所蕴含的文化品质，使读者从代表河东印象的表层符号读出河东文化的确切象征，更深层次地体会这一地域文化的本质和精神。

第一节 "德"在河东文化中的表现及历史作用

"德"为立身之本，代表着一个人的道德与品行，是规范人们的行为准则和思想准则，是一个人为人处事的首要评判标准，是中华优秀传统文化的基础。"德"是由"彳""直""心"组成，从字形分析来看，"德"的基本意思是走路行事目不斜视、内心平正。《说文解字》中记载："德，升也。"① 因此，德的主要内涵是要有正直、不偏不倚的言行举止以及平正、不歪不斜的内在修养。一个内外言行一致、公正平和、正直正气的人才会被称为有"德"之人。《史记·五帝本纪》记载："天下明德，皆自虞舜始。"②虞舜——原始社会部落联盟首领，以"德"著称，被称为"德圣"，他所创造的德文化奠定了中国五千年传统道德文化的基础。

一、舜的"德"行表现

纵观中国历史长河，"德"在人类文明、社会进步、国家发展中发挥着重要的作用。舜作为道德的典范，创造了以伦理道德、社会道德、职业道德、政治道德为主的德文化，创造了"以德树人"和"以德治国"的传统美德。

伦理道德的根源是孝道，一切道德的源头都是从对父母、长辈的仁孝开始的。舜虽然为帝颛顼的后裔，但到舜时已属于社会下层阶级，因此家境贫寒。舜年幼时丧母，他的父亲重新娶了妻子，妻又生象，他们常常想要杀舜，舜不但不记仇，反而愈加孝敬自己的父亲和后母，更加友爱弟弟，坚守做儿子和兄长的职责。舜不仅自己遵守着伦理道德，在执政后，更是在民众中推行五常之教——父义、母慈、子孝、兄友、弟恭。这一千古伦理道德，被世人所奉行，有助于创造幸福美满的家庭生活，稳定社会秩序。

人与人之间的关系除了家庭成员之间，还包括与周围人之间的关系。舜在成年后被赶出家门，耕于历山脚下，教人们种好庄稼的秘诀，把自己种好的地让给人们，慕名而来的人越来越多，便出现了"一年成聚，两年成邑，三年成都"的现象。除此之外，舜还从事了很多职业，例如农耕、

---

① （汉）许慎：《说文解字》，（宋）徐铉校，中华书局 2013 年版。

② （汉）司马迁：《史记》，韩兆琦译注，中华书局 2007 年版。

渔猎、制陶等，贯彻吃苦耐劳、诚实守信的职业道德。无论身处逆境还是顺境，舜都能做到用自己高尚的道德品质来熏陶人们、感化人们。他在历山耕作，历山之人皆让畔，在雷泽打鱼，雷泽之人皆让居，在黄河之滨制造陶器，那里的人们也跟着他认真制作。舜用身体力行深刻影响着周围的民众，他在哪里劳作，在哪里居住，哪里便兴起礼让之风，使人与人之间的关系变得越来越亲近，形成了良好的社会风气。

舜在执政后，在尧帝仁政的基础上推行以德治国，选贤任能，唯才唯德是举。他"举八恺""用八元"、重用贤臣、流放"四凶"等政策，充分显示了舜举贤除凶、惩恶扬善的政治道德标准。在对待南方三苗民族问题上，舜不主张征伐，而是希望通过道德去感化三苗，求得民族团结，国家统一。在国家治理方面，设水利、农业、工业、林牧、教育、文化、刑法等部门，各部门分工明确，各司其职，形成了国家的雏形。治理国家重要的是实行仁政，发扬民主。舜作为执政者本身所具有高尚的道德情操，更有利于教化民众，推行其治国之道。舜在继位后，能够礼贤下士，广开言路，听取下级意见，以民为本，因此，才能使四方诸侯心悦诚服，使百姓安居乐业。

综上所述，虞舜的"德"主要体现在"修身、持家、治国理政"三个方面。舜是集孝、悌、仁、义、礼、信、善于一身的典范，是一个人为人、为子、为官、为君的楷模，他所创造的道德文化标志着人类社会从野蛮走向文明，使原始社会有了道德准则，为道德文化的发展奠定了基础。

二、"德"在河东历史上的发展

道德在历史上的发展主要分为五个阶段：原始社会道德、奴隶社会道德、封建社会道德、资本主义社会道德、社会主义社会道德。道德在河东历史上的发展过程亦是如此。

虞舜时期属于原始社会道德，这一时期以氏族和部落为单位，个人离不开群体。因此，维护氏族和部落的集体利益成为这一时期的基本准则，共同劳动、互帮互助是最重要的道德要求。原始社会人与人之间平等相处，没有贫富贵贱之分。在生产力水平低下的情况下，人们形成了诚实、友爱、团结、勇敢等高尚美德。

随着生产力水平的提高，私有制和阶级出现，人类社会进入奴隶社会，人们的道德意识也从朦胧的原始状态发展为内容多样化、复杂化的形式。仁、礼、忠、孝、爱等道德规范被提了出来，用以调节各阶级、各民族、各行业以及君臣、父子、兄弟姐妹、朋友之间的关系，道德文化由此得到了很大的发展。最能体现这一过程是春秋战国时期百家争鸣，各家族流派纷纷著书立说，阐述自己的思想和政治主张，如孔子、荀子、老子、墨子等。在这些著名的思想家中就有一位是河东人士——荀子。

荀子，名况，字卿，战国时期著名的思想家。荀子的祖籍存在争议，有安泽说、新绛说、邯郸说、河南说，不过根据史料和荀子思想来看，荀子为山西人更为可靠。荀子是先秦时期的儒学的代表人物，因其"不全儒家者言"，"礼表法里"，他的学术在之后的数千年并没有得到重视。但荀子确确实实对儒家思想有所发展，他推崇孔子的仁义思想，继承了孔子的"外王学"。在关于人性的问题上，荀子与孟子的"人性本善"思想相反，他提出"性恶论"，认为人性生来就有"好利""疾恶""耳目之欲""好色"等，要通过后天环境的影响以及自身的努力才能为善。不论是"性善论"还是"性恶论"，最终的目的都是为了使人向善，这才是儒家之道。在国家治理上，从其"隆礼重法"的思想看出，荀子非常重视礼，认为礼是法的基础，法是礼的书面表现，两者可以有效统一，达到最佳的治理国家的效果。对此，荀子还提出了"隆礼尊贤而王，重法爱民而霸"的命题。荀子这种礼法并重的观点为汉代儒法合流奠定了思想基础，促进了儒家文化的繁荣，推动了河东地区道德的发展历程。

井田制的瓦解标志着我国进入了几千年的封建社会，这一时期由于统治阶级权力不断加强，形成了等级制度相当严密的阶级关系。农民阶级处于社会底层，反对封建礼教和等级森严的制度，要求平等成为农民阶级的道德原则和特征，艰苦奋斗、勤俭节约、互相关心是农民阶级的道德规范。然而社会的主流是占统治地位的封建地主阶级。因此，他们站在道德的至高顶点，决定了封建社会主义道德的本质，维护封建专制统治成为了当时社会最高的道德要求，忠君爱国、崇尚礼法、尊亲孝亲已成为当时人人称赞的美德。下面，列举一些在河东历史上道德品质突出以及推动河东道德发展历史的人物。

在两千多年的封建社会中，忠君爱国一直被统治阶级所重视，在河东的历史上不乏此类人物，他们在军事方面则多取得了优异的战功，如关羽、薛仁贵、王崇古、杨博等。关羽在本章第三部分将详细论述，由于篇幅原因，此处只列举薛仁贵。

薛仁贵，本名礼，字仁贵，运城河津市修村人，唐朝著名将军，也是一名军事家、政治家。贞观十六年（642），高丽内乱，唐太宗李世民发动了对高丽的战争。贞观十八年（644）唐太宗御驾亲征高丽，也是这一年薛仁贵应募加入军队，因单枪匹马斩获敌方一将领人头，解救被高丽军包围的郎将刘君邛，从此名扬军中，被李世民重用。薛仁贵精于骑射、骁勇善战，他曾大败九姓铁勒、降服高丽、击败突厥，屡建奇功，创造了"良策息干戈""三箭定天山""神勇收辽东""脱帽退万敌"的英勇事迹。他身经百战，百战百胜，仅在西抗吐蕃的战役中以失败告终。他征战数十年，皆是为稳固大唐天下，为国家统一奉献了一生。

除了在军事方面为国效力，政治方面的道德也同样重要，传统官员的"忠、公、廉、能"在古代河东的官员身上完整地体现出来。清正廉明是作为官员最基本的职业操守，如南北朝廉洁奉公的裴侠、隋朝清明天下的柳俭、元朝刚毅正直的姚天福等，此处，我们以姚天福为例展开论述。

姚天福，字君祥，运城稷山县南阳村人，元初名臣。他幼读《春秋》，通大义，因才识过人被推为怀仁县县吏，1274 年荣升为监察御史。在他任职期间，曾揭发宰相阿合马的不法行为，忽必烈以物赏之，却被他拒绝，说："臣职居抨弹，惟负爵禄是惧，敢贪厚赏，以重臣罪？"阿合马怀恨在心，企图抄其家搜其财宝，以贪污的罪名处置他，却只搜到几升谷米。可见其清廉程度。1283 年，姚天福担任山北道按察使，此年大旱成灾，蝗虫遍地，民不聊生。天福命开仓救济灾民，帮助他们渡过难关，又教他们种田植树，深受百姓的爱戴。姚天福一生清正廉明，以民为本，反对官吏贪污行贿、欺压百姓。《元史》中评价他："汉之汲黯，宋之包拯，元之姚天福，所谓邦之司直者也。"①

思想的活跃是社会进步和道德发展的方向和指南，在封建社会道德时期，河东地区无论在儒学、道学、文学、戏剧、史学等方面都涌现出了许多具有代表性的人物。如隋朝著名大儒"文中子"王通，即今运城万荣人。他反对天人感应，非常重视人的主体地位，认为实现大德才是一个人生命的最终价值；在政治方面，他主张要恢复王道，实行仁政；针对于儒、佛、道三教问题，他认为三教可统一，互相取长补短。王通的思想为新儒学的诞生奠定了基础。明代理学家河东之学创始人薛瑄，亦为今运城万荣人，具有官吏和学者的双重身份。他为官以廉洁著称，大公无私，是为官的典范。他的学术思想更是对宋元时期理学的重建，认为"理只在气中，决不可分先后"，对于程朱的"性即理"做了修改和完善，提出"理即性"。此外，他还非常重视实践的作用，坚持"致知而力行，居敬以穷理，由经以求道"的教学方针。道教始祖吕洞宾、初唐四杰之一的王勃、唐宋八大家之一的柳宗元、史学冠绝司马光、戏剧泰斗关汉卿等，在此就不一一论述了，他们都推动了封建社会时期河东地区的道德发展历程。

鸦片战争后，西方先进思想的不断涌入，严重冲击着中国传统道德思想，带动了我国民族资本主义的发展。人们在反对封建主义的斗争中，针对封建主义的剥削和帝国主义的压迫提出了"自由、平等、民主、博爱"

---

① 柯劭忞撰：《新元史》卷 184 列传第 81，转引自《宋朝有包青天，其实元朝还有一位姚青天》，参见网页 https://www.360kuai.com/pc/9feafcbdfcf34dd24？cota=3&kuai_so=1&sign=360_57c3bbd1&refer_scene=so_1。

的资产阶级道德规范，它肯定了人生而自由，人人平等，人人都有追求幸福的权利。否定等级压迫，反对非人道主义。人们摆脱了几千年来的思想枷锁，开始进行变法和革命。这一时期，河东地区也发生了前所未有的动荡，河东人们也加入了这场反侵略的斗争中。

清末戊戌变法中的"戊戌六君子"之一的杨深秀就是河东闻喜人，他为官清正廉洁，立志"以澄清天下为己任"，在国家面临危难时，积极进行变法，态度坚决，最终变法失败，献出了生命。辛亥革命中，河津的姚以介、临猗的王用宾、永济的张士秀都是革命元勋。芮城县的景耀月是《中华民国临时约法》的主要起草人。到中国近代后期，河东地区革命英雄辈出，为了河东地区的解放，他们抛头颅、洒热血，如爱国名将傅作义、革命志士嘉康杰、和平老人刘厚同等。

在经过中国共产党和中国人民的不懈努力和斗争后，我国进入社会主义，社会主义道德成了建立在无产阶级和全人类解放的利益基础上的一种新的道德类型，忠于社会主义事业、维护人民的根本利益成为道德的基本原则。例如，河东临猗县的阎子祥（1911—2000）就是一名优秀的中国共产党党员，他刻苦学习马列主义、毛泽东思想、邓小平理论，对党和人民认真负责，为了新中国的社会主义事业费尽了心血，革命信念坚定。他严于律己、胸怀坦荡、团结同志、关心群众，深受大家的尊敬和爱戴，给河东大地留下了众多的佳话。

中国传统的道德文化源远流长，虞舜的道德文化是儒家学说的源头，是优秀传统文化的缩影，更是河东文化的重要组成部分，推动着河东社会的发展。在河东历史中，多少仁人志士都是德才兼备之人，道德文化在他们身上得到了更好地继承和发扬。

三、"德"行在河东社会的作用

中共中央、国务院于 2019 年 10 月 27 日印发了《新时代公民道德建设实施纲领》，指出："加强公民道德建设是一项长期而紧迫、艰巨而复杂的任务，要适应新时代新要求，坚持目标导向和问题导向相统一，进一步加大工作力度，把握规律、积极创新，持之以恒、久久为功，推动全民道德素质和社会文明程度到达一个新高度。"党的十八大以来，以习近平为核心的党中央高度重视公民的道德素质以及我国的精神文明建设。

虞舜道德文化是我国优秀传统道德文化的源头，其影响深远，对于促进民族团结、推行以德治国、开展精神文明建设、提高个人道德素质、推动河东乡村文明建设，具有积极意义。

虞舜的道德文化为早期国家的形成奠定了思想基础。中华民族最早被称为华夏民族，之后我国发展成为多民族国家，但仍统称为中华民族。虞舜文化是我们共同认可的文化，虞舜被视为我们共同的始祖。不论是身居国内的国人还是旅居国外的同胞，都将虞舜道德文化作为精神生活的主流，不断继承和弘扬虞舜精神，共同为民族复兴、国家统一添砖加瓦。

舜登上帝位后，实行以德治国，德于百官、德于万民、德举德行、德光普照，立德志、树德碑，以德治天下。虞舜文化的核心理念"德政千秋"与今天我们国家提出的"以德治国"理念相契合。因此弘扬虞舜道德文化对推行以德治国的政策具有重要作用。舜是一个修身、齐家、治国、平天下的模范人物，我们所倡导的以德治国，应以舜为典范，做到以人为本、勤政爱民、民主执政、廉洁奉公。以德治国是社会主义精神文明的内在要求。目前社会上一些拜金主义、享乐主义、极端个人主义现象屡屡出现，严重污染了社会风气。为了解决这一问题，我们应该把德育放在首位，加大对虞舜道德文化的宣传，使其在以德治国和精神文明建设中发挥更大的作用。

国无德不兴，人无德不立。道德是对一个人行为进行是非判断和评价的标准，现在社会需要的是德才兼备之人，光有"才"是远远不够的，需要"德"来完善自身。尤其是对于处在世界观、人生观、价值观形成发展重要时期的青年学生来说，道德教育更是必不可少，能够帮助学生分辨是非对错，不断提高他们的政治理论素质和思想道德修养。此外，一个人具备良好的道德素养能够正确地处理人与人之间的关系，正确处理个人与集体之间的利益关系，认识到人生的价值和意义，认识到自己对家庭、对社会、对国家的责任，从而规范自己的行为，塑造完美的道德人格，促进自身的发展，维护社会的和谐稳定。

党的十九大作出实施乡村振兴战略的重大决策部署，中华传统文化的根源在于乡村文化，乡村文化是实施乡村振兴战略的灵魂和保障。对乡村文化的重视和推动乡村文明建设是人们对美好生活向往的迫切需求，是对传统虞舜道德文化的继承和发展。近年来，全国一些基层地区在经济发展的同时也取得了大力弘扬优秀传统道德文化的良好效果，在实践上证明了传承和弘扬中华传统美德的重要性和紧迫性。古老的河东地区也在党的政策引领下，在传统美德的熏陶下日益重视乡村文化的培养和创新，基层社会风气也在不断美化。虞舜道德文化在河东地区具有深厚的群众基础，通过开展文化进机关、进乡村、进社区等活动，崇尚道德已成为河东当地的新风尚，主要体现在基层干部素质能力提升、良好家风的形成、优秀个人的榜样带头、民众群体的主体作用。

农村基层党组织是农村进行各项事务的领导核心，要充分发挥基层干部的带头作用。运城市盐湖区在传承和发展虞舜道德文化过程中，对基层干部提出了"做好本职工作是最大的德，廉洁从政，让老人放心是最好的孝"的理念。广大干部不再因职权而趾高气扬，反而以身作则帮助群众。在运城平陆县曾经有这样一个贫困村——张郭村，景向林的接手以及帮扶队的到来使村子发生了天翻地覆的变化。景向林在处理村中事务时，一向秉承公平、公正、公开的原则，帮理不帮亲，能够有效解决村民纠纷问题。他还同帮扶队一起确立了"党建+"的工作理念，最终帮助张郭村打赢了脱贫攻坚战。可以看到，一个具有好德行的基层干部在乡村社会风貌的变迁上起着举足轻重的作用。

河东地区历来对家风家训文化格外重视，在河东乡村家庭中人们时刻用家风家训来规范和约束自己的行为。如新绛县光村的薛家家训："耕读两般堪教子，勤俭二事可传家"；"创业敢忘先世德？守成惟望后人贤"。赵家家训："图书卷帙清芬远，孝友门庭德泽长"。① 盐湖区大村每家每户都悬挂着家训，"行要好伴、居要好邻、屋要好住、人要好心""孝当先、苦亦甜，知足乐，万万年""以德利人、以善待人、遵规守纪、敬业爱岗"……每家每户门口悬挂的"家训"成为这个村子一道亮丽的风景线，这一条条家训都潜移默化地影响着当地的人们言行举止。② 在永济市新街村每家每户门前都有"十星级门户"的铁牌，主要包括爱党爱国、遵纪守法、诚信创业、孝老爱老、邻里友善等十颗星，哪方面做得好，便可获得相应的星，激励着人们不断去行好事。③ 从这些家风家训中不难看出虞舜道德文化是其形成的基础。

榜样的作用是无穷的，为了进一步弘虞舜道德文化，发挥榜样模范带头作用，促进乡村社会又好又快地发展，用基层社会先进的人物带动整个乡村的良性发展，盐湖区政府先后七次组织"德耀中华：盐湖区十大道德模范"和"德孝文化：十大孝顺媳妇"等乡村先进人物评选活动，大力宣传这些优秀个人的模范事迹，在广大农村中起到了广泛的传播正能量和道德引领作用。在这些活动影响下，盐湖区先后出现了一些乡村社会良性发展的典型事例和体现新时代、新思想、新风尚的社会现象。

虞舜道德文化的宣传对民众思想道德建设具有重要的启发意义。以河东乡村的红白喜事为例说明。盐湖区三路里镇村民董路云说："过去村里办喜事，光待客就得六七万元，再加上迎亲车队、请人表演，没有 10 万

---

① 张建群、尹军民《续接文明根脉，开启幸福源流——在乡村缔造诗意的栖居》，参见搜狐网 https：//www.sohu.com/a/237822019_496622，2018 年 6 月 26 日。

② 李宁波、段伟华等《河东乡村新故事——运城乡村文化建设的创新实践》，《山西日报》2018 年 12 月 22 日。

③ 屈丽霞：《山西永济美丽乡村——德孝文化主题墙留住淳朴民风》，《人民日报》海外网 http：//m.haiwainet.cn/middle/3541089/2017/0915/content_31120038_1.html，2017 年 9 月 15 日。

元根本下不来。家庭富裕的'挣个脸面'，家庭困难的也'打肿脸充胖子'。"现在的情况是，2018 年，运城市出台了《关于充分发挥农村红白理事会作用切实规范农村办理婚丧喜庆事宜的指导意见》，农村地区全面建立红白理事会制度，通过红白理事会及其相关制度来扫除婚礼丧陋习，提倡文明新风。

总体来说，河东地区在虞舜道德文化的熏陶下，基层干部、新乡贤、人民群众的思想道德素质有了明显的提高，使得乡村文化丰富多彩，乡村经济日益发展。虞舜道德文化博大精深，我们要进一步发挥道德文化源远流长、底蕴深厚的优势，充分利用家风家训、村规民约、道德讲堂等教化资源，使传统的道德文化与河东地区的现实情况结合起来，做到与时俱进，将道德文化优势发挥到最大，潜移默化地影响每一个人的道德观念和价值取向，让全社会焕发出文明的新气象。

第二节　"孝"在河东文化内的集中体现及影响

《孝经》曰："孝者，德之本也，教之所由生也。"孔子云，"先王有至德要道"那就是孝。道德规范着人们的行为，"孝"作为道德的根本，更是一切行为规范之首，备受人们的关注和推崇。孝文化在中国五千年的文明史上占据着重要地位。"孝"字在《说文解字》中的解释为"善事父母者，从老省，从子，子承老也"，这是"孝"最初的含义。发展到后来，"孝"成为判断一个人是否具有道德的最高体现。道德是孝的延伸和发展，一个人只有在孝方面表现突出，才能将其他各方面的道德融入自身。"始于事亲，中于事君，终于立身"，这就是孝道的主要内容和纲领。孝最早产生于远古时期的五帝时代，到舜时期，孝道发展得更加成熟。中国历史上广为流传的"二十四孝"故事，以虞舜的"孝感天地"为开篇之作，可见其所占据的重要地位，虞舜因此被称为"孝祖"。其所开创的孝文化在河东历史上被广泛传播，起到了重要的影响作用。

一、舜的"孝"行表现

舜处于原始社会时期，社会文明处于蒙昧状态，最基本的人际关系就是家庭血缘关系，"孝"是稳定这种关系最基本和最重要的要素，是当时社会的第一美德。孟子云："尧舜之道，孝悌而已"，孝悌是尧舜行为处事以及教化天下的根本。《周易》《礼记》《孟子》等文献中赞扬了舜的孝行，《平阳府志》《垣曲县志》《山西方志》等方志中记载了大量关于舜的文化遗址，《史记》记载"舜20以孝闻"，关于舜孝行的传说故事也有很多，这些都充分说明了舜是一个大孝子。

舜早年丧母，父亲是一个不明事理又极其顽固之人，后母凶悍善妒，弟弟恃宠而骄，三人多次联合起来加害于舜，如火烧谷廪、落井下石、历山种麻等。即使生活在"父顽、母嚣、象傲"这样的家庭环境中，舜仍然能做到孝顺父母，友爱兄弟，以孝行感化他们，竭尽全力来缓和家庭关系。每当父母责罚时，首先是反思自己做错了什么，之后想办法弥补自己的过错。对于弟弟，舜总是无条件地包容他无理的行为，尽力地为其树立良好的榜样。我们经常提到的"父慈子孝"，说的是父母应该对子女慈爱，这是父母对子女应有的伦理要求，子女应该对父母孝顺，这是子女对父母应尽的义务。这样的家庭环境才是健康的。舜却没有享受到父母的慈爱，但仍能履行孝顺父母的义务，这是最难能可贵的。他的孝心最终感天动地，在历山耕种时竟出现了大象帮耕、小鸟助耘的神奇景象。

舜的孝行很快传播到全国各地，更是传到了尧帝的耳中，尧帝得知后，便将自己的两个女儿娥皇和女英嫁给舜，以此来考察他的德行和孝行。在考察期间，舜不仅能够正确处理两个妻子之间的关系，而且在她们的帮助下，更好地履行自己的孝行。与此同时，尧帝还派九个男子辅佐他，以此来考察其德行，只有德孝兼备之人方可胜任帝位。舜登上天子之位后，仍不忘记孝顺自己的父亲，时常去探望父亲，并且更加恭敬地对待父亲。《孟子·尽心篇》中记载到如果舜父杀人，舜会"视弃天下犹弃敝蹝也。窃负而逃，遵海滨而处，终身欣然，乐而忘天下"。在舜看来，孝道大于治道，父亲胜于天下。舜执政后，在全国各地推行五常之教，五常之教作为孝文化的前身，经过长久的发展，逐渐成为人们所必须遵守的行为准则。

二、"孝"在河东历史上的发展

孝道文化作为中国优秀传统文化的重要组成部分，是在中华五千年文明历史中孕育和发展起来的。舜作为中国历史之首孝，他的孝行和孝政为之后各个时期的孝文化的发展奠定了基础。

虞舜时期是孝文化的萌芽时期，周代才开始真正形成孝文化，孝观念初步确立，孝的主要内涵是祭祀祖先、奉养父母。春秋战国时期人们对自然和鬼神有了较为理性的认识，孝的发展也逐渐趋向理性化。人们对祖先神灵的祭祀活动由繁到简，赡养父母成为这一时期孝文化的核心内容。由于这一时期思想的活跃性，涌现了很多思想家，如孔子、孟子、荀子等，他们在其思想理论的基础上丰富和发展了孝文化的内涵。孔子提出"孝悌也者，其为仁之本与"，孟子提出"老吾老以及人之老，幼吾幼以及人之幼"。作为河东地区有名的思想家荀子则与他们有些许差异，认为孝要服从道义、坚持原则，提出"入孝出悌，人之小行也；上顺下笃，人之中行也；从道不从君，从义不从父，人之大行也"的观点，在荀子看来，尽孝道要经过深思熟虑、分清对错的基础上才可以服从，此为真正的孝道。[①]荀子的孝道思想与现实政治结合得更为密切，是对先秦儒家孝道文化的发展。经过孔子、孟子、荀子等人对孝文化的理论性升华，孝文化成为维护

---

① 　参见安小兰译注：《荀子·子道篇》，中华书局 2007 年版。

宗法制强有力的支柱，孝以礼的形式成为道德标准和社会意识。

汉魏隋唐时期孝文化逐步完善和普及。汉朝是中国政治、经济、文化发展的重要时期，也是孝文化发展极为重要的一个阶段，因此需要一种社会意识形态来统一人们的思想，达到维护中央集权的目的，西汉武帝采取董仲舒的建议"罢黜百家，独尊儒术"，确立了以德孝为核心的儒家思想的统治地位。董仲舒还提出了"三纲五常"思想，使孝道开始服从和服务于统治阶级，"以孝治天下"的孝治思想渐趋系统化。此外，西汉将《孝经》列为学校的必修课程，还创立了"举孝廉"的选官制度，将孝道与官位结合起来，成为了人们履行孝道的动力。魏晋至隋唐的七百余年间，各朝代都一直在沿用汉代的孝道文化，如举孝廉仍然是察举的主要内容之一，具有重要的意义。在这一时期，孝道有了法律层面的保障，通过法律，加速了孝文化的推行，孝文化开始普及。

以河东闻喜著名的裴氏家族为例。裴氏家族自魏晋至隋唐历时百年兴旺发达，不仅在河东地区影响深远，在中国历史上也是赫赫有名的望族。究其兴盛原因，主要得益于"重教守训、崇文尚武、德业并举、廉洁自律"的家族文化。家族子弟皆以孝友立身。孝文化在其《裴氏家训》中有所体现："孝顺父母：父母恩德，同比昊天。人生百行，孝顺为先。跪乳反哺，物类犹然。况人最灵，孺慕勿迁。"主要是说孝顺父母是第一位的，要为子孙树立榜样。在《裴氏家戒》中连立十"毋"，摆在第一位的就是"毋忤尊亲。《孝经》云：夫孝天之经也，地之义也，民之行也。天地之经，而民是则之。是故子女对父母长辈，应予孝顺，听从教诲，决不许有违忤、伤害、遗弃尊亲"。裴氏子孙严格遵守家规家训，家族中出现了很多的孝子，如裴安祖小时候读到《诗经》的《鹿鸣篇》时说道："鹿得食相呼，而况人乎？"从此不再吃独食。裴讷之在得知母亲得了心痛后，"讷之是日不胜相思，心亦惊痛，乃请急而还"。裴瑜、裴陀举孝廉，裴宣"事母兄以孝友称"，此外还有裴汉、裴子野、裴子通、裴叔卿等都是裴氏家族有名的孝子。

宋元明清时期的孝文化开始走向极端。这一时期程朱理学成为社会的正统思想，在他们看来，孝是与生俱来的，子女孝顺父母是天经地义的事情，不能做任何违背父母的事情，同时还将"移孝于忠"，一方面教导人们履行孝道，一方面告诫臣子尽职尽忠，甚至出现了"君让臣死，臣不敢不死，父要子亡，子不敢不亡"的"愚忠愚孝"思想，进一步加强了统治阶级的绝对领导权，孝道成了维护封建专制的工具，开始走向极端化、愚昧化。《二十四孝》的最终形成，是这一时期文化发展的必然结果和具体体现。其中，二十四孝人物中就有一位是河东人士——董永。

董永，东汉人，生活在今天的万荣县。董永年少丧母，与父亲相依为命，长大后就每天劳作赡养父亲。由于父亲不能行走，所以他经常用小车推着父亲，自己在后面跟着，他边做农活边照顾父亲。父亲去世后，家中贫困，无钱葬父，董永只能卖身为奴，安葬父亲。在1995年出版的《万荣县志》中所收录的《董永传说》写到一个叫田仙的姑娘被董永的孝行感动，不顾父母反对，嫁给董永为妻。人们把她比作"天女下凡"，又因"田"与"天"同音，经过后人的渲染就成了我们熟知的神话故事。不论是真实历史还是神话故事都是对董永孝行的肯定。

《二十四孝》中有些孝行是不近情理的行为，如王祥的卧冰求鲤，有些是日常生活中的孝行，如汉文帝的亲尝汤药。董永的孝行则属于两种兼顾。《二十四孝》充分体现了宋元明清时期的孝道文化特征。

进入近代之后，尤其是晚清民初，由于西方文化对中国传统文化的冲击，自由、民主观念深入人心，加之中国涌现了一大批思想家，他们抨击传统的封建等级思想，强调人性自由，因此这一时期的孝道文化打破了宋元明清时期孝道文化的极端化和愚昧化，人们开始担负起民族复兴的重任，孝道文化也结合时代潮流步入了新的时代。

李毓秀的《弟子规》则在这一时期深受百姓们的欢迎。李毓秀，运城新绛县城关人，清代著名的学者、教育家。《弟子规》原名是《训蒙文》，后经过临汾市浮山县的贾木斋修订、改编，改名称为《弟子规》，成为了清至民国年间最流行的儿童启蒙读物。随着孝道的发展，《弟子规》不仅对儿童的道德养成发挥着作用，而且也成为成年人养成良好习惯的推荐读物。"弟子规，圣人训，首孝悌，次谨信，泛爱众，而亲仁，有余力，则学文"，总序简简单单的八句话就概括了要做圣贤弟子所需要具备哪些条件，也包含了《弟子规》后面七个部分的篇目名称："入则孝"，"出则悌"，"谨"，"信"，"泛爱众"，"亲仁"，"学文"。前六个部分是一个人所要具备的道德修养，在有余力的情况下，再去"学文"。可见，古人非常重视道德修养。在这些道德修养中，排在首位的则是"入则孝"，即在日常生活中要孝敬父母、尊敬长辈。《弟子规》对弟子在家、外出、待人、接物等有了具体的规范，以孝为基础，将孝由最初的对父母的爱扩展到对兄弟、对朋友、对社会、对国家上，是一本值得我们细细品读的经典著作。

无论是朝代的更替还是社会性质的变化，孝文化都普遍存在，在人类的历史上留下了深深的印记。不同的时代孝文化有不同的内涵，孝顺父母，尊敬长辈是我们亘古不变遵循的原则。

三、"孝"行对河东社会的影响

古代的孝道所包含的内容有些已经不适用于当今社会，但是作为中华民族传统美德的孝文化仍然是当代精神文明建设的重要内容之一，是构建社会主义和谐社会的精神基础，孝老敬老随着时代的发展具备了更新更深厚的内涵，即用传统的美德结合当代文明来教导子女孝敬父母、关爱父母，不仅让老人享受物质上的幸福，更要让他们感受到精神上的美满幸福。

随着人们物质生活水平的不断提高以及人们平均寿命的增长，我国的老年人人口数量也不断增加，老龄化越来越严重，根据相关资料预测，到2025年，我国老年人口数量将达到2.8亿，还有多数人属于独生子女，一个孩子需要赡养两个老人。因此老年人的养老问题也是急需解决的。加大孝亲敬老的宣传和强化养老措施已成为当务之急。

孝顺父母、尊老爱幼是一个人所应该具备的最基础的道德规范，是促进社会文明和发展的基本要求。随着科技和经济和飞速提高，人们的思想观念面临着前所未有的挑战，孝道意识淡薄，不少人将老人视为自己生活的负担，不赡养老人、虐待老人、抛弃老人，还有的人将老人视为金钱来源，成为了"啃老族"。此外，婆媳之间的矛盾也常常成为家庭的主要矛盾，威胁着家庭的和谐。这一系列不尊敬、不孝敬老人的现象引起了社会对孝道文化的重视，全社会应该进一步加大对人们的思想道德教育，使孝文化深入人心，让每个人都能自觉地孝顺老人。同时加大相关的法律制度，表彰尊老、敬老、养老的孝子，惩处忤逆不孝之人。只有这样我们的社会才能和谐，我们的生活才能幸福。

党的十六届四中全会提出要不断提高构建社会主义和谐社会能力的要求。我们应该积极响应党的号召。家庭作为社会的基本单位，在构建和谐社会的任务中扮演着重要的角色，只有家庭和谐了，才能有社会的和谐。一个有孝道、有亲情的家庭才算得上是一个和谐的家庭，一个人只有在家尽孝才能做到为国尽忠。中华民族传统的孝文化，正是通过一个个家庭代代相传下来的，没有家庭的孝顺家风，就没有形成整个社会的孝道文化。俗话说："羊有跪乳之恩，鸦有反哺之义。"动物们皆能如此，更何况我们人呢！父母是我们生命的来源，父母对子女的爱是最纯洁无私的，子女对父母的爱也不应掺杂任何杂念。"树欲静而风不止，子欲养而亲不待"不要等到父母不在了，才知道后悔。

国家和地方政府近年来在孝文化的传承方面做了很多的努力，不少地方已经开始重视孝道，把孝文化应用到地方社会的方方面面。作为孝文化起源的河东地区更是表现突出。许多家庭面临着儿女外出务工、老人留守在家无人照顾的情况。运城市盐湖区充分利用舜帝德孝文化资源，为解决农村家庭养老问题提供了新思路，在全区开展"德孝在盐湖——七进七创"的活动，将村中的孤寡老人、空巢老人集中在老年日间照料中心，提供一日三餐。为了丰富老年人的精神生活，区委区政府进一步整合资源，建设了"六位一体"的德孝文化苑，包括德孝大讲堂、德孝文化墙、老年日间照料中心、农家书屋、基层文艺演出队伍和基层志愿者服务队伍六个方面。盐湖区实行"以村委会为主体，政府补贴一点、儿女交一点、群众捐一点"的办法在村里成立日间照料中心，白天老人在这里吃饭和娱乐，晚上回到家中和子女享受天伦之乐。这样既解决了老年人的吃饭和生活问题，也解除了外出务工子女的后顾之忧。

以盐湖区的雷家坡村为例。雷家坡是全国文明村，在这个村子"大伙过光景不爱比钱多钱少、房大房小，比家和不和、娃孝不孝、老人身体好不好"，这也是在雷家坡村内的文化中心广场上的墙上的一部分内容，时刻提醒着村中的人们。在2012年的重阳节，雷家坡村组织了给父母"洗一次脚，来一个拥抱，喊一声爸妈"的活动，这三个看似寻常的举动，让很多年轻人和父母眼泛泪花，老人们的心中充满幸福。2012年，雷家坡村创办了老年日间照顾中心，村里的老人在中心吃饭，一天三顿不重样，老人之间聊天、下棋、打牌、跳舞。子女们也经常去帮忙，不仅照顾自家老人，也关心中心的其他老人。除此之外，雷家坡还开展一系列弘扬德孝文化的活动，如每年评选"最美家庭""好婆婆""好媳妇"等称号以及一年一度的"夸媳妇比赛"，媳妇对婆婆好，婆婆凡事都和媳妇有商有量，很好地缓解了婆媳之间的矛盾，促进了家庭的和谐。

2020年11月1日，河津市樊村镇樊村举办了首届德孝文化节，表彰了本村的"大孝子"任长廷、任银廷两兄弟和"好媳妇"张桂云、张梦珍妯娌，号召全体村民以他们为榜样，学习他们孝顺父母、团结和睦的传统美德，共同创建德孝文明家庭。

河东地区在孝文化的熏陶下，形成了尊老、爱老、敬老的良好社会风气，老年人有了理想的生活家园，做到了老有所依、老有所养、老有所乐。政府的补贴，党员的志愿帮助，使干部和群众的关系更加密切。随着德孝文化在乡村的广泛传播，村民的道德素质有所提高，带动了乡风民风的好转，人与人之间的关系越来越亲近，婆媳、邻里之间能够和睦相处，越来越多的人争相做好事，都想被评为先进模范。

河东地区的德孝文化建设处于初步探索和发展阶段，仍有很多的不足之处，如设施简陋、专业化程度不够，因此，要对德孝文化的建设结合新形势下经济社会发展需求进行中长期的规划，加大对德孝文化示范点的财政投入，发挥示范点的示范和带头作用，加强对相关人员的培训，提高他们的专业化程度，在此基础上提高老年人的物质和精神的生活质量。

新形势下倡导孝文化，要对传统的孝文化进行批判式的继承，要取其精华、去其糟粕，发掘出孝文化的现代内涵，更好地与当今社会融合。河东地区对孝文化的践行是对中华民族优秀传统文化的继承和发扬，为构建幸福家庭、文明乡村、和谐社会提供了强大的精神动力。

第三节 "义"炳千秋：关公精神与河东文化

"关羽，字云长，本字长生，河东解州人。"这是陈寿在《三国志》中对关羽的简单介绍。关羽祖籍河东解州，是三国时期叱咤风云的战将，生前为将为侯，死后封王封君、称圣称帝，直至登上神坛，被赋予了神的名位，成为华夏第一神。千百年来，经过统治阶级的推崇，小说家、戏剧家、民间艺人的渲染，人们心中的关羽形象早已超脱史料所记载的，成为人们的保护神。关羽的思想、道德、精神经过发展积淀已经成为一种文化现象，深刻影响着人们的思想和行为，对构建社会主义和谐社会也起到积极作用。

一、关公崇拜及关公文化的内涵

在三国这样一个战乱纷争、英雄辈出的时代，关羽能够脱颖而出，被后人所熟知，离不开人们的敬仰、社会各个阶层的崇拜以及统治阶级的不断追封。

西晋时期是关公崇拜的萌芽时期，这一时期士族子弟受到社会的推崇，关羽出身卑微，并未受到关注。陈寿所著《三国志》也是真实地记载了关羽的事迹和人们对他的评价。之后裴松之为其作注，也并未神化。但《三国志》毕竟是官修史书，代表着统治阶级的意志，表示统治阶级对关羽忠义人格的肯定，极大地推动了关羽形象的传播，关公崇拜开始萌芽。

隋唐时期是关公崇拜初步形成时期，这一时期民间崇拜开始活跃。普通民众处于社会的底层，往往受到欺压，他们崇拜关公忠义勇武的精神，希望关公神化的力量可以能够保佑国泰民安、风调雨顺、家庭幸福。同时人们崇拜关公的人格，其优秀的道德品质是人们为人处世的行为准则，是每个人所必须具备的。除此之外，关公也在佛教流传开来，使民间崇拜更加兴盛，迈开了走向神坛的第一步。

宋元时期是关公崇拜的活跃时期，这一时期是关公被神化的重要时期。佛教对关公的崇拜给道教提供了借鉴，道教借助张天师请关公战蚩尤的传说，提升了自己的地位，关公的影响力也随之扩大。儒家依据关公喜读《春秋》，同样大力宣扬关公精神，将关公"圣"化。这一时期民间对关公的崇拜也进一步发展，出现了大量供奉关公的关帝庙，关于关公的神话传说也越来越多，例如"关公转世岳飞""关公神方疗疮"等。在民间还出现了大量表现关公形象和精神的戏剧，如《关大王单刀会》《关张双赴西蜀梦》《虎牢关三战吕布》等。统治者对关公的封谥对关公的神化也起到了重要的作用，宋徽宗时期开始对关公进行褒封，只宋徽宗一人就对其褒封四次，先后封其为"忠惠公""崇宁真君""武安王""义勇武安王"，之后统治者更是对其不断加封。佛道儒三教的推崇、民间大众的崇拜、文学艺术的渲染、统治阶级的加封，使关公崇拜在宋元时期已发展到重要阶段。

明清时期是关公崇拜的高潮和鼎盛时期。这一时期封建君主为了维护自己的统治地位，约束人们的思想，对关公进行不断加封，直至光绪五年，关公的封号为"忠义神武灵佑仁勇威显护国保民精诚绥靖翊赞宣德关圣大帝"，名称长达 26 个字。由于统治阶级的大力倡导，全国各地的关帝庙也随之增加，刺激了庙会和祭祀活动的发展，同时形成一整套细致严密的祭祀制度。此时，民间对关公的崇拜亦达到高潮，关于关公的神话故事愈来愈多，人们在关公身上寄托的愿望也越来越多，例如希望关公保佑考取功名、消灾解难、打抱不平等。明清时期，晋商也开始倡导关公崇拜，凭借着关公的诚信、仁勇等精神，扩大了晋商的社会地位和影响，随后关公崇拜扩展到了其他商帮以及其他各行业。

在关公崇拜形成的漫长历史进程中，也形成了内涵丰富、覆盖面广泛的关公文化，这种文化现象既包含物质层面的内容，也包含精神层面的内容，此为广义的关公文化。狭义的关公文化指关公自身所具有高尚的道德品质、思想观念以及对人们生活产生影响的精神价值。

关公文化的物质层面是直观的、外在的表现，主要有：与关公有关的历史历史遗迹，如关公出生地常平故宅、桃园三结义的三义园、三英战吕布的虎牢关等，以及相关的传说故事之地，如点将台、洗马口、显灵处等；为了表达人们对关公崇拜而修建的关庙、关祠，如解州关帝庙、洛阳关林、当阳关陵，是中国最有名的三大关庙，此外，其余各地的关庙更是数不胜数；与关庙相关的历史文物，如碑刻、雕像、壁画等；还有与关公名称相关的街道、商店、公园等。

关公文化的精神层面是深层的、内在的表现，主要有：关公所具备的"忠、义、勇、礼、智、信"的精神，这是关公文化历经千百年得以发展延续的原因；人们对关公的信仰和崇拜，以及在此基础上衍生出来的祭祀制度、民风民俗，如庙会、关公文化节等，形成了独具特色的祭祀文化和庙会文化；文学艺术对关公的渲染，形成了丰富人们精神生活的戏曲文化；有关关公文化记载的历史文献，如正史、方志、传记、碑文等。

综上所述，关公崇拜经历了漫长的历史过程，从西晋时期的萌芽到明清时期的鼎盛，此间统治者的推崇、民间大众的信仰、宗教的推广、社会各界的崇拜起到了重要作用，创造了史无前例的人物崇拜奇迹，形成了个性鲜明、内涵丰富、影响深远的关公文化。

二、关公精神的内容

关公精神是关公身上所独具一格的魅力和道德品质，是关公文化经久不衰的关键因素，也是关公文化的核心内涵。关公精神主要体现在"忠""义""仁""勇"四个方面。

忠，即忠诚，忠于国家。关羽生逢乱世，军阀割据不断，对他来说，汉室宗亲刘备才是正统代表。在离开家乡后就应募义士，立志为国建功立业。刘备、关羽、张飞桃园结义后，关羽更是将追随刘备作为一生的使命，忠于刘备，忠于蜀汉大业。《三国志·蜀书·关羽传》中记载："寝则同床，恩若兄弟，而稠人广坐，侍立终日，随先主周旋进退，不避艰险。"①充分体现了关羽对刘备的忠心耿耿，赴汤蹈火，义无反顾。建安五年，刘备与曹操在徐州交战，刘备战败，投靠袁绍，关羽被曹操俘获，曹操对其封侯拜将，待遇深厚，但关羽仍不忘"刘将军厚恩"，在得知刘备下落后，便毅然决然辞曹归刘。这种"身在曹营心在汉"的行为受到了后世的称赞。在关羽大意失荆州后，仍试图挽回局面，孤军南下，被孙权所俘，劝其归降，但关羽立场坚定，誓扶汉室，最终败走麦城，身首异处。关羽的"忠"被封建统治者所看重，为了宣扬忠君思想，束缚人们，因此屡屡对其加封，以维护皇帝的无上权威。

义，是关公精神最重要的内容，具有丰富、广泛的含义。《三国演义》中关羽因"本处势豪，倚势欺人"，遂将其杀了，逃难江湖。这一杀恶霸

---

① （晋）陈寿：《三国志·蜀书·关羽传》，（南朝宋）裴松之注，中华书局2013年版，第939页。

为民除害的行为充分体现了关羽的行侠仗义。桃园结义后，关羽更是将忠义贯彻到底，除了上述的忠君行为之外，此处的忠义还代表兄弟义气。"不求同年同月同日生，只愿同年同月同日死。皇天后土，实鉴此心！"的誓言，三人终身恪守。关羽死后，刘备不顾一切为其复仇，彰显了彼此之间的深厚的兄弟情谊。信义是关公的又一重要品质，面对曹操高官厚禄的诱惑，仍不忘与刘备的"誓死与共"，坚守着对刘备的承诺。对于曹操的恩义，关公许诺"俟他日以死答之"。赤壁之战中，关公宁愿违反军令状，在华容道义释曹操，履行了自己的诺言。"义"伴随了关公的一生，关公也被人们誉为"义的化身"。关公之义又与他的其他优秀品格密不可分，形成了"忠义""仁义""礼义"等诸多品质特征。

仁，是关公精神的又一重要组成部分。仁爱是儒家文化的核心，是儒家所倡导的道德标准。关羽善读《春秋》，并将"仁"身体力行，在死后被儒家称为与孔子齐名的"武圣人"，成为后世人心中仁义的典范。关羽的仁义不仅体现在忠君爱国、兄弟情谊、善待卒伍，更体现在对敌人的仁义。曹操谋臣程昱言："云长傲上而不忍下，欺强而不凌弱；人有患难，必须救之，仁义播于天下。"① 这段话是对关羽仁义最恰当的表述。不顾自己杀头之危险，于心不忍，在华容道放走曹操及伤亡惨重的曹军。在与老将黄忠的争夺长沙之战中，黄忠马失前蹄，被掀倒在地，关羽不斩落马之人，放走黄忠，黄忠也因其仁义，最终归降刘备。

关羽生前做事仁义，死后成为仁爱之神，被赋予了惩恶扬善、祛病消灾、保佑升官发财、家庭幸福等职能，寄托了人们美好的愿望。

勇，是关公文化最表层的内容，是关公精神的显著特点，是被人们所熟知的一个重要特征。红脸、绿衣、美髯公、手提青龙偃月刀、骑跨赤兔马，是人们对关公最直观的印象。陈寿在《三国志·关羽传》记载了

---

① 引自"搜狐网"https://m.sohu.com/a/217463696_189619，太原市关公文化促进会：《写给关公的敬颂词》，2018 年 1 月 18 日。

诸葛亮对关羽的评价:"孟起兼资文武,雄烈过人,一世之杰,黥、彭之徒,当与翼德并驱争先,犹未及髯之绝伦逸群也。"《三国志·程昱传》载:"关羽、张飞皆万人敌也。"《三国志·张飞传》载:"飞雄壮威猛,亚于关羽。"[①] 此类记载皆表明关羽武艺过人。此外,也有大量关于关公骁勇善战的事迹,例如温酒斩华雄、策马斩颜良、诛文丑、单刀赴会、刮骨疗毒、千里走单骑、过五关斩六将等,都是我们耳熟能详的作战事迹。当然关公并非是有勇无谋之人,而是有胆有识、智勇双全之人。如《三国演义》中关羽"水淹七军之计",降于禁、斩庞德,塑造了一个智勇兼备的大将形象。死后的关公更是与蚩尤征战,解决河东盐池生产问题。

纵观关公一生,忠君爱国、诚实守信、注重义气、仁爱慈善、英勇无畏是其难能可贵的精神品质。关公精神所包含的忠、义、仁、勇这四个方面是紧密联系的整体,构成了关公文化最本质的特质。在社会发展的今天,关公精神的"忠、义、仁、勇"与"爱国、敬业、诚信、友善"的社会主义核心价值观相一致,对于构建社会主义和谐社会具有重要的借鉴意义。

三、关公精神的价值

关公文化是中华优秀传统文化的重要组成部分,同时也是河东文化所蕴含的深厚内涵。关公的"忠"被统治阶级视为维护封建权力的武器,关公的"义"被平民百姓视为规范行为的道德准则。人们崇拜关公的忠心报国、诚实守信、骁勇善战的优秀品质和高尚情操,关公已然成为人们心中的道德楷模及精神寄托。这种崇拜,不仅在当时社会起到了维护封建专制制度和稳定社会秩序的作用,而且在当今社会也具有相当重要的现实

---

① 以上:《三国志》相关史料分别参见:《三国志·蜀书·关羽传》,第 940 页;《三国志·魏书·程昱传》,第 428 页;《三国志·蜀书·张飞传》,第 944 页。

意义。

弘扬关公精神有利于增强民族凝聚力，促进祖国统一大业。兴复汉室是关公为之奋斗一生的事情。福建东山铜陵关帝庙有这样一则楹联："数定三分，扶炎汉平吴削魏，辛苦备尝，未了一生事业；志存一统，佐熙朝降魔俘虏，威灵丕振，只完当日精忠。"这短短42字概括了关羽生前身后的美好愿望，体现了关羽"春秋大一统"思想。在历史上，每当我们国家被侵略、被剥削的时候，这种思想会激发人们藏在心底的爱国主义情怀，让一代又一代的中华儿女奋起抵抗，团结起来一致对外，才有了我们现在强大的国家。近年来，仍有"台独"分子妄想分裂国家，企图阻挠海峡两岸之间的文化交流。然而关公文化的存在，使他们的幻想破灭。在台湾，关公同样是人们心中的保护神，受到台湾人民的广泛崇拜。大大小小的关庙一千余座，商店、家庭、饭店、社团等地更是随处可见关公神像，他们也常向往到大陆去祭拜关公。除此之外，大陆的关公文化活动也在台湾备受欢迎，曾多次去台湾岛表演，加强了两岸文化的交流与融合，加深了两岸人民的感情，促进了祖国统一大业的早日完成。

弘扬关公精神有利于促进社会主义精神文明建设，构建社会主义和谐社会。"富强、民主、文明、和谐，自由、平等、公正、法治，爱国、敬业、诚信、友善"的24字社会主义核心价值观与关公精神完美契合，深刻回答了我们要建设什么样的国家，建设什么样的社会以及培育什么样的公民等一系列问题。关公精神也提供了借鉴意义。一个人、一个民族、一个国家只有树立了正确的价值观，才能形成健全的人格，才能共同创造出一个和谐的社会。当人们越来越趋向物质层面，忽视精神层面时，社会上权钱交易、贪图享乐、道德败坏的事情就层出不穷，严重破坏了社会稳定性，因此不管处于什么样的社会，我们都应该遵守和传承传统的优秀道德品质，推动社会主义精神文明建设，为构建和谐社会提供强大的思想道德支撑，关公精神则在其中扮演了重要的角色。

　　弘扬关公精神有利于促进市场经济的健康发展。改革开放后，我国的社会主义市场经济不断发展，科学技术也不断提高，但随之而来的是人们道德滑坡、价值观扭曲的现象，市场经济中存在严重的信任危机问题。"天下熙熙皆为利来，天下攘攘皆为利往"，利益成为每个人、每个企的追求，"唯利是图""见利忘义"成为他们的代名词。社会上制假造假、假冒伪劣、失信违约现象亦屡见不鲜。随着科技的进步，人们就像"光着身子"一样，身份信息全部暴露于众，被有心之人利用进行诈骗。这一系列的失信行为造成社会经济秩序的混乱，人们在追求高质量的生活条件下，抛弃了传统的诚实守信道德，步入满是谎言的旋涡。针对于这种情况，我们就需要关公精神中的"信义"来引导和教育人们。关公精神的"信义"可转化、升华为支撑市场经济健康发展的诚实守信原则，在商品经济快速流通的市场中，我们应该遵循关公"以义取利"的思想观念，提高个人和企业的经营素质。一个企业要想成功，必须具备忠诚顾客、以义制利、仁者爱人、履行社会责任、勇于创新等条件，实现对消费者、对社会环境、对国家发展的贡献。这无疑都需要关公精神作为支撑，引导企业经济和文化发展壮大，维护市场经济的健康发展。

　　弘扬关公精神有利于个人人生价值的实现。关公是集"仁、义、礼、智、信、勇"于一身的完美人物形象，代表了我们每一个人的价值取向。在学习中，弘扬关公精神有利于培养学生的以爱国主义为核心的民族精神，增强学生的文化认同感，帮助学生树立正确的义利观。将关公精神引入课堂，能丰富课堂活动，激发学生的学习兴趣。在生活中，有些人过分追求物质享受，忽视了与周围人之间的关系，变成了"独行侠"。而关公精神所倡导的是人与人之间要以礼相待、互帮互助、相互尊重、宽宏大度，有效地维系了人际关系。在工作中，要忠于自己的事业、忠于自己的岗位，对自己的本职工作尽心尽力，做事情态度端正、坦坦荡荡，与同事或员工和睦共处。同时也要有一颗敢于挑战、敢于创新的心，让自己的事业更上一层楼。因此，一个人在学习、生活和工作当中都要培养和具备关公精神，这样才能在人才辈出的社会中实现自己的人生价值。

千百年来，人们对关公的崇拜，更多的是追求一种心灵上的慰藉和精神上的寄托。我们生活在一个形形色色的世界，多数人早已迷失自我，找不到精神的归依。此时，关公文化成为了人们共同的信仰。人们将关公视为保护神，甚至万能之神，祈求关公保佑自己万事顺利。在人们崇拜的基础上，形成了独具特色的民风民俗——庙会和关公文化节，深刻影响着人们的生活。如运城市 2020 年 9 月 22 日举办了以"弘扬关公忠义精神促进民族伟大复兴"为主题的第 31 届关公文化旅游节，主要有弘扬关公精神致敬时代典范、突出文化交流增强文化认同、突出文旅融合增加文化自信、突出人民至上打造人民节日这四个亮点。通过举办一系列的活动，带动了相关地区旅游产业的发展，将文化、旅游、娱乐、经济紧密联系在一起，起到了丰富人们娱乐活动、促进经济发展和弘扬传统文化的重要作用。此外，关公文化更是走出国门，走向世界，加强了中国与其他各国之间的文化交流，也走出了一条经济发展的新路。

关公文化由最初的历史性的、地方性的文化资源，经过传承和发扬，已然上升成为一种现代性的、民族性的文化象征，成为中华优秀传统文化的重要组成部分，成为坚定文化自信的有力后盾。关公文化中表现出的关公精神已超越了其本身的内涵和地域的限制，我们应该让关公精神成为全世界民族共同的文化资源。大力弘扬关公文化和关公精神对我们增强民族凝聚力、构建和谐社会、稳定市场秩序、实现人生价值都有着重要的现实意义。时代在变迁，社会在进步，关公文化会以其独特的魅力走向世界。

第四节 "信"昭天下：晋商之兴与河东社会

"诚信"是一种道德伦理规范，是做人应该拥有的良好品质和原则。

同时，"诚信"又是中华民族的优秀传统美德，也是造就河东商人辉煌的重要原因，河东商人在商业经营中之所以能取得成功，不仅在于其先进的商业经营理念和灵活的经商头脑，更在于其以诚实守信为核心的商业道德。改革开放之后的一段时间以来，我国社会各方面诚信问题曾日益凸显，失信现象越来越严重，破坏了整个社会风气，这样的环境只会使社会更混乱，人与人之间的关系更紧张。因此，步入新时代，我们更应该学习和传承传统河东商人诚信经营的道德价值观，树立诚实守信的良好社会风尚。

一、河东——晋商发源之地

提到晋商，多数人脑海中浮现的是晋中商人纵横商界百余年来的辉煌历程，往往忽略了晋南的河东商人的重要性。晋商文化经过发展，已经成为中华民族历史上浓墨重彩的一笔，其历史远不是明清五百年的短暂时光，而是可以追溯到五千年前的华夏文明诞生时期。日本学者宫崎市定在《历史和盐》中认为："中国最早的文明，实兴于河东盐池附近"，同时考证出商贾的"贾"字来源于"鹽"。《说文解字》中讲："鹽，卤也。天生曰卤，人生曰盐。"因此，可得出结论，中国最早的商品为盐，最早的商人为盐商，而河东地区也就成为晋商的起源地，河东商人成为晋商的开创者。①

盐在人类生存、社会发展、文明进步的进程中发挥着举足轻重的作用。尧舜禹都城皆建在盐池附近，利用独特的地域优势，促使部落发展强大、社会和文明进步，形成了早期国家雏形。盐池作为夏、商、周三代文明的经济基础，朝代的更替也是为了盐池之争。春秋时期晋文公同样充分利用地域优势，推行"轻关、易运、通商、宽税"的政策，促进了商业的

---

① 参见高春平：《晋商学》，山西经济出版社 2009 年版，第 13 页。

发展和第一批富商的出现。[1] 晋国经济也随之发展起来，从而带动军事的发展，晋国逐渐强大起来，成为春秋五霸之一。春秋战国时期，猗顿在河东地区的出现，开创了中国商业史的先河，是我国历史上第一位富商，被人们称为商业的鼻祖。司马迁在《史记》中记载："猗顿用盬盐起，而邯郸郭纵铁冶成业，与王者埒富。"[2] 猗顿，鲁国人，原为耕读人家，后因生活所迫，走投无路，便向富商巨贾的陶朱公请教致富之路。陶朱公传授其"子欲速富，当畜五牸"的八字真经，[3] 也就是说，要想快速致富，就要畜养牛、马、猪、羊、鸡五种母畜。因此，猗顿便在盐池附近精养"五牸"，发展畜牧业，在此基础上又广泛种植桃园、杏园、桑园。不仅如此，猗顿认识到盐对人类生活的重要性，在有了雄厚资本之后，开始利用盐池制盐贩盐，将盐运往各地，从而促进了交通运输业的发展。在运输的池盐的同时，从西域各地带回珠宝投入市场。畜牧业、运输业、珠宝业共同造就了富甲天下的猗顿，为河东盐商的崛起奠定了基础。

河东盐池到了汉代以后已远销豫、鲁、冀、陕、甘等地，隋末唐初出现了"垦畦浇晒法"的产盐新技术，促进了盐业的快速发展。明初，政府为了解决北部边镇粮饷供应问题，实行开中制，由商人将军用物资运送到指定的边境粮仓，便可以向政府换取一定数额的盐引，商人凭借盐引到指定盐场去支盐，再到政府规定的销盐区销售食盐获利。因河东地区的独特优势，所以河东是最早实行开中的地区之一。统治阶级对河东盐业的重视以及采取的各项措施，大大刺激了商人的积极性，河东盐业经过商人长期的销售，为河东甚至整个山西地区带来了大量的资金，为明清时期晋商的兴盛奠定了坚实的经济基础。

---

[1] 黄勋会、秦建华主编：《运城：最早之中国"运城与古中国"研讨会论文集》，山西人民出版社 2016 年版，第 170 页。

[2] （汉）司马迁：《史记》，中华书局 1959 年版，第 3259 页。

[3] 山西省政协晋商史料全览编辑委员会：《晋商史料全览·运城卷》，山西人民出版社 2007 年版，第 49 页。

二、河东商人的"诚信"表现

河东盐池作为晋商起源之地，很多商人皆由此赚取了大量利润。明清时期，河东商人虽然由于独特的地理优势以及开中制政策的影响而谋取大利，但从他们的总体经商行为来看，诚信经营却是其成功的根本原因。

（一）河东商人诚信意识形成的基础

河东商人诚信意识的形成受多方面因素的影响，如所处的社会经济环境、统治者政策的影响，以及传统的儒家文化以及河东地域文化的熏陶，可以说，独特的社会条件和文化基础共同决定了河东商人诚信价值观的形成及发展。

文化的形成往往与当地的自然环境密切相关。河东位于山西南部，而整个山西地区常有"十年九旱"之说，地理条件相当恶劣，河东地区也不例外。长期以来，河东农业生产以小农经济和小生产者的方式进行，生产力水平十分低下，产量低且很不稳定。人口的增多、粮食产量低、自然灾害的频发等迫使河东百姓打破传统的农耕生存模式，开始踏上经商之路。他们背井离乡，不怕吃苦受累，艰苦创业，靠自己的努力在商海中奋战。正是在这样恶劣的环境中，河东商人在不服输、积极面对各种挑战的过程中，逐渐形成了其坚忍不拔、勤俭节约、诚实守信的商业精神。

明清以来，河东地区商业的发展也得益于统治阶级的政策。中国古代社会后期，统治阶级逐渐打破封建社会自古以来仕、农、工、商的等级观念，开始重视起商业的发展，商人们的观念也逐步由"学而优则仕"转为"学而优则商"。例如，进入明代后，统治者为了解决"九边"重镇的军需吃紧问题，实行"开中法"，一改过去盐铁官营的做法，允许个人经营食盐买卖，提高了商人的积极性。河东地区的潞盐产区对河东商人的经商活动极为有利，距离近、成本低的优势使河东商人迅速致富。同时，由于河东地域交通不便、道路艰险，河东商人们又培养起自强不息、开拓进取、勤奋敬业、团结协作、诚实守信的商业品质，为未来晋商商业精神的发展奠定了坚实的基础。

河东商人诚信意识的形成不仅受地理环境和统治政策的影响，更受到传统儒家文化的影响。"信"是儒家一直倡导的伦理道德原则和行为规范，是做人之本。孔子云："人而无信，不知其可也。"① 荀子云："言无常信，行无常贞，惟利所在，无所不倾，若是则可谓小人矣。"② 此外，儒家对于"义"与"利"的关系问题，强调要"以义制利"，当义与利发生冲突时，要以义为先、舍利取义。晋商在儒家文化的影响下从事商业活动，始终把儒家的"诚实守信、重义轻利"作为经商的首要道德要求，因此，晋商又被称为儒商。河东商人则是儒商的一个典型代表。河东商人大都有"弃儒从商"的经历，因此，他们本身就具有浓厚的儒学情结。关于明代蒲州商人"幼业儒，长经商"的记载就相当多。如商人任光溥自幼立志刻苦学儒，由于家庭原因，便"弃而服贾"，但仍情系读书，"所至必篇简自随"，完成了《日用录》。商人沈邦良"幼知学"，后因家务服贾，在经商途中，仍不忘读书且擅长书法。③ 蒲州著名王氏家族王文显、王瑶父子皆因家计问题弃儒从商。除了蒲州商人，解县张承志"不得已弃儒就商"，安邑李东田"聪明嗜学，缘时逢不辰，家计伶仃，不得已，仰遵父命，徒业营商"。④ 由此看来，河东商人多因家计问题弃儒从商，但传统的儒家文化教育早已根深蒂固。河东商人深受儒家文化的熏陶，借鉴儒家文化中的优秀道德思想，将之运用到经商过程中，形成了河东商人独特的经商理念和道德准则。

河东商人诚信价值观不仅是对中国传统文化延续，更离不开河东地

---

① 张燕婴译注：《论语》，中华书局 2007 年版，第 22 页。

② 孙安邦、马银华译注：《荀子》，山西古籍出版社 2003 年版，第 30 页。

③ 郭三娟：《晋商五百年·崇儒重教》，山西教育出版社 2014 年版，第 32 页。

④ 郭三娟：《晋商五百年·崇儒重教》，山西教育出版社 2014 年版，第 23 页。

域文化的熏陶。河东是中华文明的重要发祥地，中国原始人类聚居在此，尧、舜、禹建都在此，沉淀了极其丰富而深厚的文化底蕴，为河东商人诚信价值观的形成提供了独特的社会历史条件。河东历史悠久，人文荟萃；自古以来，公侯将相、学者志士、代不乏人。春秋时富贾大商猗顿在临猗发家致富后，仍能仗义疏财，他的商业精神被历代河东商人所继承，猗顿也被视为中国商祖。

尤其可以看到，在重农抑商的时代，河东商人以致整个晋商把同乡的关公视为"武财神"，晋商们通过崇拜统治者为满足统治需要而不断加封的关公，来提高商人的社会地位，维护其合法权益。关公忠、义、仁、勇的高尚品格是晋商经商过程中的价值要求，是晋商经商成功的精神支柱。关公衷心爱国、诚实守信、英勇无畏的精神转化为晋商实业救国、诚信经营、开拓创新的商业精神。河东商人在外经商途中会修建关庙、晋商会馆，以关公正义诚信的精神来践行"以义制利"的诚信价值观。由此可见，对于关公的崇拜无疑也是一种对儒家文化崇拜的体现。

此外，河东地区历来重视家规家训，以严格的家规家训约束家人。河东商人家族将经商哲学深刻体现在家规家训及楹联、照壁、匾额中。如河津通化村庞家家训："名分须严，工资须宽，做事须勤，小过须恕。"临猗王申李氏家族家训："创业维艰祖辈备尝辛苦，守成不易子孙宜戒奢华。"万荣李氏家训："二善：求义求利经商义先。"李氏祠堂过厅南廊柱上有楹联："道德经书家国宝，忠勤信义子孙财。"河东商人恪守家训，是其诚信意识形成和发展的基础，是其家族兴盛的秘诀。

在河东商人诚信意识的形成和发展过程中，外在生存环境的恶劣磨炼出了河东商人吃苦耐劳、艰苦朴素、勤俭节约的优秀品质，统治阶级的政策提供了空间的优势，而儒家传统文化以及河东地域文化将诚信观念植根于河东商人心中。正是由于众多因素的影响，成就了河东商人诚实守信的良好形象。

（二）诚信经商的代表人物及其诚信制度

明清时期，河东地区涌现出一大批商人，他们秉承着儒贾相通的儒学风范、以义制利的诚信经营理念以及艰苦奋斗的创业精神，在商界大显身手。

在河东商人中最有影响力的当是蒲州商人。明朝中叶，蒲州商人盛极一时，以张、王两家最为突出。

张、王两家皆属于白手起家。张氏家族以商起家，后发展成为官商结合的大家族。张氏祖先张思诚在元朝时为避乱而迁居蒲州，到张允龄时生活仍比较拮据，遂发奋远游，开始从商。《条麓堂集》中记载其在经商过程中"视财利甚轻、笃信重义"，以至于达到"南北所至必为众所敬服"的影响力。① 张允龄弟弟张遐龄深受影响，"虽从事贸易，但视财利甚轻、不屑斤斤计较"。② 张允龄在教育子弟方面极其严格。其三子张四教16岁便跟随他经商，学习经营之道，继承父亲在经商中的良好品格"识量益宏远，综计精算，不屑较锱铢"。③ 长子张四维自幼聪慧好学，嘉靖三十二年中进士，张居正病逝后，更是担任内阁首辅。由于出身盐商家族，张四维能正确认识到商业发展的重要性，在著作《条麓堂集》中收录了大量商人的经商历程及张四维为商人撰写的墓志碑铭。

王氏家族可以说是明代河东商人的主要代表，王现、王瑶两兄弟是王氏家族的创始人。王现在经商时"善心计，识轻重"，与人交往时"信义秋霜，能析利于毫毛"。④ 他能正确地处理义与利的关系，提出了"夫商与士，异术而同心。故善商者，处财货之场，而修高洁之行，是故虽利而不污；善士者，引先王之经，而绝货利之径，是故必名而有成。故利以义

---

① 黄勋会、秦建华主编：《运城：最早之中国"运城与古中国"研讨会论文集》，山西人民出版社2016年版，第172页。

② 黄勋会、秦建华主编：《运城：最早之中国"运城与古中国"研讨会论文集》，第172页。

③ 张巩德、张晓萍：《晋商谋略与百名晋商人物》，山西古籍出版社2004年版，第69页。

④ 张巩德、张晓萍：《晋商谋略与百名晋商人物》，山西古籍出版社2004年版，第51页。

制，名以清修，恪守其业"① 的经商法则，对之后晋商道德价值观的形成影响深远，同时也是为人、为官、经商所应该遵循的道德要求。王瑶为生计问题弃儒从商，时人评价其"生财而有道，行货而敦义"。② 王瑶、王现两兄弟皆是靠艰苦奋斗起家，直到王瑶的三子王崇古在嘉靖二十年中进士，便有了朝中的势力依靠。王崇古凭借自己的累累战功成为了明代著名的边疆大使。张四维的母亲是王崇古的二姐。一个内阁首辅，一个兵部尚书，加上两人的姻亲关系，可想而知张、王两家的在朝势力强大。两人联手打开了蒙汉互市的禁条，开启了蒙汉通商的大门，为晋商开拓了新的道路，张、王两家的财富也源源不断。张、王两家成为官商一体的典型。这种官商一体的家族充分体现了国家的信用体系。政府凭借政治权威来参与商人活动，商人借助政府权力来进行活动，双方之间互相信任、互相利用，希望达到一加一大于二的效果。③

河东蒲州商人所具有的诚信经商品质在河东其他地区的商人身上也深有体现。河东商人的成功是建立在诚信经营的基础上，认为诚信是经商之本，只有诚信才能赢得顾客的信誉，因此河东商人制定了相关的规定和制度来确保在经商过程中对诚信理念的践行。

首先，河东商人对商品质量要求相当严格，视商品质量为生命，严格把关商品生产的各个环节，往往遵循货真价实、薄利多销的原则。如临猗北马村王家是有名的大财东，王家祖先王佚名在生意中讲究诚信、和气待人，货真价实，从不缺斤少两，深受民众的信赖，人们都称他为"毒气财东"。其子王天赐承袭父业，所经营的商品全都明码标价，不造假掺假，不缺斤短两。为了产出质量最好的食油，派专员去上海学习，因此所产出的食油受到百姓的广泛称赞和信任。此外还制定了条条彰显诚信的"五戒（戒烟、戒赌、戒嫖、戒奢、戒舌非）""五唯（唯勤、唯俭、唯诚、唯信、

---

① 《明故王文显墓志铭》，（明）李梦阳：《空同集》卷44。
② 黄勋会、秦建华：《运城：最早之中国"运城与古中国"研讨会论文集》，第172页。
③ 孙建中：《诚信晋商》，山西古籍出版社2006年版，第104页。

唯忠顺)"条规来约束员工。① 王天赐儿子王甲山更是时常暗中考察自己商号。王家诚信为本的经商理念是其兴隆昌盛的重要原因。临猗县卫阳村的王午亭也非常重视产品的质量,当"羲和永"酱园生产的酱油质量不过关时,经他斥责后,全园上下立即改善和提高制作酱料的工艺,保证酱醋和酱菜的质量。后来因"羲和永"产品质量过硬,赢得了许多经销商的信任。

其次,严格的学徒制为河东商人培养了大批诚信经商的人才。新学徒要从"熬相公"开始做起,最基本的要求是具备品行端正、诚实守信、艰苦奋斗的道德操守和认字、打算盘、学外语等职业技能。如万荣阎景村的李家,对于学徒的要求就十分严格:"黎明即起,侍奉掌柜;五壶(茶壶、酒壶、水烟壶、喷壶、夜壶)四把(笤帚、掸子、毛巾、抹布),终日伴随;一丝不苟,谨小慎微;顾客上门,礼貌相待;不分童叟,不看穿戴;察言观色,唯恐得罪;精于业务,体会精髓;算盘口诀,必须熟练;无客默诵,有客实鉴;学以致用,口无怨言。"② 只有经过了学徒的考察,方可成为正式员工。垣曲县城关的姚光华对新来学徒的要求是嘴勤、腿勤、手勤,并且学习打算盘、记流水账的业务能力,表现优秀的即使熬不到三年也像店员一样对待,发放薪水。

最后,坚持"疑人不用,用人不疑"的人才观是河东商人能够诚信经营的又一重要因素。在商人经商的这一过程中,东家、掌柜两者之间的信任关系相当重要。东家将人、财、物交予掌柜掌管,东家只获得自己股份应得的利益,此为"东伙制"。一旦东家确定了掌柜的人选,便对此人不再怀疑,放心大胆让其管理经营。如临猗王申"大门头"李家对掌柜们的信任建立在用人方式和利益共享的基础上。掌柜们都是从学徒开始的,因此,对于学徒的选拔有严格标准:需要德高望重的同乡作担保,并签担保书;需要品

---

① 山西省政协《晋商史料全览》编辑委员会:《晋商史料全览》(运城卷),第145页。

② 张刚忍、李军:《慈善世家:李家大院资料汇编》,山西人民出版社2008年版,第45页。

质优秀，对东家诚实忠诚；学徒都是知根知底的同乡。只有这样才能获得东家的信任。等到"熬相公"出来后，便可按人银分成的方式参与分红。由于分红行为的存在，店铺的收入情况影响了掌柜的收入，东家与掌柜的利益息息相关，因此极大地调动了掌柜与伙计的积极性。东家凭借一本列有资金、人员、利润等项目的账本，就可放心地让掌柜去经营，自己坐享其成了。

由此看来，诚信经营的河东商人比比皆是，守信用、重承诺是他们一贯坚持的经商理念。对产品的质量保证、对学徒的严格要求、对掌柜的充分信任是河东商人能够长久兴盛的决定性因素。河东商人诚信经营的商业道德价值观不仅受到当时人们的欣赏和称赞，也为当今构建诚信社会提供了参考。

三、河东商人诚信道德的当代启示

一段时间，随着经济的发展，社会上诚信缺失的现象也越来越多，主要体现在企业诚信缺失和个人诚信缺失。河东商人的诚信观造就了其辉煌的成就，"以义制利、信誉至上"的价值观值得我们借鉴。

长期以来，一些企业的表现与河东商人诚信经商的形象相差甚远，企业的诚信观念越来越淡薄，将利益和金钱放在第一位，制假掺假、缺斤少两、以次充好的现象越来越多，假药、黑心棉、劣质产品等严重危害到人们的生命安全，花着巨额的资金去做广告宣传，却对产品质量偷工减料，毫不关心。这无疑损害了企业的信誉，失去了顾客的信任。同时，企业与企业之间的信任关系也受到破坏。由于大量货款的问题，企业间的钱货交易很难维持，如果一方遇到资金问题，则双方之间的合作关系就会终止，缺乏彼此的信任，不具备晋商之间"相与"的做法。企业的这种欺诈顾客、自私自利、坑蒙拐骗、欠钱不还的行为制约了企业的发展，严重危害到消费者利益、市场环境以及社会安定。因此，为了挽救企业的信誉，应将河东商人的诚信观念和诚信制度贯彻到企业经营当中。

　　企业家、企业管理者和员工构成一个企业的主体。一个企业要想建立诚信体制，应该对这三个阶层的人们进行诚信意识的灌输。企业家和企业管理者属于企业的高层，在企业中起带头和表率作用，他们的形象代表了这个企业在市场中的形象。[①] 在河东商人的代表人物中，他们都在商号的经营管理、处事风格等方面深刻影响着伙计的思想和行为。所以，一个企业的企业家和管理者要做好自身教育，树立正确的企业道德理念，与此同时提高自己的能力水平，让员工们心服口服。员工是企业的主要组成部分，对员工的诚信道德素质的培养至关重要，直接影响着企业产品的质量和企业的声誉。企业必须提高员工的诚信意识，只有诚信的员工才能全身心投入到工作中去，热爱劳动、爱岗敬业，服务社会，才能以企业的利益为重，生产高质量的产品。企业人员对待顾客的服务态度也决定了企业的形象。员工应该端正自己的服务态度，热情、公平地对待不同的顾客，让顾客在服务中感受到企业的诚信。

　　河东商人在发展商业时，将产品质量看的比什么都重要，现在的企业诚信建设依然要从产品的质量入手，将"宁可赔折腰，不让客吃亏"落实到实处。在生产时，不使用劣质产品、不偷工减料、不以次充好，确保商品的质量，才能招揽更多的买家。

　　企业信用是现代社会信用体系的核心，政府信用则是关键。部分官员腐败奢靡、权钱交易、中饱私囊等腐败案件被揭露出来，对整个社会造成了极大的负面影响。因此，政府应进一步加强社会信用体系建设和失信惩戒机制，而相关法律法规的制定是其强大有力的制度保证。目前，我国颁布的关于企业和商人诚信的法律条文不在少数，如《合同法》《担保法》等，但仍有不少人无视法律法规，法律条文犹如一纸空文。[②] 为了解决这一问题，政府部门应该加强诚信方面的立法和执法能力，加大对企业和个人行

---

① 冀丽娜：《晋商诚信对我国诚信建设的启示》，山西农业大学 2017 年硕士学位论文，第 29 页。

② 孙长青：《晋商与中国商业文明》，经济管理出版社 2008 年版，第 169 页。

为的监督力度。法律应该明确规定哪些行为属于失信行为，与时俱进地修改法律中不完善的地方，杜绝失信者钻法律的空子。

当然，个人信用是社会信用体系的基础。个人诚信意识薄弱会最终导致部分企业和政府官员信用的缺失。人与人之间的交往靠的就是彼此之间的信任来维持，如果一个人不讲信用，那么就会失去身边的朋友。欠债不还、恶意诈骗、偷税漏税等都是个人诚信缺失的表现。"诚信，乃做人之本""人不可无信"等商谚有利于我们形成正确的个人诚信价值观。诚信是一个人安身立命的根本，是每个人应该具备的优秀道德品质，约束着人们的行为。一个人如果没有诚信，就难以取得成功和在社会上立足。如今人们面临着太多的物质上的诱惑，很多人变得利欲熏心、唯利是图，只在乎个人利益，将集体利益和国家利益抛之脑后，因此我们弘扬和践行社会主义核心价值观已成为当务之急。

随着经济全球化和社会信用体系的完善，人们的生产、生活和思维方式已经发生了巨大的转变，但传统河东商人的"艰苦创业、以义制利、诚信经营、勇于创新"的精神依然是留给新时期商人重要的精神财富。当代河东商人肩负着弘扬优秀传统文化以及开拓新的商业市场双重任务，他们时刻将传统商人的经商准则牢记于心，并付诸行动。

以人为镜可以明得失，以史为镜可以知兴替。河东商人的成功之路给了我们很多启示，我们应将传统河东商人的诚信理念赋予新时代的内容，使其与时俱进，为当前社会主义核心价值观内涵的不断丰富增砖添瓦。

第五节 "善"行万里：李家大院与河东乡绅

人之初，性本善。善是人的本性，是一个人所具备的最基本的品质。从"善"字的形体来看，上面一个"羊"，下面一个"口"，意味着像羊一样说话，引申为友好、美好、善良之意。在中华民族五千年文明史的发展进程中，人们一直对善进行阐释和坚守着对善的践行。其中以河东地区的万荣李家尤具代表性。李家是近代河东大户人家，也是久居河东乡间，以"慈善"而闻名于世的河东士绅，这在周围地区，包括整个山西省甚至周边省份都是很独特的。山西各地的著名乡绅大族如祁县的乔家、榆次的常家、灵石的王家都是山西前近代商业发展和北方民居建筑特色的重要代表，而只有河东地区的李家以彰显道德高尚的"善"文化为主要特色，最具备鲜明的精神特色，这是河东大地在近代转型时期以李家为代表的河东乡绅"善"念不断、传统乡绅社会功能得到较好传承和发扬光大的体现，对河东区域的影响非同一般。

河东社会长期留存、传承的家风家训更是将善的理念体现得淋漓尽致。自古以来，河东家风家训就享誉南北，如闻喜裴氏家族的家训、永济柳氏家族的家训、夏县司马光家族的家训等，近代河东驰名的家训有万荣县慈善世家李氏家族的家训、闻喜乡绅陈育英的家训、万荣乡绅王赐琏的家训等。这种家训所体现出的品格在一定程度上辐射和影响整个河东社会，使河东乡绅的整体素质进一步得以提升，不仅影响着当时社会，更启示着当今社会。

一、李氏家族善行及家规家训中体现出的道德品质

李氏家族自陕西迁居河东地区万泉县闫景村以后，以传统农业为立家根本，逐渐进入商业和贸易领域，经营地点除山西外，还扩展至陕西、甘肃、内蒙、河南、湖北、天津等地，后投资经营近代工业实业，从而由农转商，后又转为民族资本家。李家以土布起家，以义制利，利义相济，世代"富而不骄，富而不奢，富而行仁"。[①] 李家的经商史及其数代人遵从

---

① 参见 http：//www.sxljdy.com/articlelist.aspx？ cid=3,《李家大院"景区介绍"》，李家大院景区官方网站，发布时间 2012-10-25。

勤俭为业、诚实守信的家规家风和历世乐善好施的义举，李氏家族的家训中处处体现出节俭持家和慈善文化的道德品格。他们把善行善举当己任，"为善最乐"成了他们的信仰，"博施济众"成为他们的本分。他们一代为善，代代相继，将李善人的美名传承百年不辍。

（一）楹联照壁中的"善"

在李家大门两旁放置的石头上，铭刻着《朱子家训》里的名言警句"一粥一饭，当思来处不易；半丝半缕，恒念物力维艰"，让家族的人们时时记住当时的社会条件下劳动的艰辛、生活的不易，让李家的子孙后代在进门出门时都能念念不忘勤俭节约的美德。在李家大院门前的善牌坊上镌刻着"善无大小、善无多少、善无止境、善不等待、善不图报"五句话二十个字，每时每刻都在向世人讲述着李氏家族百年行善的事迹，风风雨雨中默默传颂着三代数位当家人善行善举的美德，也无形中熏陶着河东百姓的品行和举止。同时，在李家大院古巷道内，有一块宽度和高度都为 6 米多的善影壁，上面用正、草、隶、篆等不同字体雕刻了 365 个"善"字。这块善影壁在全国是独一无二的，其寓意十分鲜明，就是告诉李家的每位家人、子孙后代，一年 365 天，天天讲善事，天天行善事。

漫步于李家大院，其关于善文化的楹联更是随处可见。如信溥堂的"天道酬勤求勤思俭传家远，人心向善乐善好施继世长"、庆禄堂北房廊柱上的"孝正家规善行世道，仁和众志德布人心"、庆禄堂过厅廊柱上的"仁为福地一生乐，善作良田百代耕"等，这些楹联无一不体现出李氏家族勤俭节约、善行万里、世代相传的良好道德品质。

（二）经商作贾中的"善"

李氏家族以土布起家，艰苦创业，勤俭治家，随后逐渐发展茶叶、药材、杂货等业务，生意越做越大。1862 年到 1937 年是李氏家族经商的鼎盛时期，其商号遍布山西、陕西、天津、上海、宁夏、武汉等各地。

他们以"信、义、诚、恭、谦、和"的经营理念，获得了人们的广泛信任和赞誉。在李家大院的同德堂上房廊柱上有这样一则楹联："善本商家气象仁风习习还播雨，信为历代荣光德业煌煌总历人。"这则楹联将善和信作为经商之人的精神风貌和光荣传统，给人们带来实惠，更激励着后来人。

李家生意兴隆的最重要的原因是坚持诚实守信的原则。坚持诚信则是坚守着善的理念，是对善的践行。首先，在用人方面，必须是诚实守信的熟人，再由经理目测其五官、言谈举止，之后让其写毛笔字、打算盘等，合格之后留下当相公。如若留用，则对所用之人实行疑人不用，用人不疑的原则，给他们足够的空间，让他们大胆去做。其次，在产品方面，所生产商品必须货真价实，对于产品的配方、用料、数量等各项工序严格把关，只有达标方可出厂，做到童叟无欺。李家韩城的"敬信义"炉院就在入炉配料、磨具尺寸、生产操作等方面严格把关，并形成一种合理的劳资关系，无论是对待工人还是在买卖交易上都待人和气、平等。最后，在对待顾客的态度方面，当有顾客上门时，必热情接待，备茶水、烟袋，不分童叟，不看穿戴，一切为顾客着想，使顾客满意而归。同时，李家在经营上也很灵活，对于熟人或名门望族采取赊销等方法，对老顾客实行九折优惠。为了方便顾主，西安的"敬"字号杂货铺将大宗货物拆整卖零，如火柴、青油、调料等。

这一系列措施都增加了顾客对李家的信任，更彰显了李家在善理念的引导下，恪守诚信二字，使李家成为晋南屈指可数的富商大贾。

（三）社会职能中的"善"

通过挖掘史料，我们知道，李家多年行善，代代相继，赈灾济贫，方圆数百里人称"李善人"。整个家族"以民间疾苦为怀、以乐善好施、博施济众为荣，推仁行义，代代相传，未尝间断。李氏家族勇于承担社会责任，热心公益事业，关注民众生活，维护社会稳定"。①

李家的善行代代相传，举不胜举，其所作所为与当时其他省份和山西其他地区的许多近代良绅、正绅相比，更加令人钦佩和赞叹。在清光绪三年，"天大旱，人相食，种几绝，斗粟白金四两"。李家出资在万泉一带放赈舍饭，救活百姓无数。因乐善有德，清廷赠"廷"字辈的李廷槐、"文"字辈的李文蔚、"敬"字辈的李敬义为奉政大夫（清正五品）；封"廷"字辈的孙氏、"文"字辈的闫氏、"敬"字辈的闫氏为宜人。还有一次大善举是"1927年、1928年山西连逢大旱，秋未收，麦未种，室内鼠绝，死人无算，晋南地区遭灾最为严重"，"李家众兄弟磋商救灾之事，决定倾力相救，赈济灾民。先后赈济河东十七县灾区每县一千银元，给河东旱灾救济总会捐款10000银元，对本县、本村及原籍薛店村特别救济4000银元和2000银元，并设三处粥场舍饭，使许多人都存活下来"。当时山西省政府主席阎锡山为李氏家族颁发"博施济众"牌匾一块，以示褒彰，同时又上书国民政府，给以褒荣。原万泉县长亦颁"乐善好施"牌匾进行奖励。②

这两次是李家善举中时间最长、赈款费用花费最多的两次赈灾行动。李氏家族把善行善举当己任，"为善最乐"成了他们的信仰。在整个山西的近代历史上，李家的财富不是最雄厚的，李家大院也不是最豪华的，但他们能代代相继，以道德行世，把慈善观念和慈善文化作为家族内部世代信守的行为准则，将李善人的美名传承了一百多年。

二、王赐琏、陈育英家规家训中体现出的道德品质

除了上述的李氏家族，乡绅王赐琏、陈育英家规家训中所倡导的道德风尚也基本以勤劳俭朴为主，生活中多注重人情世故，以善为主。

---

① 张刚忍、李军：《慈善世家：李家大院资料汇编》，山西人民出版社2008年版，第22页。
② 以上资料可参见张启耀：《清末内陆地区乡绅社会救济问题研究：以近代晋南区域为中心考察》，《运城学院学报》2019年第4期。

王赐琏，字廷玉，清嘉庆元年（1796）生于万泉县西景村，卒于光绪六年（1880）。一生见证了嘉庆、道光、咸丰、同治、光绪五位皇帝的执政历史，经历了鸦片战争前后以及近代变迁早期的不同时期的荣辱兴衰。据《万泉县志》记载："王赐琏，字廷玉，西景村，庠生，澹泊寡欲，立身严正，讲学数十年，成就人才甚众。尝作《训子歌》千余言，言质而理确，逼近紫阳家训，邑人士多录之，以训子弟，其泽远矣。"从县志记载中可知，王赐琏为秀才出身，此后没有更大的功名，长期在村中任教。他一方面教书，另一方面也从事农耕，可以算是一名底层的乡绅。他创作的家训原名叫《诫子辞》，后在民间广为流传，人们习惯上称作《训子辞》或《训子歌》，多被视为道德训诫的规范，影响教育了多少代乡邻。

《训子歌》中开篇部分写道："你父也是庄稼汉，先把庄稼说一番，力田务农无他道，勤劳辛苦何待言。"一方面表现出这位乡绅也是经常从事农业活动的，说明河东地区这一类乡绅的共同特征，既识文断字、服务乡里，又不脱离农业劳动，自食其力；开篇也同时体现了这位士绅一生勤劳、生活简朴的下层乡绅形象。《训子歌》中又有言："穷要干净，富要宽展，干净更比宽展难。饿死且莫胡偷盗，大小是贼把嘴钳。"这几句说明这位乡绅高风亮节、为人正派和"饿死事小，偷盗事大"的高尚道德品行。

王赐琏从勤奋耕作、节俭生活、读书交友、家风家教、守规慎言等方面谆谆告诫子孙后代如何为人做事，最终达到传统社会"耕读传家"的理想人生目标。这些内容中虽然也存有某些相对保守的见解，但这正是河东地区很多正直乡绅的思想认识，也是五千年中国传统乡村文化的一贯追求。因此，自近代以来，"西景村民风淳朴，族人和睦，村中无大奸大恶，无出大错，应该与他老人家德化熏陶密不可分"。①

另一位河东著名乡绅是闻喜县的陈育英。陈育英生于光绪末年，曾任

---

① 上述资料可参见王安吉：《王赐琏"诫子歌"》，《运城优秀家规家训》（七），运城市纪委监察局网站，发布时间 2017 年 1 月 25 日。

县府科员、村长等职，好善乐施，多行义举，是一位正直、贤良的河东乡绅代表。他在 1936 年撰写了家训并流传至今，具体内容如下。

> 黎明即起，洒扫庭院。日出而作，日落而息。吃家常饭，穿粗布衣。内外整洁，朴实为风。常将有日作无日，莫到无时想有时。勤为立业之本，俭为兴家之源。名利淡如水，事业重如山。修身不为名传世，做事应思利及人。知足常乐，能忍自安。教子教孙须教义，积善积德胜积钱。穷要有志，富要有德。诗礼传家切记无悔。家有大小事，先从紧处来，小钱宜看淡，大事当斟酌。未雨先绸缪，切勿临渴掘井。婚丧嫁娶，量力而行。宁节俭，勿赊贷。事能自己做者切勿用人。待人要宽，克己从严。正人多亲近，淫朋宜疏远。尊老爱幼，兄友弟恭。来往亲友，和睦邻里。往高处立，向阔处行。己所不欲，勿施于人。和以处世，礼以待人。话不可说尽，力不可使尽。福不可享尽，做事恰到好处，适可适宜为当，行有不得者当反求诸己。①

可以看出，勤劳节俭是这位河东乡绅的基本道德品格，除此之外，家训中还包含有鲜明的传统时代乡绅服务社会、利及乡人、注重礼节的内容，如"做事应思利及人""待人要宽，克己从严""和以处世，礼以待人"等，对其子孙后代及周边乡民产生了较强的教化作用。

三、河东"善"文化产生的影响

李氏家族处于晚晴民国时代，此时政治混乱，国力衰弱，社会动荡不安，再加之各类自然灾害频繁发生，导致社会矛盾激化，民不聊生。李家作为传统社会时期的富绅，在面对社会转变时，仍能坚守仁爱慈善观念，为国家分忧，为百姓解困，对当时社会产生了深远的影响。

---

① 陈范世：《陈育英家训》，《运城优秀家规家训》（三），廉洁运城网站，发布时间 2017年 1 月 20 日。

　　首先，李家的善行善举缓和了社会矛盾，维护了社会稳定。对于过路遇难、患病者，李家施衣送粮，对房梁上的小偷都存有仁善之心。在平时的生活中，李家对同乡百姓的帮助就从未间断，例如专门购买牲口，常年免费供拉煤上坡人使用，帮助村里的困难户，资助其婚丧嫁娶。这些善行义举无疑增加了百姓们的幸福感，消除了他们的敌对思想，使邻里乡亲之间友好和睦相处，一定意义上缓解了社会矛盾。

　　自然灾害的频繁发生使人们最基本的生存条件都难以维持，很容易造成社会的恐慌和动荡。有清一代，自然灾害频发，李家多次举办大规模的赈灾活动救济贫民，让灾民免受饥荒。除此之外，还筹资组织村人打井，解决村民的吃水问题。这些都在很大程度上减少村民和灾民的动乱，稳定了民心，维护了社会稳定。

　　其次，李家的善行善举改善了人们的生活，提高了人们的素质。李氏家族作为当地有名的乡绅，就要发挥一定的社会职能，承担相应的社会责任。例如，为了使寒门子弟能够上学读书，出资修建学校；修建公路；修南池、防空洞；建设育婴堂等多项公益事业，在很大程度上缓解了人们的生活压力，改善了人们的生活水平。同时，李家的善行善举深深地影响着当地的人们，在当地形成良好的社会风尚，起到了提高人们思想道德素质的积极作用。

　　最后，李氏家族的善行善举代代相传，激励着后世子孙们。从第八代李永山开始，就坚持勤俭节约，艰苦奋斗的优良传统，之后逐渐壮大，李家子孙仍然将之贯彻在经商和生活中。李氏家族不光男丁乐善好施，妇女也仁爱慈善，能够和睦邻里，尊老爱幼，教育子女严格认真。李氏家族的后裔皆受其先辈们善念的影响，使其品德和素质得以提高，成为社会的中坚力量。

　　当今社会，中华民族正以豪迈的步伐走在民族复兴、国家富强的道路上，倡导道德建设、注重精神文明、构建和谐社会成为全国上下的共同奋斗目标。李氏家族以及其他河东乡绅身上所具有的独特的善理念对我们今天构建和谐社会、践行社会主义核心价值观以及发展新时代的新乡贤文化都有重要的借鉴意义。

李氏家族充分发挥社会职能，承担社会责任，热心公益事业，诚信经商等善行义举不仅稳定了当时的社会，也使当今社会贪婪之人反思自己，软弱之人变得坚强，更促进了之后慈善事业的发展。慈善事业的发展有利于缩小贫富差距，减少就业压力，消除仇富情绪，维护了社会的稳定，安定了社会秩序。

河东地区历来对文化教育的重视使得中国的传统美德在这里得以不断传承，广大民众也是安分守己、勤劳俭朴。因此，除了大灾之年，河东的乡村秩序保存较好，较少有混乱和动荡。在传统时代，家风家训的弘扬和传播对某一地区的民俗甚至道德导向起着重要的教育和引导作用。现在，家风仍是一个个小家庭的立足之基。河东乡绅家族内部世代遵循家风家训以及坚守着善的理念，告诫子孙要培养德孝兼备、诚信友善、勤俭节约、艰苦奋斗等优秀道德规范。当今社会物欲横流，更是需要这样优良的家风家训来规范人们的行为，旨在在全社会形成尊老爱幼、礼让宽容、诚实守信、和睦相处的人际关系，形成以善为乐，为善最乐的社会风尚，从而将优秀的传统文化发扬光大，使社会主义核心价值观深入人心，促进社会文明进步。

新中国成立后，尤其是改革开放以来，中国的各方面建设均取得了举世瞩目的成绩，这是值得肯定的。但随着现代经济社会的发展，特别是伴随着城镇化建设的快速推进，城乡二元化特征日益显现，城乡居民生活水平极不平衡，乡村社会问题则愈益复杂，基层社会治理任务更为严峻，农业、农民、农村问题仍然是中国现代化发展进程中的重要制约因素。建设社会主义新农村至是整个国家现代化进程中进一步发展的重要切入点，需要像李家及其他河东乡绅那样的新乡贤积极投身其中，发展新时代的新乡贤文化，更好地建设社会主义新农村。

针对传统及近代河东乡绅的社会职能表现，在当今发展河东乡村社会的进程中，应本着扬弃的原则，弘扬其中的优秀传统因素。新乡贤应该本着"大有可为"的理想信念积极参与乡村社会建设和经济发展，摒弃旧有的保守观念，发展新型农村复合型人才和新型职业，大力运用现代技术手段发展乡村社会。同时在建设河东、发展地方经济与文化的过程中，继续弘扬勤劳节俭、以善为乐和热心服务百姓的传统美德，并以乡村社会为榜样，形成一个全社会崇尚道德的美好氛围。

在河东地区无数乡贤以其自身良好的道德修养，在取得成功后对乡村社会经济建设、公共设施建设作出了巨大贡献。例如盐湖区雷家坡村就特别注重传统道德文化在基层社会发展中的作用，在村领导和"新乡贤"的带领下，发展社会经济，注重文化建设，一路走来，一步一个脚印，最终发展成为新时代河东地区乡村社会发展的典型代表之一，为河东乡村社会的整体腾飞起到了重要的引领作用。永济市东坦朝村支部书记王有斌作为新乡贤的代表，曾在省城经商 20 年，成功后不忘家乡，斥巨资 2000 余万元为村里修建了广场、公园以及村民的活动场所。这种成功后热心报效村庄的行为是对传统乡绅善文化最好的传承。闻喜县的柏底村的合作社便是新乡贤在政府扶持下倡导和发起的，卫天水在急需钱的情况下向合作社借钱，他表示等资金宽裕了也把钱放在合作社，用以帮助其他村民。柏底村的卫海岗在清华大学毕业后，南下广东创业，仍时刻关注家乡，为村里捐款，给中老年人发福利。要发挥"新乡贤"的模范带头作用，促进乡村社会又好又快地发展，河东地区大力提倡"乡贤文化"，用基层社会先进的人物带动整个乡村的良性发展。

近年来，河东地区的乡村社会风气日益和谐，相信在不久的将来，整个河东地区一定能在以李家为代表的河东乡绅善文化的影响下，形成大力倡导友善诚信、勤奋俭朴等道德规范的社会氛围，使河东大地遍布整体和谐和文明进步的"美丽乡村"。

结　语

　　河东文化是中华优秀传统文化的重要组成部分，是中华民族的根和魂。生活在 4500 万年前的河东垣曲"世纪曙猿"将人类文明的可考进程提前了 1000 万年，而河东芮城西侯度遗址的火种，又在河东大地上最早掀开了人类社会的帷幕，中华文明由此摇曳而来，华夏文化也从此以她独特而辉煌的历史进程载入了史册，为人类社会的发展和进步作出了不可磨灭的贡献。

　　作为这样一个人类文明和中华文明的发源地，河东正以她古老而辉煌的历史魅力吸引着越来越多的学人关注和探究，而河东文化的研究工作也就成了一件"功德无量的大事"（山西省社科联副主席王志超研究员语）。拙作对于河东文化的总体概说，既包含有前人研究的诸多成果，也有自己的一点粗浅思考。从文明发生的进程上来考察，论述中体现了河东文化从发源到发展、从萌芽到辉煌、从古代到近代以至现代的时空场景；从文明表露的特征上来考察，论述中由外到内逐层揭示出河东文化散发出的浓郁地方特色和固有文化气息；从文明探索的理论层面上来考察，论述中既有对文化、地方文化甚至河东文化的定义与内涵的深入阐释，也有对河东文化内在精神的征象和符号表达的逐层揭示。

　　但河东文化何其雄厚宏大，因此，虽然我们已几经努力，但总感觉对这一地方文化的探索还是极为欠缺，甚至语焉不详或谬误不少。当然，以自身拙陋的才学面对这样富有地方特色而雄厚灿烂的地方文化，其结局可想而知，唯愿更多同仁投身于河东文化的研究工作，并在研究过程中不断推陈出新、勘正错讹，把这项研究日益推向新的高度。

参考文献

一、著作类

1. 胡锦涛：《中共中央关于深化文化体制改革推动社会主义文化大发展大繁荣若干重大问题的决定》，人民出版社 2011 年版。

2. 王先明：《近代绅士——一个封建阶层的历史命运》，天津人民出版社 1997年版。

3. 王先明：《变动时代的乡绅：乡绅与乡村社会结构变迁（1901—1945)》，人民出版社 2009 年版。

4. 王先明：《中国近代社会文化史论》，人民出版社 2000 年版。

5. [美] 黄宗智：《华北的小农经济与社会变迁》，江苏人民出版社 2010 年版。

6. [美] 杜赞奇：《文化、权力与国家：1900—1942 年的华北农村》，江苏人民出版社 2004 年版。

7. [英] 沈艾娣：《梦醒子：一位华北乡居者的人生（1857—1942)》，北京大学出版社 2013 年版。

8. 乔志强等主编：《近代华北农村社会变迁》，人民出版社 1998 年版。

9. 山西省地图集编纂委员会：《山西省经济地图集》，中国地图出版社 2002 年版。

10. 张鸣：《乡村社会权力和文化结构的变迁（1903—1953)》，陕西人民出版社 2008 年版。

11. 中国第二历史档案馆编：《中华民国史档案资料汇编》（第 5 辑第 1 编）（三），江苏古籍出版社 1991 年版。

12. （清）乔光烈：《蒲州府志》，运城地区方志办 1985 年重印。

13. （清）王轩等：《山西通志（光绪朝)》，中华书局 1999 年版。

14. （清）曾国荃修，王轩、杨笃等纂：《山西通志》（光绪朝），三晋出版社 2015年版。

15. 运城地区地方志编委会：《河东史志》，河东地方史志编辑部 1990 年版。

16. 宋万忠、武建华：《解梁关帝志》，山西人民出版社 1992 年版。

17. 山西省万荣县志编纂委员会：《万荣县志》，海潮出版社 1995 年版。

18. 张正明、薛慧林：《明清晋商资料选编》，山西人民出版社 1989 年版。

19. 谭其骧主编：《中国历史地图集》，中国地图出版社 1996 年版。

20. 钱穆：《国史大纲》（上册），商务印书馆 2010 年版。

21. 张启耀：《南京国民政府前期山西农村社会状况研究》，中国书籍出版社 2010 年版。

22. 张启耀：《民生维艰：田赋负担与乡村社会变迁——以二十世纪前期的山西为范围》，山西人民出版社 2013 年版。

23. 张启耀：《近代河东乡绅的社会职能变迁与道德问题研究》，中国书籍出版社 2019 年版。

24. 赵波：《关公文化概说》，山西人民出版社 1999 年版。

25. 张正明：《晋商兴衰史》，山西古籍出版社 2001 年版。

26. 刘建生等：《晋商信用制度及其变迁研究》，山西经济出版社 2005 年版。

27. 山西旅游景区志丛书编委会：《关公文化旅游志》，山西人民出版社 2006 年版。

28. 李留澜：《晋商案例研究》，中华书局出版社 2007 年版。

29. 山西省政协：《晋商史料全览》编辑委员会《晋商史料全览》，山西人民出版社 2007 年版。

30. 张羽新、张双志：《关帝文化集成》，线装书局 2009 年版。

31. 李军：《李家大院》，文物出版社 2010 年版。

32. 胡苏平：《山西八大文化品牌》，山西人民出版社 2012 年版。

33. 秦建华：《河东文化及其特质研究》，山西人民出版社 2013 年版。

34. 秦建华：《信义炳世——关公文化概略》，山西人民出版社 2014 年版。

35. 秦建华：《河东：这方水土这方人》，山西人民出版社 2015 年版。

36. 秦建华：《德孝天下—虞舜文化说略》，山西人民出版社 2014 年版。

37. 山西省史志研究院编：《山西通史》，山西人民出版社 2001 年版。

38. 王应立：《河津市志》，山西人民出版社 2002 年版。

39. 赵北耀主编：《虞舜古论》，运城市虞舜文化研究会编，2007 年版。

40. 柴继光：《春秋争霸——晋文公重耳》，方志出版社 2002 年版。

41. 柴继光：《武圣关羽》，山西古籍出版社 1996 年版。

42. 柴继光：《尧舜禹故都纪行》，中央文献出版社 2003 年版。

43. 柴继光：《中国盐文化》，新华出版社 1991 年版。

44. 柴继光：《运城盐池研究》，山西人民出版社 1991 年版。

45. 柴继光：《晋盐文化述要》，山西人民出版社 1993 年版。

46. 柴继光：《河东盐池史话》，山西人民出版社 2001 年版。

47. 柴继光：《运城盐池研究（续编）》，山西人民出版社 2004 年版。

48. 咸增强：《河东盐法备览校释》，中国社会出版社 2012 年版。

49. 咸增强：《河东盐法备览合集简注》，中州古籍出版社 2020 年版。

50. 虞舜文化研究会：《虞舜文化考论》，山西古籍出版社 2003 年版。

51. 虞舜文化研究会：《虞舜文化研究集》（上、下），山西古籍出版社 2006 年版。

52. 三晋史话运城卷编写组：《三晋史话》（运城卷），山西人民出版社 2016 年版。

53. 姚文永：《明代河东编年史》，河南大学出版社 2014 年版。

54. 卫凌：《礼俗传统考察与研究——以河东乡村地区为视角》，中国文史出版社 2015 年版。

55. 田福生：《关羽传》，中国文史出版社 2007 年版。

56. 刘海燕：《从民间到经典——关羽形象与关羽崇拜的生成演变史论》，生活·读书·新知三联书店 2004 年版。

57. 郑土有：《关公信仰》，学苑出版社 1994 年版。

58. 梅铮铮：《忠义春秋——关公崇拜与民族文化心理》，四川人民出版社 1994 年版。

59. 蔡东洲、文廷海：《关羽崇拜研究》，巴蜀书社 2001 年版。

60. 宋洁：《关公形象演变研究》，中国戏剧出版社 2017 年版。

61. 张培莲、叶雨青：《圣帝虞舜》，山西经济出版社 2002 年版。

62. 山西省运城市盐湖区民政志编委会：《山西省运城市盐湖区民政志》，中国社会出版社 2008 年版。

63. 张刚忍、薛美芳：《河东巨商李子用传奇》，山西人民出版社 2008 年版。

64. 张刚忍、李军：《慈善世家：李家大院资料汇编》，山西人民出版社 2008 年版。

65. 马臻荣：《李家大院楹联匾额诠释》，山西人民出版社 2008 年版。

66. 李文：《运城地区书院碑刻辑考》，山西人民出版 2014 年版。

67. 赵波、秦建华：《薰风雍和：河东盐文化述略》，山西人民出版社 2013 年版。

68. 杨强：《盐与城：运城城市历史地理研究》，三晋出版社 2019 年版。

69. 王丽芳、李剑锋：《河东盐池文化及其旅游开发研究》，由中国社会科学出版社 2015 年版。

70. 尚恒元：《司马光轶事类编》，山西人民出版社 1992 年版。

71. 赵北耀：《薛瑄学术思想研究论集》，山西古籍出版社 1997 年版。

72. 李安纲：《薛瑄全集》，三晋出版社 2015 年版。

73. 黄勋会、秦跟安等：《千秋清气——河东廉吏传略》，山西人民出版社 2016 年版。

74. 运城市地方志编委会：《运域市志》，生活·读书·新知三联书店 1994 年版。

75. 王大高：《河东百通名碑赏析》，山西人民出版社 2002 年版。

76. 李百勤：《河东出土墓志录》，山西人民出版社 1994 年版。

77. 王雪樵：《河东方言词语辑考》，山西人民出版社 1987 年版。

78. （战国）荀况：《荀子·子道篇》，安小兰译注，中华书局 2007 年版。

79.（晋）陈寿：《三国志》，（南朝宋）裴松之注，上海古籍出版社 2011 年版。

80.（汉）司马迁：《史记》，韩兆琦译注，中华书局 2007 年版。

81.（汉）许慎：《说文解字》，（宋）徐铉校，中华书局 2013 年版。

82.（汉）班固：《汉书》，中华书局 1962 年版。

83.（南朝宋）范晔：《后汉书》，中华书局 1965 年版。

84.（唐）魏征：《隋书》，中华书局 1997 年版。

85.（后晋）刘昫、张昭远、贾纬等：《旧唐书》，中华书局 1995 年版。

86.（宋）欧阳修、宋祁：《新唐书》，中华书局 1975 年版。

87.（元）脱脱、沙剌班、欧阳玄等：《金史》，中华书局 1995 年版。

88.（元）脱脱、阿鲁图等：《宋史》，中华书局 1997 年版。

89.（明）顾炎武：《日知录集释》，黄汝成集释，秦克诚点校，岳麓书院 1996 年版。

90.（明）宋濂、王祎：《元史》，中华书局 1997 年版。

91.（明）薛瑄：《薛瑄全集》，三晋出版社 2008 年版。

92.（清）张廷玉、万斯同等：《明史》，中华书局 1974 年版。

93.赵尔巽主编：《清史稿》，中华书局 1977 年版。

94.梁漱溟：《东西文化及其哲学》，上海商务印书馆 1929 年版。

95.梁漱溟：《梁漱溟全集》，山东人民出版社 1989 年版。

96.黄勋会：《五千年文明看运城》，山西人民出版社 2016 年版。

97.黄勋会、秦建华主编：《古中国·大河东》，山西人民出版社 2014 年版。

98.黄勋会、王振川：《运城六大文化掇英》，山西人民出版社 2019 年版。

99.山西省地图集编纂委员会：《山西省自然地图集》，山西省地图集编纂委员会内部资料，1984 年版。

100.万德敬：《振叶寻根：河东人物丛考》，中央编译出版社 2012 年版。

101.中华文化促进会、中共运城市委宣传部：《河东上古历史文化纲要》，内部资料，2019 年版。

102.王会昌：《中国文化地理》，华中师范大学出版社 1992 年版。

103.何炳棣：《黄土与中国农业的起源》，香港中文大学 1969 年版。

104.山西省地图集编纂委员会：《山西省经济地图集》，中国地图出版社 2002 年版。

105.陈文华主编：《农业考古图录》，江西科技出版社 1994 年版。

106.张良皋：《巴史别观》，中国轻工业出版社 2006 年版。

107.任登林、毛上虎主编：《新绛大观》，中国文联出版社 2003 年版。

108.刘灵华：《山西政治述要》，上海图书馆藏，军政训练委员会政训部 1922 年版。

109.贾兰坡、王建：《西侯度——山西更新世早期古文化遗址》，文物出版社 1978 年版。

110.山西省考古研究所：《千耦其耘——山西省考古研究所六十年历程》，山西人民出版社 2012 年版。

111.中国国家博物馆田野考古研究中心：《运城盆地东部聚落考古调查与研究》，文物出版社 2011 年版。

112.周宋康：《分省地志·山西》，中华书局 1939 年版。

113.牛平汉主编：《清代政区沿革综表》，中国地图出版社 1990 年版。

114.郭葆琳：《山西地方制度调查书》，山东公立农业专门学校农业调查会 1925 年版。

115.《山西省民政厅稷山县政治状况视察表》，山西省民政厅编：《山西政治视察报告汇刊》，山西省民政厅太原 1931 年版。

116.山西省运城地区地方志编委会：《运城地区志》，海潮出版社 1999 年版。

117.杨高鸽：《绛州锣鼓的考察与研究》，中国纺织出版社 2015 年版。

118.任登林、毛上虎主编：《新绛大观》，中国文联出版社 2003 年版。

119.王振川等：《运城博物馆展览文稿》（革命专题部分），2014 年内部资料。

二、期刊、学位论文、报纸类

1.卫奇：《西侯度石制品之浅见》，《人类学学报》2000 年第 2 期。

2.王建平等：《山西周家庄遗址出土龙山时期铜片的初步研究》，《中国国家博物馆馆刊》2013 年第 8 期。

3.卫斯：《新石器时代河东地区的农业文化》，《中国农史》1994 年第 1 期。

4.虞和平：《关于区域文化研究的几个问题》，《湖南社会科学》2018 年第 3 期。

5.孙和平：《公共行政的区域文化视野：兼及"区域文化"概念》，《中共四川省委省级机关党校学报》2010 年第 1 期。

6.石文卓：《文化：心灵的归宿和精神的家园》，《沈阳师范大学学报》（社科版）2013 年第 1 期。

7.林坚：《关于"文化"概念的梳理和解读》，《文化学刊》2013 年第 5 期。

8.孙富江：《文化的定义、内容与作用》，《国际关系学院学报》2003 年第 3 期。

9.《河东地区：一块山西平地，为何成为关中、河洛地区的联动枢纽?》，《今日头条》2019 年 11 月 9 日。

10.陆晓波：《河东柳公绰家礼及〈柳氏家训〉研究》，《兰台世界》2015 年 6 月下旬。

11.谭其骧：《在中国古代，山西是什么地位?》，《亚洲考古》2020 年 4 月 29 日。

12.张启耀、鞠振：《近代山西社会与晋学研究》，《光明日报》（理论版），2009 年 12 月 24 日。

13. 张启耀：《南京国民政府前期山西农民生活水平分析》，《中国经济史研究》2009 年第 1 期。

14. 张启耀：《三十年来民国华北乡村社会史研究述评》，《史学理论研究》2014 年第 3 期。

15. 张启耀：《清末内陆地区乡绅社会救济问题研究：以近代晋南区域为中心考察》，《运城学院学报》2018 年第 5 期。

16. 张启耀：《"村政建设"时期的山西乡村税收策略：以抗战前的河东等地为中心考察》，《运城学院学报》2021 年第 1 期。

17. 秦建华：《山西运城——黄帝最早建功立业的地方》，《运城侨联》2020 年 6 月 30 日。

18. 徐宁等：《北魏末期"河东"交通及其战略地位》，《山西档案》2015 年第 2 期。

19. 赵北耀：《尧舜禹人格略考》，《运城学院学报》2003 年第 4 期。

20. 梁静：《中古河东柳氏家族文化述略》，《山西师范大学学报》（社科版）2008 年第 3 期。

21. 韩彦平：《河东望族柳家》，《史志学刊》1998 年第 5 期。

22. 周其森：《关于"文化"的定义：桌子是什么?》，《文化学刊》2017 年第 8 期。

23. 孙富江：《文化的定义、内容与作用》，《国际关系学院学报》2003 年第 3 期。

24. 薛琳钰：《多重视角下的文化概念解读》，《理论界》2017 年第 2 期。

25. 周其森：《关于"文化"的定义：桌子是什么?》，《文化学刊》2017 年第 8 期。

26. 蔡武：《建设社会主义文化强国，实现中华文化的伟大复兴》，http://www.gongxuanwang.com/view_52144.html。

27. 林坚：《关于"文化"概念的梳理和解读》，《文化学刊》2013 年第 5 期。

28. 柴继光：《运城盐池的演变和发展》，《晋阳学刊》1982 年第 4 期。

29. 王雪樵：《"剪桐"音辨——也谈"桐叶封弟"传说之成因》，《晋阳学刊》1991 年第 3 期。

30. 李百勤：《山西芮城出土东汉博弈棋盘》，《文物世界》2003 年第 6 期。

31. 咸增强：《盐政之城：古代运城的历史书写与功能定位》，《盐业史研究》2018 年第 4 期。

32. 杨永兵：《山西永济民歌整理与研究》，《艺术教育》2017 年第 3 期。

33. 杨永兵等《临猗十弦音乐调查与研究》，《黄河之声》2014 年第 3 期。

34. 李文：《流传于河东的两首戏曲民谣》，《中华戏曲》2007 年第 1 期。

35. 李文：《河东疆域变迁考》，《运城学院学报》2012 年第 4 期。

36. 李文：《山西万荣后土祠戏台及演剧习俗考略》，《中华戏曲》2004 年第 33 辑。

37. 李文：《明清时期运城地区书院述略》，《运城学院学报》2014 年第 4 期。

38. 王国峰：《芮城线腔艺术简析》，《西安音乐学院学报》2014 年第 1 期。

39. 尚广平：《山西河东民歌初探》，《黄河之声》2014 年第 16 期。

40. 叶磊：《浅析稷山青龙寺腰殿壁画图示语言》，《西北美术》2014 年第 2 期。

41. 杨强：《运城盐池旅游资源评价及开发策略》，《山西师范大学学报》（自然科学版）2006 年第 4 期。

42. 杨强：《民国时期的河东盐池盐工工资》，《浙江档案》2018 年第 12 期。

43. 杨强：《古代河东盐池防洪体系》，《中国水利》2007 年第 8 期。

44. 傅宗隆：《山西建设方略之连环性》，《山西建设》1935 年第 3 期。

45. 徐作新：《山西农村现状及其改进方法》，《监政》1935 年第 105 期。

46. 李安纲：《〈薛文清公文集〉版本小考》，《晋图学刊》1994 年第 5 期。

47. 李安纲：《薛文清公文集校勘记》，《运城师专学报》1988 年第 2 期。

48. 刘宽亮：《论王通的思想特质》，《晋阳学刊》1989 年第 4 期。

49. 刘宽亮：《略论王通的"文以明道"思想》，《运城高专学报》2000 年第 2 期。

50. 包米尔：《被忽视的司马光儒学——基于司马光的人性论和制度儒学的分析》，《江海学刊》2020 年第 2 期。

51. 陈尚君：《司马光〈资治通鉴〉的史论》，《文史知识》2020 年第 2 期。

52. 张莉：《郭璞笔下的河东历史风貌》，《运城学院学报》2007 年第 3 期。

53. 张莉：《〈魏书〉在民族史撰述上的成就》，《山西大学学报》（哲学社科版）2005 年第 4 期。

54. 张莉：《〈魏书〉编撰性质考论》，《晋阳学刊》2006 年第 1 期。

55. 樊淑敏：《鸣条舜帝陵庙及演剧习俗考》，《中华戏曲》2007 年第 1 期。

56. 柴继光：《关氏家谱考略》，《寻根》1997 年第 5 期。

57. 咸增强：《尧都不会是太原——对〈太原建都已有 4470 年〉一文的不同看法》，《运城学院学报》2004 年第 1 期。

58. 李畅生：《山西光复纪念之认识》，《监政》1934 年第 7 卷第 9—10 期。

59. 李畅生：《山西的前途》，《监政》1935 年第 105 期。

60. 宁俊伟：《关于山西清代部分地区关帝庙碑刻的研究——兼论关帝财神之职》，《世界宗教研究》2015 年第 5 期。

61. 吴幼雄、吴玫：《论民间关帝信仰与社会需求之随即调节》，《福建论坛》（人文社科版）2013 年第 2 期。

62. 冯建国：《我说运城美——德善篇》，《古运新城》第 394 期。

63. 王卫平：《论中国古代慈善事业的思想基础》，《江苏社会科学》1992 年第 2 期。

64. 马昌仪：《义种关公——民众心目中的关羽》，《民间文化》2001 年第 1 期。

65. 刘志军：《论关公的现实意义》，《广西民族研究》2003 年第 1 期。

66. 高春平：《晋商诚信赢天下》，《人民论坛》2006 年第 6 期。

67. 赵社民：《论关公文化》，《时代文学》2008 年。

68. 张艺桓：《晋商诚信理念与现代企业文化战略刍议》，《山西农业大学学报》（社科版）2010 年第 3 期。

69. 杨硌堂：《建设德孝文化促进和谐发展》，《青岛行政学院学报》2010 年第 6 期。

70. 穆震：《关于李家大院善文化的思考》，《沧桑》2011 年第 4 期。

71. 张恒炜、严雄飞：《弘扬中华德孝文化加强城市文化建设》，《科教文汇》2013 年第 5 期。

72. 黄振萍：《中国传统孝文化的历史演变》，《中州学刊》2014 年第 5 期。

73. 刘璐：《山西运城舜帝德孝教育的内涵及特征》，《山西师大学报》2015 年第 1 期。

74. 李会霞：《从李家大院看晋商善文化》，《铜仁技术学院学术论坛》2015 年第 3 期。

75. 炳毅：《晋商诚信文化与社会主义核心价值观》，《中共山西省委党校学报》2015 年第 4 期。

76. 季轩民：《德孝文化与社会主义核心价值观之关系解析》，《青岛行政学院学报》2017 年第 1 期。

77. 淮占科：《盐池：华夏之根根于斯》，《山西学习平台》2020 年 6 月 13 日。

78. 董江静：《论晋商的信用伦理》，山西大学 2008 年学位论文。

79. 师振坤：《论关公文化的伦理精神及其意义》，山西大学 2009 年学位论文。

80. 孙玮：《论晋商李家的慈善伦理及其当代意义》，山西大学 2010 年学位论文。

81. 马娇：《论晋商诚信观及其当代启示》，山西财经大学 2012 年学位论文。

82. 武林杰：《晋商诚信道德研究》，首都师范大学 2013 年学位论文。

83. 张恒炜：《基于德孝文化的运城市文化建设研究》，湖北工业大学 2014 年学位论文。

84. 金晨：《关公信仰研究》，南京师范大学 2017 年学位论文。

85. 马艳：《中国孝文化的历史演进与当代重建》，延边大学 2005 年学位论文。

86. 邓梅：《明清儒商诚信观探析——以徽商、晋商为例》，湘潭大学 2005 年学位论文。

87. 李广洁、谢振中：《万荣薛氏家族的千年辉煌》，《运城日报》2020 年 11 月 12 日。

88. 《闻喜惊现夏代采矿炼铜遗存》，《山西日报》2011 年 12 月 7 日。

后　记

仲春时节，正是河东大地上满树的桃花、梨花、玉兰花等争相怒放的时候，拙作正好就在这美丽的季节收尾，回想近一年的伏案写作，这美不胜收的场景也算是给自己辛苦的一个小小回报吧！

河东地区是中华民族的重要发祥地，承载着五千年华夏文明的风雨历程和沧桑变迁，而作为华夏文明大花园里绚丽多姿的一树耀眼的花朵，河东文化以她悠久深邃、灿烂辉煌的文化特质吸引着古往今来无数的文人墨客赞叹称颂、流连忘返，并留给后世无尽的华丽篇章和精神财富。时至当前，有不少关于河东区域社会及文化嬗变的名篇佳作问世。由当代河东人的视角再一次回味包含近现代因素的河东历史与文化，既表现了笔者渴望揭示河东地方历史文化的相对整体性，又在分析这一区域社会与文化的深刻内涵和表达符号的同时，抒发了一位河东学人拳拳赤子之心，笔者感觉这一切还是颇为值得的！

实际上在近几年，我的探索方向有了较大的改变，从以前的近代山西乡村社会经济史转为河东区域社会文化史，可以说，笔者对现在的研究方向并没有较扎实的研究积累，很多时候是在摸索学习中慢慢体会成长的，因此过程中难免有一些不妥想法甚至错误出现，好在这几年得到相关领导和亲朋好友大力扶持，总算可以不断前行，取得了些许成绩。单位里的薛耀文书记、岳澎院长等领导每每在我查阅档案资料、撰写论文书稿期间给予指导并提供方便，使得相关的科研项目得以顺利完成。山西省社科联的王志超主席在项目开展和书稿撰写过程中多次予以指导安排，大力提携后学，使我在学术研究上不断取得新的进步。中国编辑学会会长、中国新闻出版研究院原院长郝振省先生以及人民出版社的刘畅编辑等在拙作的出版过程中大力提携扶助，提出不少修改意见，使得拙作最终付梓出版，在此一并表示感谢！

在完成项目、撰写书稿的一年中，项目组成员、自己的同事、家人和学生的付出也令人感动。爱人在自己工作已经十分繁忙沉重的情况下，多次督促和提醒项目完成的进度，同时承担了不少的家务杂活，有时候甚至忙到深夜也不得休息，为我完成项目任务付出了艰辛的努力。我的研究生冯婉婷本身是项目组的重要成员，她在项目书的撰写和项目立项答辩方面作了不少的工作，并着重撰写了书稿第七章的主体内容，大大促进了项目的结题进度，使拙作得到较快出版，在此也向她表示感谢！除此而外，学院文化旅游系主任屈学书教授、学院学报主编咸增强编审以及河东文化研究中心的宋洁教授和吉晓瑞老师也在拙作的出版过程中给予了大力支持和帮助。

此刻，春夜的料峭伴随着思绪飘飞而让人难以入眠，整个校园的小区里已是悄寂无声，而春天烂漫的花朵仍将白昼发散的余香传入室内，顿感清新舒畅，也让人如释重负，身心便轻松了许多！回首往事，虽几经辛苦坎坷，但终究在河东文化的研究方向上一直砥砺前行，唯愿今后能继续取得新的成绩，不断进步，为自己热爱的这片沃土奉献自己的微薄之力！

张启耀

辛丑年仲春于学院馨园小区

责任编辑：刘　畅
封面设计：姚　菲

图书在版编目（CIP）数据

河东文化的内涵与精神符号研究／张启耀 著 .—北京：人民出版社，
　2021.12
ISBN 978－7－01－024081－7

I.①河…　II.①张…　III.①文化史－研究－山西　IV.① K292.5

中国版本图书馆 CIP 数据核字（2021）第 253793 号

河东文化的内涵与精神符号研究
HEDONG WENHUA DE NEIHAN YU JINGSHEN FUHAO YANJIU

张启耀　著

人民出版社 出版发行
（100706　北京市东城区隆福寺街 99 号）

北京建宏印刷有限公司印刷　新华书店经销

2021 年 12 月第 1 版　2021 年 12 月北京第 1 次印刷
开本：710 毫米 ×1000 毫米 1/16　印张：17.75
字数：242 千字

ISBN 978－7－01－024081－7　定价：56.00 元

邮购地址 100706　北京市东城区隆福寺街 99 号
人民东方图书销售中心　电话（010）65250042　65289539